Le Miel

Le Miel
by Marie-Claire Frédéric

This Korean edition was published by arrangement with Editions Albin Michel (Paris) through Bestun Korea Agency, Seoul, Korea.

꿀벌은 인간보다 강하다

생태계 파수꾼 꿀벌에 관한 모든 것

마리 클레르 프레데릭
류재화 옮김

Le Miel

Marie-Claire Frédéric

mujintree
뮤진트리

차례

나는 오늘 높은 산 위를 오르고 싶다!
내 힘이 닿는 한, 거기서 꿀을 찾기를,
황금 벌통 속의 꿀을,
노랗고 하얀, 맛 좋은 꿀을,
얼음처럼 신선한 꿀을 부디 찾기를.
나는 그곳에 꿀을
꼭 헌물로 바치고 싶다.
– 니체, 《차라투스트라는 이렇게 말했다》, IV.

프롤로그

우리 모두의 어머니, 꿀벌

고대 이집트 최초의 물의 여신인 네이트Neith는 모든 신의 어머니이다. 사이스Saïs에 있는 그녀의 사원은 '꿀벌의 집' 또는 '꿀벌의 덤불'이라 불렸고, 그녀의 여제관들은 '꿀벌들'이라 불렸다. 여기서 '덤불'은 나일 강가의 갈대 덤불이다. 이 갈대 덤불은 여러 측면에서 꿀벌과 관련된다. 우선, 꿀벌은 하下이집트 왕국의 상징이었고, 갈대는 상上이집트 왕국의 상징이었다. 나일 강가의 갈대들은 건기와 우기에 따라 메말랐다가 다시 푸르렀다. 그러나 강물이 불어나는 것은 옛 전설에서 꿀과도 관련된다. 물은 꿀맛이 날 수도 있고 신의 넥타르처럼 꿀과 섞일 수도 있다. 매년, 풍년을 기원하며 강물이 불어나기를 기다린다. 옛 초기 이집트인들의 벌통은 굵은 갈대를 엮고 그 위에 마른 진흙을 덮어 만들었다.

풍요와 비옥을 기원하는 이집트의 옛 의식은 다시 한번 갈대와 꿀벌을 연관시킨다. 갈대를 불어 사원 근처의 야생 벌떼를 불렸기 때문이다[1]. 갈대는 소리를, 특히 떨리는 소리를 내는 도구로 사용되었고, 벌들은 윙윙대며 그 소리에 화답했다. 야생 벌떼들은 꿀을 생산하기 위해 그곳에 자리잡았고 풍요를 가져왔다. 꿀벌은 건기의 끝과 강물이 다시 불어나는 번영의 시작을 알렸다. 물이 돌아와 갈대를 다시 푸르게 만들 것이고, 다음 수확에 대한 희망이 생길 것이다. 꿀은 번영의 상징이다.

네이트는 태양신 레Rê를 낳았다. 지상의 벌들은 레의 눈물이 땅에 닿으면서 태어났다고도 했다. 더욱이, 네이트는 성교를 하지 않아도 출산할 수 있는 양성兩性이었다. 벌들의 경우도 마찬가지여서, 사람들은 벌이 처녀라고 믿었고, 고대 그리스부터 중세 기독교 신비주의에 이르기까지 수천 년에 걸쳐 벌은 처녀성의 상징이었다.

사이스 사원의 네이트 조각상은 베일에 덮여 있었다. 입문자들만이 베일을 들어올릴 수 있었고, 여신의 얼굴을 본다는 것은 큰 신비였다. 벌들은 막시류膜翅類의 일부이기도 한데, 막시류라는 단어에는 "날개 달린 베일"이라는 뜻이 들어 있다.

꿀벌은 이집트에서는 만물의 기원이자 궁극이다. 하늘을 향해 올라가는 영혼을 표상하기 때문이다. 따라서 미라는 영혼이 다른

1) Robert Triomphe, 《Le Lion et le Miel》, *Revue d'histoire et de philosophie religieuses*, 62e année, n° 2, 1982, p. 113~140.

세계로 여행하기 위해 벗어나는 번데기로 여겨졌다. 궁극은 시작과 다름없다. 죽음과 삶은 태양신 레와 밤처럼 서로 엮여 있으며 매일 잇달아 온다.

고대 이집트인들에 따르면, 처음에는 윙윙거리는 꿀벌 소리가 최초의 강물 위에서 메아리쳤다. 대기 중의 습기와 이어져 진동음이 생겼고, 이로써 세계가 창조되었다. 윙윙거리는 꿀벌 소리로 리듬이 생겼다. 우주의 박자와 장단이 생긴 것이다. 이 커다란 우주의 리듬은 '지구의 음악'을 발생시킨 첫 고동이었고, 피타고라스 학파들이 우주의 대수학 법칙이라며 칭송한 하모니였다. 네이트의 의식에서 미스트[2]들은 꿀벌 노래를 흉내내는 여제관들에 둘러싸여 있다.

꿀벌들의 윙윙거림은 최초의 소리이자 우주의 창조다. 세계의 (그리고 꿀의) 진짜 이야기는 이 창조적인 윙윙거림에서 유래할 것이다.

---

2) 대기 속에 떠다니는 미립자 가운데 액체로 된 것을 가리키지만, 여기서는 의인화한 표현으로 보인다.(—옮긴이)

들어가며

웅변술의 꽃, 꿀을 따다

왜 이 지혜로운 일꾼들은 자신들의 꿀벌통에 있지 않을까?
왜 그들은 도시로 오는 걸까? 그들은 다이판토스의 문으로, 즐겁게,
서둘러 달려온다(왜냐하면, 핀다로스가 이미 태어났으니까).
요람에서부터 아이를 훈련시키기 위해, 아이에게
멜로디와 노래의 맛을 알려주기 위해 오는 것이다.
꿀벌들은 항상 일하는 중이다.
집 안에서 꿀벌들은 아이를 에워싸고
행여라도 아이를 찌를까봐 뾰족한 침은 집어넣고
아이 입술 위에 꿀을 부어준다.
이들은 분명 눈부신 도시,
명성이 자자한 시詩의 도시 아테네와 후메토스[3]에서 왔을 것이다.
시인의 입술 위에서는 증류한 꿀에서는 이런 기원의 냄새가 날 것이다.

– 필로스트라토스, 《그림 갤러리》, 2권, 12, "핀다로스".

3) 아테네 남동쪽에 있는 거대한 산악 지방의 도시.(— 옮긴이)

꿀, 별식

우리 기원의 상징인 일벌은 인간과 꿀의 관계를 보여준다. 옛날 옛적부터 우리에게는 헤아릴 수 없을 만큼 무한한 미식의 역사가 있었다. 우리가 이 이야기를 선택하기로 한 것은, 꿀벌을 분석하고 해체하는 곤충학자의 관점에서가 아니라 꿀의 공급자로서 벌이 인류에게 가져다준 것을 고찰해보려는 것이다.

꿀은 우리의 모든 음식 가운데 유일무이한 것으로, 동물이 공들여 만든 음식이다. 바로 먹으면 될 정도로 이미 다 준비된 것이다. 또 다른 특이점은, 세계에서 유일하게도 동물에 의해 발효된 성분이라는 것이다. 실제로, 꿀은 꿀벌의 소화 기관에서 나온 박테리아와 효소에 의해 발효된 것으로, 과즙 또는 당분이 든 분비물을 자기 타액과 소화즙에 섞어 일벌들이 서로 돌아가며 하나하나 게워낸 것이다. 꿀은 주로 탄수화물, 특히 포도당과 과당으로 구성되어 있지만, 맥아당과 다양한 다당류도 함유하고 있다. 물이 약 18퍼센트 들어있고, 미네랄 및 소금, 유기산, 비타민, 효소, 항생물질, 플라보노이드, 알코올, 에스테르, 방향성 물질과 색소, 그리고 원 식물에서 나온 꽃가루들이 들어있다. 한마디로, 매우 복잡한 물질 그 자체인 것이다! 꿀벌이 우리에게 "제공하는 것"은 이미 조리가 다 된 요리이며, 일단 따면 일체의 다른 준비 없이 바로 먹을 수 있는 음식이다. 이렇게 완벽한 음식을 만들어내는 벌 덕분에, 우리는 꽃을 따듯이 꽃들에서 온 꿀을 따는 것이다.

꿀벌(고독한 야생벌 같은 다른 벌들도 있으므로 이름을 명확히 할 필요가 있다)은 동물을 환경 보호 차원에서 보호해야 한다고 인식하는 오늘날에만이 아니라 언제 어디서나 늘 존중받았다. 벌이 이집트 파라오 시절부터 몇몇 교황들의 시대를 거쳐 나폴레옹 1세에 이르기까지 숱한 군주 사회의 상징적 문양이 된 건 우연이 아닐 것이다. 벌은 선사시대부터 인간들을 매혹해왔다.

벌집: 이상적인 우주

어떤 오차도 없는 벌집의 복잡한 조직을 보면 항상 감탄이 나온다. 꿀벌들의 작업을 칭찬한 사람은 곤충학자만이 아니다. 시인, 철학자, 정치학자, 사회학자, 생물학자, 지리학자, 심지어 의사까지 다양하다. 벌집을 만드는 꿀벌떼를 관찰하다 보면, 그 완전함 속에 자리하고 있는 소우주가 인간 사회와 비교된다. 그리고 그 비교를 통해 꿀벌 사회가 인간 사회보다 우세하며 '이상적' 사회의 모델이라는 걸 인정하게 된다.

이 이상적 동물 사회는 예전이라면 왕이라고 여겼을 법한 자를 중심으로 조직되어 있다. 더욱이, 이 왕은 벌집 속 곤충들 가운데 가장 크고 가장 당당한 자이다. 이는 남성이 군주를 맡는 사회의 우월성을 자연법으로 간주했다는 것을 확인해준다. 그러나 16세기 말까지만 그랬다. 사실, 그게 왕이 아니라 여왕이라는 것을 그때야 알게 된 것이다. 이를 최초로 안 사람은 스페인의 양봉가인 루이스 멘데즈 데 토레스이다. 그는 1586년 양봉에 관한 논문[4]을 출판했는데, 벌집의 리더는 알을 까는 자이고, 그 알은 여러 다른 벌들, 즉 수벌들에서 나온 것이라고 했다. 그런데 그는 이것을 알이라 하지 않고 '정자'라고 했다.

당시의 정서로 보면 여성 왕권은 생각조차 할 수 없었을 것이다. 문법학자이자 사제이며 열정적인 양봉가인 찰스 버틀러는 1609년, 여왕벌은 여성이고 수벌은 남성이라고 이해하긴 했지만, 이 수벌들이 일벌들과 교미한다고 생각했다. 그는 엘리자베스 2세 치하에서—이게 많은 걸 설명해준다—양봉에 관한 최초의 과학 논문으로 알려진 〈여성 군주권〉을 썼다. 또 네덜란드 학자인 얀 슈밤메르담은 당시 유행하던 자연발생 개념에 의심을 품고 현미경으로 곤충들을 관찰했다. 그는 알들을 보았다. 그런데 이번에는 '왕벌' 몸 안에서 발견된 알들이었다. 그렇다면, 결과적으로 이것은 여왕이었다. 그가 현미경으로 관찰한 여왕벌의 생식기관 그림을 출판한 것은 1737년이 되어서였다. 따라서 이 벌집의

4) 원제목은 'Tratado breve de la cultivación y cura de las colmenas'로 "벌통 재배 및 치료에 관한 짧은 논문"이라는 뜻이다.(—옮긴이)

군주권은 17세기 영국의 군주권처럼 여성에게 있었던 것이다.

그렇다면 왜 꿀벌이 페미니즘의 상징이 되지 못했는지도 궁금하다. 이런 것이 어떻게 볼테르의 귀에 들어갔는지는 모르지만, 볼테르가 쓴 글을 읽어보면 재미있다. 볼테르는 1764년《철학 사전》에 아이러니를 담아 이렇게 쓰고 있다. 그는 이유를 알면서도 질문한다.

> 꿀벌들에게 왕이 있다고 처음 말한 자가 누군지 나는 모른다. 이런 생각을 머릿속에서 했다면 그는 십중팔구 공화주의자는 아닐 것이다. 이어 왕 대신 여왕을 그 자리에 넣은 자가 누구인지 나는 모른다. 또 이 여왕이 음탕하고, 어마어마한 하렘을 갖고 있고, 사랑을 나누고, 출산을 하는 데 일생을 바치면서 1년에 약 4천 개의 알을 낳고 품는다고 처음으로 가정한 자가 누구인지도 나는 모른다. 여기서 더 나가는 자도 있었다. 누구는 이 여왕이 세 종류의 알을 낳는다고 주장했다. 여왕들, 수벌이라 불리는 노예들, 그리고 여자 노동자라 불리는 하녀들. 일반적인 자연법칙과 일치하는 게 너무 적지 않은가.[5)]

각 시대는 벌집을 이상적인 사회 체계로 비유했다. 때로는 체

---

5) Voltaire, *Dictionnaire philosophique*, Paris, Gallimard,《Folio Classique》, 1994.

계의 중심에 있는 '왕'의 원초적 역할을 강조했고, 때로는 정치적 응집력, 사회 구성원 모두의 과업에 대한 인정과 공정한 분배를 강조하기도 했다. 외부 침입자로부터 벌집을 효율적으로 방어하는 것과 일벌이 여왕에게 무조건 복종하는 것도 칭찬했다. 또한 결속의 미덕, 사회 구성원들 사이에 굳건히 자리 잡은 조화, 노동자들 사이에 특별한 서열이 없는 것도 강조했다. 누구도 그 누구보다 위에 있지 않았다. 오로지 여왕만이(혹은 시대에 따라 왕만이) 중요한 역할을 했다. 왜냐하면, 응집력만이 아니라 벌집의 삶 자체가 여왕에 의존하고 있었기 때문이다. 혹자는 또 거기서 절대 군주제나 입헌 군주제의 모델을 보았다. 공화주의, 공산주의, 사회주의 모델을 본 사람도 있었다. 프루동[6]은 벌집을 강제성 없는 협동조합의 모델로 존중했고, 캉바세레스[7]는 "한 명의 강력한 리더"를 둔 "공화주의 상像[8]"을 보기도 했다.

꿀벌을 화제로 삼을 때면 여전히 순결 또는 처녀성을 주장하기도 했다. 왜냐하면, 이 곤충들의 생식 방식이 오랫동안 신비에 싸여 있었기 때문이다. 벌은 동정녀 마리아처럼, 성관계 없이도

---

6) Pierre-Joseph Proudhon. 프랑스 무정부주의 운동가이자 사회주의 사상가이다.(—옮긴이)

7) Jean-Jacques-Régis de Cambacérès. 프랑스 혁명기와 이후 공포정치 기간을 비롯해 나폴레옹 집정기와 제정기 동안 활동한 법률가이자 정치인이다. "한 명의 강력한 리더"를 둔 공화제라는 표현은 이런 시대적 배경을 염두에 두고 나온 말이다.(—옮긴이)

8) Michel Pastoureau, *Les Animaux célèbres*, Paris, Bonneton, 2001.

출산할 수 있다는 것이다. 그래서 꿀벌이 마리아의 상징이 되기도 했다. 꿀벌은 처녀로 남는다. 결혼을 안 하지만, 자기 증식이 가능하고, 밀랍과 꿀을 제조한다. 여기서 나온 산물은 그래서 순수함의 아우라를 지니게 되었다. 가톨릭교도들은 벌통 속에서 교황의 상을 보기도 했다. 반면, 프로테스탄트 신교도들은 이 곤충들에서 질서정연함과 검소함의 상을 보기도 했다.

벌이 생산자이자 노동자이며 산업가의 이미지를 갖는 건 분명하다. 20세기 이후부터는 벌의 새로운 면이 부각되었다. 바로 벌이 꽃들을 수정시켜준다는 것이다. 그래서 식물이라는 생명의 지속성을 보장하고, 그 결과 지구상의 모든 생명체의 지속성을 보장해준다는 것이다.

따라서 벌은 사회적 미덕, 전투가로서의 미덕, 경제적 미덕, 도덕적, 환경적 미덕 등, 가능한 모든 미덕을 갖추고 있는 셈이다. 벌은 우선 그 무엇보다 창조자이다. 벌은 꿀은 물론 인간이 사용하는 밀랍[9]도 생산한다. 우리는 또한 최근에는, 물론 한도 내에서 사용해야 하지만, 꽃가루[10], 프로폴리스[11], 벌침 등을 사용한

9) 벌집을 만들기 위해 꿀벌이 분비하는 물질.(—옮긴이)

10) 일벌이 식물에서 채취하는 것으로, 단백질·비타민·미네랄·효소·아미노산 등이 풍부하다.

11) 꿀벌이 만드는 식물성 수지 같은 끈적끈적한 물질로, 방부 및 항균 기능이 있다.(—옮긴이)

다. 하지만 무엇보다도 이 책의 주제인 꿀은 상상 속에서만이 아니라 현실에서도 벌과 떼려야 뗄 수 없는 관계이다. 꿀이 없었다면 우리가 이 곤충을 그렇게 많이 만들었을까? 개미, 특히 흰개미도 사회적이고 부지런한 곤충이다. 하지만 꿀벌보다는 관심을 덜 받는다. 개미들을 가축처럼 길들일 생각을 했던가? 길들여서 뭘 하려고? 적어도 벌은 가축처럼 도축을 위해 사육을 한 게 아니라, 양식을 한 것이다. 수천 년 전부터 꿀을 얻기 위해 벌을 양봉한 것이다. 최근에는 수분受粉작업을 영농화 하면서 새로운 판로를 열었다. 액체로 된 황금 같은 꿀은 정말 맛이 좋아 다른 것들과는 완전히 차별된다. 꿀은 이미 오래전부터 이상적인 음식이었다. 우리에게 영양분을 주고, 수분水分을 공급하는가 하면, 우리를 보살피고, 치유하며 창의적인 영감까지 준다. 벌집은 인류가 맛본 최초의 진미였다. 인간만이 아니라 곰, 원숭이, 새 등 다른 동물들도 다 꿀을 좋아한다. 그러나 본질적인 차이점은 인간은 꿀을 먹기만 하지 않고, 말하고, 노래하고, 찬양했다는 것이다.

꿀벌과 꿀: 성聖과 속俗의 웅변술과 그 상징들

고대 작가인 테살로니카의 안티파테르, 필로스트라토스와 파우사니아스는 어떻게 꿀벌이 미래의 시인인, 아직은 아이인 핀다로스의 입술 위에 앉게 되었는지 전해준다. 바로 거기에 벌집[12]을 놓기 위해서였다는 것이다! 플루타르크와 플라톤도 비슷한 전설의 주체였다. 플리니우스는 플라톤과 관련하여 "그의 매혹적인 연설의 달콤함"이 거기에서 나온다고 단언한다. 이어 서기 340년, 유명한 찬송가의 저자이고 양봉가의 수호성인이자 가톨릭교회의 교부가 된 밀라노의 암브로시우스도 이 담론에 참여한다. 더욱이 암브로시우스라는 이름에는 그의 운명이 점지되어 있다. 올림포스 신들에게 불멸성을 가져다준, 신들이 양식이라 할 암브로시아와 어원이 같기 때문이다. 암브로시아에는 꿀이 들어간다.[13]

속세의 신앙에서는 이런 기적이 성녀 리타 드 카시아(1381~1397)에게 나타났다고 전해진다. 생후 5일 된 리타는 세례식 이튿날 움브리아에 있는 아버지 집 정원에 놓인 요람에 누워 있었다. 그런데 벌들이 아이를 물지는 않고 입으로 들어왔다 나갔다 하는 것이었다. 같은 시각, 한 농부가 근처에 있는 밭에서 일을 하다가 손을 낫에 깊이 베이고 말았다. 농부는 얼른 도움을 청하기 위해

---

12) Alban Baudou, 《Les Abeilles et Mélissa, du symbole universel à l'hapax mythologique》, *Cahiers des études anciennes*, LIV, 2017, p. 95~125.

13) 암브로시아는 깨끗한 물과 올리브유, 과일즙, 꿀, 보리 등으로 만들어졌다고 한다. 신들만 먹는 음식이지만, 신들의 총애를 받는 인간 또는 반신 들에게도 허용되었다. 아킬레우스, 아이네이아스, 탄탈로스 등도 마셨다. 특히 탄탈로스는 신들의 총애를 받아 신들의 식탁에 자주 초대되었는데, 암브로시아와 넥타르를 훔쳐 인간 친구들에게 주고 신들의 비밀을 누설한 죄로 영원히 갈증과 허기를 느끼는 벌을 받았다.(—옮긴이)

피 흘리는 손으로 그 자리를 떠났다. 그러다 어린 리타 앞을 지나가게 되었는데 아이 얼굴 주변에서 벌들이 윙윙거리는 것을 보고는 벌들을 물리치기 위해 다친 손을 흔들어댔다. 그런 후 손을 바라보니 상처가 감쪽같이 사라지고 없었다. 그때부터 성녀 리타는 절박한 사안들에 원용되곤 했다. 살해당한 남편의 가족과 살해자의 가족을 서로 화해시켜야 할 때도 리타 성녀에게 기도했다. 지성과 설득력 모두가 요구되는 탄원에서는 리타 성녀의 가호를 빌어야 했던 것이다.

이런 신비한 기적들은 특별한 운명의 징조, 탁월한 수사력과 창조적 소명의 징조로 해석되곤 했다. 벌은 따고, 모으고, 종합한다. 이는 위대한 에세이스트, 철학자, 또는 역사가들에게 부여되는 과제이기도 하다. 이러한 정보 탐색의 결과—오늘날 이른바 '데이터'라고 부르는—가 곤충의 입에서 나오는 꿀이고, 텍스트, 담론, 또는 시인의 입에서 발화되는 시이다. 꿀은 그처럼 신들의 세계에서 온 시적 영감의 상징이며, 완벽한 존재인 벌을 통해 인간에게 도달한다. 꿀벌은 11~12세기를 살았던, 꿀벌과 양봉업자들의 또 다른 수호성인인 베르나르 드 클레르보에게도 "천사의 목소리"를 전달했다.

히브리어로, 벌은 데보라debora 또는 드보라dvora이다. 고대 벌-여신의 상속녀인 데보라는 성경에 나오는 여자 예언자로, 이스라엘의 승전을 축하하는 긴 노래를 불렀다고 전해진다. 그녀의 이름은 "말하는 자"라는 뜻이다. 그녀의 말은 신탁을 내리는 델로스의 여제관 멜리사이Melissai의 말처럼 예언적이다. 멜리사는 '벌'을 의미하는 또 다른 여성 명사이다. 이렇듯 벌은 노래나 시, 또는 아름다운 말과도 관련된다. 데보라debora는 다바르dabar, 더 정확하게는 드브르dbr라는 어원을 갖는데, '말parole'이라는 뜻이다. 윙윙거리는 벌 소리는 즉 세상을 창조한 이 원시적 소리의 의성어가 분명하다. 유대교 신비학자들에 따르면, 고대 이집트인들 사이에서와 마찬가지로 꿀벌이 윙윙거리는 소리는 창조적인 동사이다.

음악의 진동음이랄지, 피타고라스 학파가 말하는 최초의 리듬은 바로 이 벌 소리이다. 힌두교 신화에서도 같은 개념을 발견할 수 있다. 리그 베다[14)]에서 브라마리Bhramari는 꿀벌들의 여신이다. 그녀는 세계 재탄생의 기원이기도 한데, 신들이 하늘의 통제권과 악귀인 아루나수라Arunasura에게 사로잡힌 제3세계의 통제권을 되찾는 데 도움을 주었다. 브라마리가 이 악귀를 죽음에 이르게 했는데, 이 여신의 몸에서 튀어나온 셀 수 없이 많은 벌이 이 악귀를 쏘아 쓰러뜨린 것이다. 브라마리의 어원은 bhramarâh인데, 벌이 윙윙거리는(붕붕거리는) 소리를 흉내낸 의성어이다. 창조주와도 같은 이 소리는 천년 반 후에 요한복음 서문에서 다시 울리게 된다. "인 프린시피오 에라트 베르붐In principio erat verbum." 태초에

14) 인도에서 가장 오래된 브라만교 근본 경전.(—옮긴이)

말씀이 있었다.

사물을 명명하는 것은, 그 사물에 존재를 부여하는 것이다. 그래서 꿀의 이름과 그 어원에 대해 살펴보았다. 그것들은 앞으로 다룰 각 장에 영감을 준 것이기도 하다. 우리는 우선 벌과 '꿀'[15]이라는 단어의 옛 기원으로 거슬러 올라갈 필요가 있다. 이 단어로부터 많은 언어에서 왕족, 명령권, 계율과 연관되고 고대 사회의 기능을 드러내는 다른 단어들이 파생되었다. '꿀'이라는 단어에 관한 연구는 마실 수도 있고 먹을 수도 있는 이 음식의 다양한 특성을 드러낸다. 꿀은 증류된 첫 알코올이었고, 오늘날에는 과자나 잼을 만들 때도 사용된다. 때로는 이름이 부재할 때 더 의미를 갖는 경우도 있다. 이 단어를 직접 쓰지 않고 환언하거나, 어원을 밝히지 않고 모호하게 쓸 때도 있다. 고대 민족들이 꿀벌과 그들이 만든 이 보물을 얼마나 경외했는지 짐작이 간다. 불멸의 음식인 꿀과 그 공급자인 벌은 신화를 더욱 풍성하게 만들었다. 그들의 이름은 대부분의 종교와 민속에 현존한다. 꿀과 벌과 관련된 이러한 고대 신화는 여전히 현대 우리에게 공명을 일으키고 있으며, 오래도록 후세에 전해질 것으로 보인다.

---

15) 고대 프랑스어로는 miel 또는 mel이라고 했고, 라틴어·인도유럽어에서도 mel이라고 했다.(—옮긴이)

1.
시작이… 꽃일까? 벌일까?

벌들의 최초 윙윙거림은 언제 시작되었을까? 이 소리는 우리를 먼 태고로 데려간다. 지구 위에 인간이 최초로 출현한 것과 벌과 꿀의 출현 단계는 하등 관련이 없다. 벌과 꿀은 수백만 년 된 두 노인네라 할 것이다. 이 곤충들이 태고 때부터 지구에 존재했고, 인간의 이해를 초월한 어마어마한 대재앙에도 살아남았다는 사실은 매우 흥미롭다. 그러니 벌들이 신격화된 것은 놀라운 일도 아니고, 벌은 불멸의 존재처럼 보인다. 벌들은 우리에게 기원에 대한 지혜를 알려주거나 적어도 기원에 대한 지식에 접근할 수 있게 해준다.

벌들의 가계도

캄브리아기-데본기
(5억4200만 년~3억5900만 년 전)

날개 없는 최초의 곤충
(포식자: 초기 양서류)

석탄기
(3억5900만 년~2억9900만 년 전)

날개 달린 최초의 곤충
(포식자: 초기 파충류)

페름기
(2억9900만 년~2억5100만 년 전)

초시류를 포함한 다른 곤충들

쥐라기
(2억100만년~1억4500만 년 전)

최초 막시류, 최초 꽃식물
(포식자:초기 주머니 모양의 육아낭이 있는 초기 포유류)

백악기
(1억4500만 년~6600만 년 전)

최초 꽃식물들로 영양분을 섭취하는 곤충들: 개미, 말벌, 고독한 야생벌,
벌집을 만드는 군집 벌, 이 가운데 멜리포나, 독침 없는 벌,
아프테노페리수스, 부마니쿠스, 멜리토스펙스 부멘시스, 크레토트리고나
프리스카, 디스코스카파 아피쿨라, 트리고나 프리스카 등이 있음.
(포식자: 초기 새, 태반 있는 포유류들)

플라이오세-에오세
(6600만 년~3300만 년 전)

뒝벌(봄부스), 꿀벌(아피스), 에크펠다피스 엘렉트라포이데스
(포식자: 초기 영장류, 꿀벌에 기생하는 연시목 곤충, 새)

올리고세
(3300만 년~2200만 년 전)

아피스 도르사타, 아피스 플로레아
(포식자: 진화한 영장류, 족제비과, 설치류)

선신기
(550만 년~250만 년 전)

아피스 세라나, 아피스 멜리페라
(포식자: 조류, 침팬지, 곰, 오스트랄로피테쿠스)

홍적세
(250만 년~1만1700년 전)

호모 에렉투스, 호모 네안데르탈렌시스,
데니스오비엔, 루돌펜시스, 사피엔스
(포식자: 꿀벌과 꿀, 또는 벌새 등을 먹는 새들의 화석 발견)

꽃식물과 수분을 매개하는 벌들의 결합

막시류膜翅類[16]에 속하는 꿀벌들의 존재는 — 말벌과 개미도 막시류에 속하는데, 이들 중 몇몇 종은 그들의 집단을 먹여 살리기 위해 일종의 모이주머니에 당분이 든 분비물을 축적하며 꿀들을 제조한다 — 피자식물(속씨식물)[17]인 꽃식물과 연관된다. 꽃이 없으면 벌도 없고 꿀도 없다. 하지만 곤충이 없으면, 꽃도 더이상 없다! 초기 곤충들이 진화해서 생겨난 작은 벌은 꽃들처럼 수차례의 거대한 멸종과 수많은 포식자들의 포식에도 불구하고 살아남았다. 살아난 생명체는 포식자들과 함께 진화했고, 그 역逆도 성립했다. 즉 포식자들도 살아난 생명체와 함께 진화했다. 벌이 항상 우리들 가운데 있다면, 생명체가 벌을 너그럽게 봐주지 않아서이기도 하다. 벌은 그렇게 최적의 방식으로 진화해야만 했던 것이다.

꽃들과 벌들의 관계는 참으로 특별하다. 그것은 단순한 포식 관계가 아니다. 꽃과 벌은 서로를 필요로 하고, 분리해서는 존재할 수 없다. 인간은 처음에는 야생 벌집 속의 꿀을 훔치는 절도자로서, 그다음에는 벌을 '길들이고' 벌에게 은신처를 제공하고 꽃

16) 절지동물 곤충강 벌목. 벌과 개미가 여기에 속한다.(— 옮긴이)

17) 생식기관으로 꽃과 열매가 있는 종자식물 중 밑씨가 씨방 안에 들어있는 식물이다.(— 옮긴이)

이라는 풍부한 환경을 제공하며 벌에게 정성을 다하는 양봉업자로서, 이들 모두와 관계해 왔다. 인간과 벌의 관계는 수천 년에 걸쳐 포식에서 상리공생의 형태로 진화해왔다.

꽃과 벌의 관계는 이렇게 오래전부터 시작된 것이다. 저 초기 시대로 거슬러 올라가 보자. 곤충들의 조상이라 할 초기 절지동물—벌들이 출현하려면 아직 멀었다—은 초기 꽃식물보다 훨씬 앞선 고생대에 나타났다. 좀 더 정확히 말하면 캄브리아기(기원전 5억4200년~4억8500년 전 무렵)에 나타났다. 그들은 날개가 없었다. 이 작은 동물들은 몇 센티미터 크기로, 등껍질로 덮여 있고, 해저에 떼를 지어 살며 이미 먹이 사슬을 형성하고 있었다. 절지동물은 초기 해초류들을 먹고, 바다 전갈을 닮은 무시무시한 작은 동물들에게 잡아먹힌다. 캄브리아기-오르도비스기(4억7천만 년 전)와 오르도비스기-실루리아기(4억4500만 년 전)에 두 차례의 거대한 멸종이 있었다. 각각의 멸종으로 살아 있는 종의 85퍼센트가 파괴되었다. 이 준엄한 선별에서 살아남기 위해서는 저항하여 살아남거나 운이 좋아야 했다!

그렇지만, 해수면이 변화하면서 물 가장자리에 침전물이 생기고, 거기서 새로운 해초들이 자라났다. 지의地衣류, 이끼류, 점점 더 진화한 식물들이 생겨났다. 뿌리줄기(리좀) 식물들과 큰뿌리 식물들 덕분에 이 시대 식물들은 거칠고 바위투성이인 공간을 서서히 정복해나갔다. 이런 진화로 절지동물들은 물 바깥에서 먹거리를 찾을 수 있게 되었다. 초식 동물은 당시 존재하지 않아, 적도의 열기 아래 식생은 더욱 번성해갔으나 아직 꽃들은 포함되지 않았다. 곤충들은 도처에서 울어댔다. 그러나 오래가지 않았다.

3억7500만 년 전, 데본기의 멸종으로 생물 종의 70퍼센트가, 특히 해저 동물이 사라졌다. 그러나 3억6천만 년 정도로 거슬러 올라가는 석탄기에, 다시 곤충들은 거대하고 무성한 습지 한가운데서, 그리고 거대한 고사리류의 깊은 숲속에서 번식을 이어갔다. 바로 이 시기에 곤충들은 날개를 얻었고, 몸집이 커졌다. 60센티미터나 되는 잠자리들과 75센티미터나 되는 전갈들이 드물지 않았다. 길이가 2미터 넘는 지네들이 숲에 서식하며 초기 파충류와 양서류 들을 잡아먹었다. 2억5천만 년 전 페름기-트라이아스기에 가장 대규모의 멸종 사건이 일어나 해저 생물 90퍼센트와 지상 생물 70퍼센트가 사라졌다.

이 재앙 이후, 쥐라기와 중생대에 유일하게 출현한 원시 대륙인 판게아가 둘로 나뉘기 시작했다. 포유류들은 함께 나타났고, 공룡들의 작은 먹잇감이 될 새로운 동물들도 나타났다. 하지만, 새로운 멸종, 즉 트라이아스기-쥐라기의 멸종이 동시에 일어난다. 공룡들은 살아남았고 점점 더 커졌다. 초식동물들이 대장이 되어 세계를 지배했지만, 곧이어 다른 포식자들이 나타났다. 곤충들, 거미류, 작은 포유류 등, 이 거인들 주변에 우글우글 모여 있는 작은 세계를 상상할 필요가 있다. 날아다니는 벌레들은 깃

털 달린 최초의 날아다니는 파충류들의 먹이가 된 셈이다. 한참 후에, 이들은 새라고 불렸다.

동시에 판게아는 계속해서 분할되었다. 그리고 벌들의 조상인 최초의 막시류가 출현했다. 이 막시류는 아직 꽃들은 아닌 식물들을 먹고 살았다. 이들이 어디에서 유래했는지는 정확히 알 수 없지만, 원시대륙인 곤드와나의 판게아 중앙 건조지대에서 시작되었다고 가정된다. 현재의 아프리카, 남아메리카, 인도의 일부를 포함한 지대이다. 건조한 지역에 벌이 풍부하고 남반구에 벌이 훨씬 다양하다는 사실이 이런 가설을 뒷받침한다. 더욱이 뉴질랜드와 뉴칼레도니아에서의 꿀벌의 부재는 이 섬들이 백악기 후기에 판게아에서 떨어져 나올 때만 해도 현재의 벌들은 존재하지 않았음을 나타낸다. 따라서 최초의 꽃들 위에 앉아 영양분을 취한 최초의 곤충들이 나타난 것은 약 1억 년 전이다. 말벌, 개미, 멜리포나[18]처럼 벌침을 가졌든 안 가졌든 고립 생활 또는 사회생활을 하는 곤충들이다. 2015년에 이상한 모양의 곤충이 남동부 아시아 미얀마의 호박琥珀에서 화석으로 발견되었는데, 가장 오래된 것으로 알려진 막시류 화석이다. 날개가 없는 이것은 말벌처럼 보였다. 메뚜기 같은 긴 다리를 갖고 있고, 개미와 유사

18) 멕시코, 안티스 제도, 중남미 아메리카 등에서 발견되는 벌이다. 난초나 바닐라의 꽃가루를 매개하는 벌로 알려져 있다.(—옮긴이)

한 촉수가 있으며, 바퀴벌레와 비슷한 복부를 갖고 있다. 꿀을 모으러 다니는 일벌은 아직 아니었다. 과학자들은 이 곤충을 기생말벌의 유형으로 보고, 압테노페리수스 부르마니쿠스Aptenoperissus burmanicus라는 학명을 붙였다[19].

멜리토스펙스 부르멘시스Melittosphex burmensis는 길이가 3밀리미터에 불과한 아주 작은 곤충으로 현대 꿀벌의 약 5분의 1 크기였는데, 오늘날에는 멸종했다. 9천700만 년~1억1천만 년 전의 호박에서 화석으로 발견된 이 벌의 표본이 압테노페리수스 부르마니쿠스가 발견된 미얀마의 후캉 계곡에서 2007년에 발견되었다. 육식성 말벌과 유사한 해부학적 특징을 가지고 있지만, 꽃가루를 수집하는 꿀벌들의 특별한 표장도 갖고 있다. 특히 몸에서 복잡하게 뻗어 나온 털들이 그렇다. 이 표본의 벌은 현재 꿀벌 가계도에서 사촌쯤에 해당하는, 멸종된 계보에서 나온 것으로 보인다. 이런 화석 연구는 말벌이 꿀벌의 가계도에서 분리되어 나오는 시점에 관한 몇 가지 지표를 보여준다. 포식자인 말벌과 꽃가루를 수집하는 꿀벌 사이에 중간 과도기가 있는데 바로 그 계보에 속하는 것이다. 다른 용어로 말하면, 조상격인 말벌과 현대의 꿀벌 사이에 방계가 있는 것이다. 그렇다면, 꽃가루를 모으는 이 곤충

19) George O. Poinar Jr, Alex E. Brown et Alexander P. Rasnitsyn, 《Bizarre Wingless Parasitic Wasp from Mid-Cretaceous Burmese Amber (Hymenoptera, Ceraphronoidea, Aptenoperissidae fam. nov.)》, *Cretaceous Research*, 2017, p. 113~118.

들은, 꽃식물들이 수분, 즉 가루받이에 의존해야 했기 때문에, 피자식물(속씨식물)이 출현한 후 2천만 년 동안 존재했음을 알 수 있다[20].

또 다른 화석은 역시나 오래된, 버마의 호박琥珀 광맥 속에서 최근 발견되었다. 오르간 주립대의 조지 포이너 주니어가 발견하여 디스코스카파 아피쿨라Discoscapa apicula[21]라는 학명을 붙인 이 곤충은 현대의 벌들과 많은 형태적 유사점이 보인다. 가령, 둥근 구부, 깃털 같은 털, 화석에서 알갱이들이 함께 발견된 것으로 보아 꽃가루를 먹고 사는 곤충일 것이다. 그러나 촉수 위치로 보아 말벌과도 공통점이 있는 것 같다. 하지만 멸종된 계보에 속한다.

최근에, 호박에 들어 있던 아주 작은 크레토트리고나 프리스카Cretotrigona prisca가 뉴저지에서 발견되었다. 이것은 8천만 년 된 것으로, 공룡 시대인 중생대에 나타난 것으로 알려진 유일한 벌이다. 이것은 사회성 벌의 가장 오래된 사례로 간주되는데, 멜리포나 벌 또는 벌침 없는 벌에서 파생된 종에 속할 것이다. 이 멜리포나 벌들은 벌들의 주요 계보에서 한참 떨어진 방계에서 나왔다.[22]

이러한 발견은 벌들의 다양성이 백악기에 대단위로 일어났다

20) Bryan N. Danforth et George O. Poinar Jr, 《Morphology, Classifi cation, and Antiquity of Melittosphex burmensis (Apoidea : Melittosphecidae) and Implications for Early Bee Evolution》, *Journal of Paleontology*, vol. 85, nº 5, 2011, p. 882~891.

21) Joël Ignasse, 《Découverte du plus vieux fossile d'abeille, âgé d'environ 100millions d'années》, *Sciences et avenir*, 2020.

는 것을 보여준다. 같은 시기에 속씨식물 및 꽃식물이 출현한 것이 이를 확인해준다. 꽃식물의 발전은 초기 벌들의 출현으로 급속도로 진행되었고, 그 식물 표본도 다양해졌다.

초기 새들은 이런 원시 벌들을 잡아먹으며 영양분을 보충했다. 새들과 벌들은 공룡과 또 다른 익룡들, 척추동물과 무척추동물을 비롯해 식물들까지 다 집어삼킨 백악기-효신세 멸종 때에도 살아남은 것이다. 이때 생물 종의 50퍼센트가 사라진 것으로 추정된다.

그 당시 아메리카와 유럽 대륙은 서로 분리되어 있지 않았다. 이때는 아직도 트리고나Trigona 종에 속한 벌들을 만날 수 있었다. 이 벌들은 뉴저지의 호박에 잡혀 있던 조상과 동일한 특성을 갖고 있다. 화석에서 꽃들이 발견되는 일은 드문데, 북아메리카의 어느 화석에서 두 개의 꽃이 발견되었다. 곤충들이 수분을 해주는 현대의 꽃들과 유사한 수많은 수술을 갖춘 꽃들이었다. 이 꽃들은 5억 년 된 것이다. 같은 시기, 꿀벌인 에크펠다피스 엘렉트라포이데스Eckfeldapis electrapoides가 호박 속에 화석화된 채 1990년대 독일에서 발견되었다[23]. 꽃식물과 수분을 하는 꿀벌들이 공동으로 진화

---

22) Michael S. Engel, 《A New Interpretation of the Oldest Fossil Bee (Hymenoptera : Apidae)》, *American Museum Novitates*, nº 3296, 2000, p. 1~11.

23) Id., 《A New Species of the Baltic Amber Bee Genus Electrapis (Hymenoptera : Apidae)》, *Journal of Hymenoptera Research*, vol. 7, nº I, 1998, p. 94~101.

한 것이 분명하다.

꽃과 벌: 상호부조의 관계

꽃들은 무엇보다 우선 꽃가루 수정을 위해 벌들이 필요하다. 벌은 꽃가루를 모은다. 이 꽃 저 꽃으로 꽃가루를 찾아다니다, 다른 꽃 암술에 꽃가루를 떨어뜨린다. 이렇게 함으로써 식물의 번식과 생식이 가능해진다. 벌들이 꽃가루를 필요로 하는 것은 자신들 고유의 생존과 번식을 보장하기 위해서다. 벌들은 꽃들에서 수집한 꽃가루와 즙의 일부를 먹고 남은 것은 꿀로 만든다. 이 꿀은 애벌레에게 먹이로 주기 위해 벌집 구멍(봉방)에 저장해둔다. 그것은 활동하기 힘든 계절 동안 사용된다. 이런 명백한 상호부조 관계는 실제로는 상당히 복잡하다. 만일 벌이 어떤 하나의 꽃에 있는 꽃가루를 다 수집한다면, 벌은 거둔 것을 다 옮기기 위해 바로 벌통으로 들어가야 한다. 그러면 식물의 번식을 위한 꽃가루는 하나도 없게 된다. 벌들은 사실상 많은 양의 꽃가루를 필요로 한다. 정확히 어떤 꽃들에 특성화되어 있는 어떤 벌들은 그 꽃의 꽃가루 95퍼센트 이상을 수집해야 한다. 따라서 꽃은 자신을 보호해야 하므로 이 수집을 좀 덜 효과적으로 만들려고 한다.

꽃을 위해서는 꽃가루를 벌이 필요하다고 한꺼번에 다 가져가게 해서는 안 된다. 그래서 벌을 여러 번 왕복하게 하고, 같은 경로를 이동하는 중에 다른 꽃에도 들르게 해야 한다. 반복적인 방문을 장려하기 위해 꽃이 벌에게 매력적이어야 한다면, 꽃은 방문자의 수를 줄여 꽃가루의 손실도 줄여야 한다. 그들은 벌들을 유인하기 위해 다채로운 색깔과 유혹적인 향기, 환대를 위한 편안한 착륙지로서의 꽃잎들을 펼쳐놓는다. 벌들의 방문을 제한하기 위해서는 좁은 관이나 미세한 구멍이 나 있는 꽃밥 속에 꽃가루를 숨기고 일 년 중 특정 시기에만 꽃을 피운다. 혹은 소량을 점차적으로 방출한다.

> "생존하기 위해 유혹하라". 이것이 동물들, 특히 곤충들에 의한 수분으로 수정하는 꽃식물들의 모토이다. 실제로 그들은 곤충들을 유혹하기 위해 많은 에너지를 사용한다. 가령, 복주머니란[24)](키프리페디움 아카울레)은 꽃을 피우는 해에 자기 에너지 총량의 18퍼센트를 특별히 눈에 띄는 꽃 속에 쏟아붓는다. 다음 해에 이 꽃은 훨씬 작아지고, 원칙대로라면 꽃을 피우지 않는다[25)].

---

24) 난초과의 꽃식물이다. 프랑스어로는 Sabot de Vénus(비너스의 나막신)라고도 한다. 우리말로는 '복주머니란'이라고 하는데, 전에는 '개불알란'이라고도 했다. 자생지 근처에 가면 소변 냄새 같은 것이 나서 붙여진 별명인데, 프루스트를 비롯한 작가들의 문학 작품에서 성적인 메타포로도 쓰인다.(—옮긴이)

이런 적응으로, 꽃들과 벌들 간의 접촉이 최적화되었고, 벌들의 방문이 반복적이고 효과적으로 이루어지게 되었다[26].

벌들은 특정 장치들을 지니고 있다. 복부에 있는 붓이나 빗 같은 장치뿐만 아니라 다리나 구강에 갈고리 모양의 털들이 있어서 접근이 힘든 꽃가루나 감춰둔 꽃밥 속의 꽃가루까지 수집할 수 있다. 어떤 벌들은 머리 위에 보완용 털을 가지고 있고, 또 어떤 벌들은 미세공이 있어도 잘 벌어지지 않는 꽃밥 속의 꽃가루를 수집하기 위해 몸을 진동시키는 특별한 행동을 취하기도 한다. 뒝벌들과 일부 단독 벌들은 꽃들에 달라붙어 특정 근육을 아주 재빨리 움직인다. 그러면 꽃 전체가 동요하면서 미세공 바깥으로 꽃가루들이 빠져나온다. 마치 각설탕 병을 흔드는 것처럼 말이다. 넥타르 수집은 벌들의 입 속 모양에 따라 이뤄지는데, 넥타르 저장고까지 입을 넣기 위해 위아래 입술 근육 전체를 써서 길게 늘여 뺄 수도 있고, 짧게 줄일 수도 있다. 간혹 넥타르는 관 모양을 한 꽃부리에도 숨겨져 있다. 곤충들 중에서도 특히 벌은 상당히 복잡한 구강 구조를 가지고 있다[27].

이렇게 실행된 진보로, 우리는 이제 지금으로부터 약 5천만 년

---

25) Peter Fluri et al.,《La pollinisation des plantes à fl eurs par les abeilles. Biologie, Écologie, Économie》, *Revue Suisse d'Apiculture*, 98-7/8, 2001, p.306~311.

26) Denis Michez, Maryse Vanderplanck et Michael S. Engel,《Fossil bees and their plant associates》, dans Sébastien Patiny (dir.), *Evolution of Plant-Pollinator Relationships*, Cambridge, Cambridge University Press, 2011, p. 103~164.

전인 시신세(에오세), 즉 신생대 초에 도착했다. 봄부스(bombus, 뒝벌. 꽃의 넥타르를 먹지만 꿀은 생산하지 않는다)와 이어서 아피스(Apis, 꿀벌)가 출현하였고, 여러 하위 종으로 나뉜다. 이를 증언하듯 신생대 연원을 갖는 호박 속 화석들은 훨씬 많아졌다. 특히 독일[28]을 비롯해 프랑스의 우아즈 지방의 크레유[29]에서도 화석들이 발견되었다. 바로 이 시기에 최초의 영장류들이 꿀을 발견하고 그 맛을 높이 평가했으며, 같은 시기에 진화된 새들도 꿀을 발견했다. 벌들에 기생하는 작은 곤충들인 연시목撚翅目[30]도 바로 이 시기에 나타났다.

꿀을 만드는 다른 종류의 벌들

판게아 대륙이 해체되면서, 지리적으로 고립 분해된 하위 종들이 다시 형성되었다. 산의 방벽들이 다시 솟아올랐고, 서로 이어

27) 벌들의 구강 구조는 씹는 것보다 액상을 빨아들이는 데 최적화 되어, 잘 구부릴 수 있고 잘 펼 수도 있게 되어 있다.(―옮긴이)

28) Torsten Wappler et Michael S. Engel, 《The Middle Eocene Bee Faunas of the Eckfeld Maar and Messel, Germany (Hymenoptera : Apoidea)》, *Journal Of Paleontology*, vol. 77, nº 5, 2003, p. 908~921.

29) David Penney (éd.), *Biodiversity of Fossils in Amber from the Major World Deposits, Manchester*, Siri Scientifi c Press, 2010, chap. 8, p. 138~144.

30) 다른 곤충에 기생하는 벌을 비롯해 미소한 곤충을 가리킨다.(―옮긴이)

져 있던 땅들이 분리되면서 사막과 바다가 되었다. 대륙에서 떨어져 나온 것들은 각각 섬이 되었다. 그리고, 서서히, 종의 하위종으로 우리가 지금 보는 꿀벌들이 태어나 점신세(3천300만 년~2천300만 년 전)와 제3기상층 선신기(5백만5천 년~2백만5천 년)를 거쳐 현대에까지 오게 되었다. 벌새, 말벌, 꿀빨기새류, 넥타르와 곤충들을 먹는 새들의 가장 오래된 화석의 연대도 홍적세이다.

아피스 도르사타Apis dorsata와 아피스 플로레아Apis florea는 3천만 년 전인 점신세 기간 동안 살았던 아피스Apis라는 공통 가지에서 나온 두 종류의 벌이다. 아프리카에서 오세아니아에 이르는 적도 지역에서만 발견되고, 아메리카 대륙에서는 발견되지 않는다(만일 여기서도 발견된다면, 20세기에 우연히 이곳으로 유입되었을 것이다). 이 벌들은 나뭇가지나 절벽 밑에 단일한 빗살 무늬의 둥지를 만든다. 그런데 둥지가 잘 보호되지 못한다. 벌들은 둥지 주변에 포식자들이나 꿀 절도자들이 오지 못하게 일벌들을 커튼처럼 배치해서 공격적으로 윙윙대게 했다. 이로써 벌집은 이상적인 온도로 유지되었다. 천성적인 이런 공격성 때문에 벌들은 결코 길들여지지 않았다. 같은 시기에 진화한 영장류들과 족제비과들이 함께 출현했다. 꿀이라면 사족을 못 쓰는 그들은 벌들의 포식자가 되었다.

아피스 세라나Apis cerana, 즉 아시아 집벌들과 유럽 벌인 아피스 멜리페라Apis mellifera는 야외에 둥지를 만드는 열대의 벌들과 같은 시기에 태어났을 것이다. 열대 사촌들과 달리 이 두 종은 추운 겨울에도 벌집 내부에 무리를 이루어 겨울을 날 수 있었다. 이들 벌집은 닫힌 구멍이나 바위 또는 속이 파인 나무들 속에 지어지고 여러 시렁과 층으로 나뉘어 있다. 선신기 때부터 이들은 아시아 전역과 온화한 유럽을 점유하며 지리적 지대를 넓혀나갔다. 선신기에 등장한 곰, 침팬지들도 꿀에 대한 본능을 개발해나갔다. 영장류로 말하자면, 홍적세가 오기를 기다려야 했다.

1만여 년 전인 홍적세 말에 빙하기가 있었다. 빙하 상태에 따라 해수면의 상승과 하강이 발생하여, 어떤 시대에는 이 대륙에서 저 대륙으로, 또 이 섬에서 저 섬으로 도보로의 이동이 가능했다. 그러나 바닷물이 상승하면, 이어져 있던 땅들에서 출발해 새로운 섬이 만들어지기도 했다. 그때까지만 해도 고립되어 있던 땅들 사이에 길이 생기면서 이 길이 동물과 인간 들에게 열렸다. 그래서 현재 드러난 육지 전체 또는 거의 전체에 이 동물과 인간들이 흩어져 살게 되었다.

중앙아메리카와 남아메리카, 사하라 이남 아프리카, 아시아 남부에서 오스트레일리아 북부까지 뒝벌 및 다른 벌들의 사촌이자 벌침 없는 작은 벌인 아피스 멜리포나Apis melipona가 살게 되었다. 이 벌은 유럽 식민 개척자들이 오기 전 아메리카와 오스트레일리아에 있던 유일한 토착 벌이었다. 오스트레일리아에는 꿀을 만드는 개미들도 있었다. 넥타르를 수집하고, 애벌레들에게 먹이려고 꿀을 저장하는 말벌들도 있었다.

오스트레일리아와 뉴질랜드 및 다른 고립된 섬들에 꿀을 만드는 아피스 멜리페라가 도입된 것은 19세기 초 유럽 식민 개척자들이 유럽식 벌통을 가져왔을 때였다. 아피스 멜리페라는 유전적으로는 6백만 년 전에 사촌들과 분리되었을 것이다. 그리고 그 하위 종들은 거의 백만 년 동안 다양해졌다.

이제 아피스는 구대륙인 유럽과 아시아, 아프리카의 모든 공간에서 셀 수 없이 많은 하위 종으로 분할되어 거주하고 있다. 각 지역, 각 지방에는 그곳 기후와 식물에 완벽히 적응한 그 지역만의 꿀벌이 있게 되었다. 그렇다면, 기원지는 어디일까?

과학자들은, 2012년까지는, 유럽 꿀벌인 아피스 멜리페라의 기원이 아프리카일 거라고 생각했다. 여러 가설들이 나왔다. 아프리카에서 출발하여, 이베리아 반도나 중동을 거쳐 유럽까지 왔을 거라는 게 그 하나다. 아니면, 기원은 중동인데, 아프리카와 유럽 방향으로 이동했을 거라는 가설이다. 그런데 2012년 웁살라 대학 연구팀이 진행한 꿀벌의 게놈 분석으로 놀라운 결과가 나왔다. 아피스 멜리페라의 기원지는 아시아로 보인다는 것이었다. 이곳에는 여전히 9종의 벌들이 있다. 여기서 시작하여 유럽과 아프리카로 퍼졌을 것이다. 그 과정은 세 단계로 이루어졌다[31]. 첫째, 아피스 멜리페라는 구멍에 벌집을 만드는 꿀벌들과는 다른 종에서 떨어져 나왔다. 이어, 아피스 멜리페라는 유럽과 아프리카, 중동

전역으로 퍼짐으로써 다른 하위 종들이 탄생했다. 마지막으로, 인간에 의한 사육, 즉 양봉으로 더욱 복잡하고 다양한 하위-하위-종들의 탄생과 분산이 이루어졌다. 현재 우리를 위해 꿀을 수집하는 벌은 실제로 더 많은 꿀을 생산하기 위한 교배를 통해 선택된 것이다. 꿀 생산량을 늘리기 위한 목적으로 꿀벌을 사육하는 것이다.

---

31) Fan Han, Andreas Wallberg et Matthew T. Webster, 《From where did the Western honey bee (Apis mellifera) originate?》, *Ecology and Evolution*, vol. 2, nº 8, 2012, p. 1949~1957.

2.
벌을 만나다

19~20세기의 여러 여행자처럼 포르투갈 예수회 수도사인 제로니모 로보(1595~1678)는 에티오피아에서 야생 꿀 수확은 특히 벌들의 포식자인 새를 따라가며 이뤄졌다는 것을 강조했다. 이 새는 일명 인디카토르 인디카토르Indicator, indicator이다.

> 사람들이 (야생 꿀을) 수집하러 나가는 때는 10월 말이나 11월 초, 또는 중순이다. 이를 위해 사람들은 무리를 지어 모이고, 나무숲으로 들어가서 가져온 용기를 가지고 '마로프marof'라 부르는 작은 새들을 찾아나선다[32].

32) D. M. Lockhart, M. G. Da Costa (éd. et trad.), *The Itinerário of Jerónimo Lobo*, Londres, Hakluyt Society, 1984, p. 168-169;cité par Thomas Guindeuil, 《"Pour l'âne, le miel n'a pas de goût." Miel et société dans l'histoire du royaume d'Éthiopie》, *Journal des Africanistes*, vol. 80, n° 1~2, 2010, p. 283~306.

벌과 최초의 인간

무대가 설치되고, 주연 여배우도 등장했다. 자, 이제 역사의 어느 순간에 다른 주인공인 인간이 무대에 들어선다. 제3기상층 선신기에 멸종된 오스트랄로피테쿠스는 이미 아프리카에서 다른 영장류들처럼 5백만 년 전에 꿀벌들의 벌집을 사냥했다. 앞에서 보았듯이 벌들의 조상은 약 1억 년 전부터 지상 위에 그들의 벌집을 만들었다. 이 꿀 사냥꾼들은 이제 그 자리를 새로운 영장류인 인간Homo에게 넘겨준다. 그들 가운데 아프리카에 있던 호모 하빌리스Homo habilis는 도구를 만들겠다는 생각을 하고 있었다. 그 뒤를 이어 호모 에렉투스Homo erectus가 온다. 1백만 7천 년 전으로, 아프리카·아시아·유럽 일대를 여행했다. 호모 사피엔스와 그 사촌격인 호모 네안데르탈렌시스Homo neanderthalensis는 구석기 시대(기원전 25만 년~2만 년)에 유럽과 아시아 일대를 돌아다녔다. 이들은 여기서 이미 오래전부터 존재했던, 지역마다 각기 다른 여러 꿀로 가득한 벌집을 사냥했다.

기원전 5만 년~3만 년에 기후 온난화가 진행되는 동안 뉴기니에 이어 오스트레일리아와 태즈메이니아[33]에 도착한 최초의 인류는 밀랍을 이용할 줄 알았고, 독침 없는 벌들이 제공하는 꿀을

33) 오스트레일리아 남동쪽의 큰 섬이다.(—옮긴이)

즐길 수 있었다. 건조한 지대에서는 꿀 개미들이 제공한 꿀도 먹었다. 그리고 얼마 후, 약 3만 년 전, 빙하기가 오자, 결빙을 이용해 이 최초의 인간들은 베링 해협을 지나 아메리카로 넘어간다. 독침 없는 벌인 멜리포나Melipona를 만나려면 적도 지대로 가야 하는데, 여기에 도착한 것은 훨씬 후대다(1만5천 년~1만 년). 이들은 멜리포나의 꿀과 밀랍을 이용하는데, 그것들은 콜럼버스 발견 이전의 아메리카에 있던 황금으로 물건을 제조할 때 필수적이었다.

구석기 시대, 도처에 있던 이 최초의 인간들은 사냥꾼이자 채집가였다. 포유류·물고기·새·곤충 등 다양한 동물을 사냥하거나 식물·곡식·과일 등을 채집해서 먹거리를 얻었다. 사냥 원정 중 꿀벌들의 둥지를 얼핏 보기라도 하면 그야말로 축제였다. 아프리카와 아마존에 살았던 마지막 수렵-채집인들에겐 특히나 그랬다. 운이 좋게 한데 모여 있는 벌집을 보기라도 하면 실컷 단것을 먹을 수 있으니 그야말로 축제가 아닐 수 없었다. 하지만 이런 축제에 관한 그 어떤 고고학적 흔적은 없다.

하지만 인간과 꿀이 만난, 특히 벌통에서 생산된 것을 어떻게 활용했는가에 대한 아주 오래된 흔적은 존재한다. 벌들은 밀랍을 생산했고, 인간은 고대부터 밀랍을 사용했다. 대략 360여 년 전, 남아프리카의 보더 케이브Border Cave에서 발견된 화살촉에서는 기원전 3만5천60 년경으로 연대가 추정되는 벌의 밀랍 흔적이 발견되었다. 식물 섬유조직·단백질(알에서 나왔을 법한)·밀랍의 혼합물인데, 어떤 도구의 날카로운 끝을 맞물리는 데 사용한 것으로 보인다. 아프리카 지대에서 흔히 자라는 식물인 대극과Euphorbiaceae에 속하는 리시누스 코무니스 엘Ricinus communis L.에서 추출한 리신이라는 독성 단백질이 이 도구 끝에 묻어 있었다[34]. 인간과 벌의 상호작용을 짐작할 수 있는 밀랍의 첫 증거물이지만, 분명 이게 마지막 증거물은 아닐 것이다. 꿀과 밀랍은 문명사회에서 아주 중요한 역할을 하게 되었다.

선사 시대 꿀 사냥과 수확, 동굴 예술의 증거들

꿀 수확에 관한 가장 오래된 재현물로 알려진 것은 기원전 8천 년~6천 년 전 것인데, 보더 케이브에서 발견된 것이 기원전 3만 5천 년 전 것이므로 그에 비하면 최근이다. 하지만 우리는 이번에는 수천 킬로미터 떨어진 이베리아 반도로 간다. 발렌시아 근처 비코르프에 있는 일명 거미 동굴Cueva de la Arana의 벽화에는 고불고불한 칡넝쿨 같은 밧줄에 매달려 암석을 기어 올라가는 두 사람이 그려져 있다. 한 사람은 중간 정도 높이에 와 있고 등에

---

34) Francesco D'Errico et al., 《Early evidence of San material culture represented by organic artifacts from Border Cave, South Africa》, *Proceedings of the National Academy of Sciences*, vol. 109, nº 33, 2012, p. 13214~13219.

채롱을 달고 있다. 벌집까지 도착한 사람은 손잡이 달린 바구니를 들고 있고, 이 바위 구멍에서 나온 것으로 보이는 여러 마리 작은 벌들이 그를 에워싸고 있다. 예술가는 실제로 바위 속에 난 작은 구멍을 활용하여 벌집을 표현함으로써 장면을 훨씬 실감나게 만들었다. 좀 더 아래에는, 뿔 달린 동물들을 대동하고 있는 세 번째 사람이 있다. 위의 두 사람을 기다리고 있는 듯하다. 여기에 묘사된 것처럼, 꿀 수확을 위해 칡넝쿨을 이용하여 이렇게 절벽을 올라가는 일은 인도나 네팔에서 아직도 행해지고 있다. 8천 년 된 이토록 위험천만한 식도락의 역사라니! 이런 유형의 꿀 사냥을 묘사한 다른 동굴 그림의 예들이 특히 인도, 오스트레일리아, 남아프리카에 많다.

그런데, 벌집을 재현한 것으로 보이는 이보다 훨씬 오래된, 또 다른 암벽화도 있다. 기원전 1만8천 년~1만1천 년, 빙하기 말엽으로 연대가 추정되는 알타미라 동굴에 그려진 것이다. 알타미라 동굴은 스페인 산탄데르 근처 산틸라나 델 마르에 있다. "선사 시대의 시스티나 예배당"이라는 별명이 붙은 이 동굴은, 라스코·쇼베·코스케 동굴과 함께 가장 아름다운 동굴 예술 유적지 중 하나이다.

이 동굴 입구에서 약 50미터 정도 떨어진 좁은 통행로에서 위를 올려다보면 붉은색으로 칠해진 천장화가 보인다. 네 개의 긴 타원형이 나란히 그려져 있고, 두 개의 직선이 수직으로 교차하

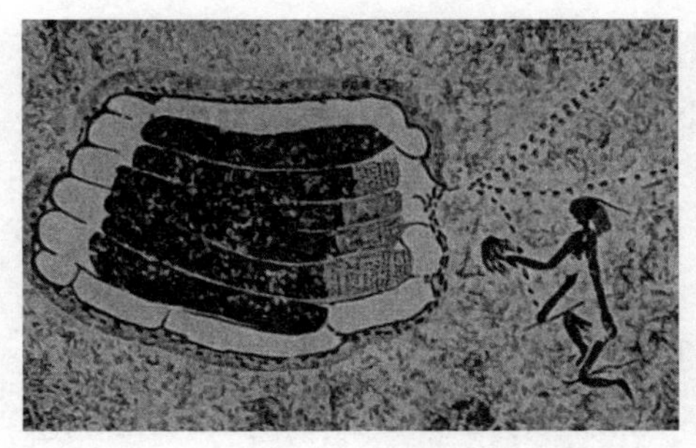

사진 1

면서 전체적으로 삼등분이 되는데. 이 수수께끼 같은 그림은 여성의 상징으로 해석되거나, 아니면 어떤 함정을 표현한 것이라고 해석되어왔다.

한편, 짐바브웨의 마토보 국립 공원에 위치한 토그화나 담에 있는 동굴에서도 같은 그림을 볼 수 있다. 한 인간이 벌집을 연기로 그을리는 것을 표현한 것이다.[35] 이 암벽화는 알타미라 동굴의 그림보다 훨씬 후대인 8천 년 전 중석기 시대의 것인데도, 그 유사성이 놀랍다. 알타미라에 그려진 형태들은 이상하게 로디지아 회화에서 자주 보이는 긴 타원형 모티프를 연상시킨다.

남아프리카, 케냐, 그리고 짐바브웨 암각화를 장식하는, 이른바 포르믈링formeling이라고 불리는 수많은 재현물들이 여전히 존재한다. 이것은 일반적으로 흰개미 또는 벌집을 아래에서 봤을

---

35) Harald Pager, 《Cave Paintings Suggest Honey Hunting Activities in Ice Age Times》, *Bee World*, 1976, p. 9~14.

때 보이는 형상을 그린 것으로 해석된다. 토그화나 동굴 벽화의 경우(사진 1), 이것이 벌집인 것은 의심의 여지가 없다. 벌집에 연기를 피우는 것이 그대로 그려져 있기 때문이다. 한 남자가 불타는 횃불을 손에 들고 벌집 입구 앞에서 그것을 흔든다. 점선들은 '벌통'에서 달아나는 벌들을 연상시킨다.

인간은 일찍부터 불의 연기를 활용할 줄 알았다. 연기는 방어 기능을 갖는 벌들의 수신 안테나에 억제제를 뿌리는 효과가 있다. 달리 말하면, 위험 경보 기능을 하는 페로몬, 또는 초산염(바나나부터 포도주까지 풍미를 주는 분자!)의 방출을 막는 것이다. 벌들은 연기 냄새를 맡으면 벌통 내부에 있는 꿀을 마구 퍼먹거나 무리를 이루어 다른 곳으로 가서 또 다른 벌집을 만든다. 이렇게 꿀을 포식하면 벌들은 훨씬 덜 공격적으로 되고, 벌침으로 찌르는 경향도 줄어든다.

알타미라와 토그화나 동굴의 그림이 무엇을 상징하느냐에 대해서는 의심의 여지가 없다. 바위 위에 그려진 이 타원형 모티프와 절벽에 걸려 있는 벌집을 아래에서 올려다보면 여러 시렁으로 된 야생벌의 벌집들 사이에 유사점이 보인다는 것이 상당히 놀랍다.

아프리카 동굴의 이미지에서는 중앙 부분은 색깔이 어둡고 끝부분은 훨씬 밝다. 이베리아 반도의 동굴 같은 경우는 몇몇 분할선이 있는데, 두 가지 색을 드러내기 위한 그래픽적 표현으로 보인다. 벌집을 자세히 보면 그런 표현이 실제와 일치한다는 것을 알게 된다. 벌집 한가운데에 알뭉치—알, 애벌레, 번데기로 구성되어 있다—가 들어 있는 칸이 있고, 이 장소에 벌들이 모여 있다. 그래서 이 부분을 어둡게 표현했을 것이다. 반면, 꿀은 양 끝에 있고 따라서 밝은색을 띤다. 이런 사실주의는 감탄할 만하다. 아래에서 보면 완벽하게 잘 관찰된다. 정중앙에는 알뭉치가 있고, 양쪽에는 꿀 저장고가 있는 것이다.

또한 알타미라 회랑의 벽 위에는 꿀에 접근하기 위해 필수적인 부속물이 그려져 있는데, 바로 사다리다. 심지어 여러 줄의 사다리다. 왼쪽 벽에는 두 줄의 사다리가 그려져 있고, 땅에서 가까운 곳에 있는 세 번째 사다리는 흔적만 남아 있다. 땅에서 약 1미터 높이에 있는 돌출된 바위 아래에 수평으로 묘사된 길이가 2미터가 넘는 놀라울 정도의 사다리가 여러 개 있다. 이것들을 보려면 몸을 완전히 숙이거나, 땅에 누워서 올려다봐야 한다.

이런 시점은 이상해 보일 수 있지만 구석기 시대 예술은 서사적 예술이 아니다. 그것은 우리에게 꼭 명료하지 않은 상징 또는 개념들의 연관성에 의해 작동하는 예술이다. 여기서는 '보물'에 접근하기 위해서는 사다리를 찾아야 하는 다소 이상한 놀이를 소환해야 한다. 남아프리카 암면예술에서도 유사한 것들이 표현된 암각화들을 볼 수 있는데, 벌집은 아래에서 본 모양인 데 반해 인간은 사다리를 타고 올라가거나 아니면 연기가 나는 횃불을 들고 있다. 여기서 인간은 측면으로 그려져 있다. 토그화나에 그려진 것도 이런 경우다.

측면에서 본 벌집은 수평으로 길고 가운데가 볼록한 구심형이다. 일종의 여러 개의 반달 모양을 하고 있다. 이랜드 케이브, 앵커 셸터, 또는 브라더톤 셸터 같은 남아프리카 동굴에서도 이런 모양을 볼 수 있다(사진 2). 이렇게 비현실적인 관점을 택한 것은 나름 심사숙고한 것이지 그림을 잘 못 그려서는 아닐 것이다.

알타미라 동굴의 그림이 벌들을 아주 잘 표현하고 있다고 생각하게 하는 마지막 단서가 있다. 동굴 입구에 종유석이 있는데, 뒤집힌 원뿔 모양으로, 거대하게 석화된 벌떼처럼 보인다. 벌떼, 그러니까 봉분은 벌집이 아니고 꿀을 만들지도 않는다. 이것은 단순히 미래에 새로운 둥지를 만들기 위해 잠시 모여 있는 곤충들 집합체다. 봉분은 벌들에게는 벌통을 증식시키는 한 방식이다. 동굴에 그림을 그렸던 선사인들은 더욱 사실적으로 표현하기 위해 그럴 듯한 바위 형태를 선별해 그 위에 그리곤 했다. 1만8천 년 전, 알타미라 동굴에 그림을 그린 인간들은 벌떼에서 벌집으로 되어가는 그 중간 형상을 그린 것으로 보인다. 사다리를 세우면 벌집에 닿을 수 있으므로 그 옆에 사다리도 함께 그렸을 것이다.

수 세기 동안 인류가 도처에서 같은 방식으로 야생꿀을 사냥했다는 것을 확인하는 것만으로도 흥미롭다. 지금도 수많은 장소에서 계속 그렇게 하고 있으니 말이다(사진 3). 암면예술에 표현된 것은 유럽이나 아프리카, 아시아, 오스트레일리아에서 동일하

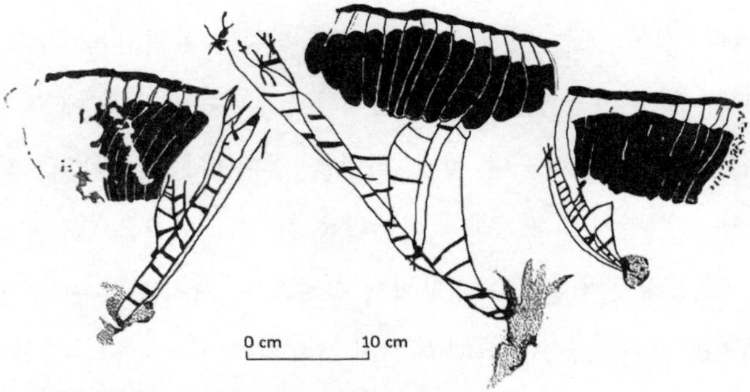

0 cm 10 cm

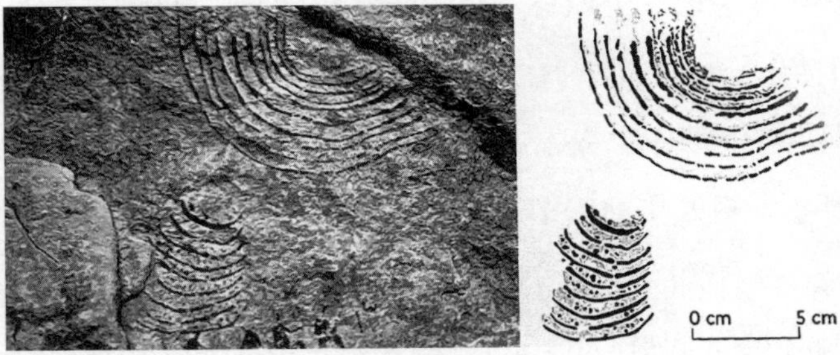

0 cm 5 cm

사진 2

사진 3

다. 아래, 정면, 또는 옆에서 본 벌집의 시렁은 완벽하게 구별되고, 때론 그 주변을 날아다니는 벌떼들도 볼 수 있다. 옆에는 사다리, 양동이 또는 바구니, 밧줄, 칡넝쿨, 김이 나는 풀 다발들, 막대기 또는 이빨처럼 뾰족하게 튀어나온 긴 막대기 같은 도구들도 있다. 이 막대기는 현재도 네팔에서 벌집과 좀 거리를 둔 채 벌집을 깨뜨려 꿀을 흐르게 할 때 여전히 사용된다.

알타미라 동굴의 꿀 사냥 그림은 빙하기 말기를 생각나게 하는데, 이론적으로 이 시기에는 벌들이 생존할 수 없었다. 빙하가 스칸디나비아에서 독일 북부, 영국 중부에 이르기까지 현재의 유럽 대부분을 뒤덮었기 때문이다. 더 남쪽으로는 피레네산맥 정상에도 얼음 조각들이 흩어져있었는데, 기후는 오늘날 시베리아와 비슷했을 것이다. 반면, 피레네산맥 남쪽에는 추위가 덜해 숲 지대가 펼쳐졌는데, 여기서 유럽의 검은 벌인 아피스 멜리페라 멜리페라Apis mellifera mellifera가 완벽하게 번식할 수 있었을 것이다. 과학자들은 기원전 1만5천 년 경에 더 따뜻한 시기가 있었을 것이며, 알타미라에서 수확한 꿀이 특별히 맛있었을 것으로 믿는다.[36)]

10000년대까지 만년설이 존재했으므로, 유럽 벌들의 거주지는 지중해 북부에 국한되었을 것이다. 그러나 빙하기가 물러나면

36) Friedrich Ruttner, 《Alter und Herkunft der Bienenrassen Europas》, *Österr. Imker*, 1952, p. 8~12.

서 벌들은 이제 더 북쪽으로, 영국과 스칸디나비아 섬들로 퍼졌다. 영불 해협은 8천 년경에는 도보로 건너갈 수 있었고, 숲이 영토 전체에 걸쳐 이어졌다. 이 시기에 나온 벌들의 화석은 없기에 이후의 전개에 대해서는 알려진 바가 없다. 다만 같은 시기인 신석기 시대에 서부 유럽 전역과 아나톨리아 반도, 중동, 그리고 중앙아시아에 걸쳐 농업이 확대되고 인구의 이동도 일어났다. 개척자들인 농민들은 뚫고 들어갈 수 없는 숲들을 개간했다. 생태계가 변할 수밖에 없었을 것이다. 작은 관목과 꽃식물들, 과실들이 자라기에 좋은 지대가 나타났다. 특히 과실나무들은 성장을 위해선 풍부한 햇빛이 필요한데 숲에서는 이런 빛이 부족했다. 야생 과실나무들은 숲 안쪽이 아니라 가장자리에서 자랐다. 잎이 무성한 활엽수 숲에서 살던 벌들은 꿀을 만들게 해주는 이 보충제 꽃들이 있는 새로운 조건에 완벽히 적응했다. 과실나무들은 벌들의 수분으로 계속 증식했다.

검은 벌 아피스 멜리페라 멜리페라가 전진할 수 있는 북부 한계선은 근사치이긴 하지만 지금의 오슬로를 지나는 북위 60도 부분이다. 멕시코 만류의 불안정성, 기후 변화 등으로 인해 시대에 따라 이 한계선은 다소 변동되어왔다. 빙하의 후퇴와 전진은 한 번에 일어나지 않고, 직선적으로 진행되지도 않는다. 벌 서식지의 북방 한계선은 호두나무와 월계나무, 떡갈나무, 너도밤나무, 느릅나무, 자작나무 같은 다른 낙엽 활엽수들의 서식 한계선이기도 했다. 빙하기 이후 시기에 벌들이 기숙한 곳은 바로 이 활엽수 숲이었다. 현재 양봉업이 북극 지대에서도 이뤄지는 것은 인간의 개입 덕분이다. 추위를 막아주는 현대 기술이 벌의 보존을 가능하게 했다.

꿀을 기반으로 한 구석기 체제: 진화의 핵심 요소

수천 년 동안, 에너지가 풍부한 음식인 꿀의 지속적 소비는 인류의 진화에 중요한 결과를 가져왔다. 인류학자들은 꿀이 인간의 뇌를 발달시키는 데 도움이 된 사실에 특히 주목했다.

약 250만 년 전, 호모라는 종의 영장류는 침팬지 뇌보다 훨씬 큰 뇌를 가진 최초의 인류였다. 그러나 뇌는 신진대사 측면에서 비용이 많이 들었다. 탄수화물과 같은 많은 에너지를 필요로 하기 때문이다. 두뇌 능력을 강화하기 위해 인류는 많은 에너지를 줄 수 있는 새로운 음식을 찾았다. 고기는 뇌의 발달에 주요한 음식이었다. 사냥용 무기—투창, 칼, 도끼, 그리고 기타 식칼 등—와 석기는 음식 체계를 더욱 풍부하게 만들었다. 이것은 수많은 고고학적 발견으로도 입증된다. 땅속 덩이줄기는 탄수화물을 제공했다. 인간은 우선 땅을 팔 수 있는 막대기를 고안했고, 이어 농업을 시작했다. 구석기 시대 호모라는 인간 유형이 늘어나고 뇌의 크기가 커지는 데에 고기를 비롯해 녹말가루가 풍부한 덩이줄기의 역할이 더욱 강조되었다. 하지만 섭취하기 쉽고 소화하기도 쉬운 꿀은 아직 별로 고려되지 않았다.

그러나 꿀은 인류의 진화에 결정적인 음식이었을 것이다. 라스베가스 네바다 대학의 영양학 인류학자이자 행동요법 의사인 환경론자 알리사 크리텐덴은 벌집의 당분 많은 액체가 얼마나 중요한지 재인식시키고자 애쓰고 있다[37]. 그녀는 꿀의 여러 장점 중 무엇보다 중요한 것은 가장 기초적인 영양소를 만드는 것이라고 설명한다. 에너지로 가득한 고농축의 자연 음식이라는 것이다. 약 80~95퍼센트가 당분인데, 그 주요 성분은 포도당과 과당이다. 이는 두뇌 운동에 필수적인 요소이다. 포도당은 신경세포 조직의 발달을 위한 신진대사에서 가장 본질적인 역할을 수행한다. 혈액뇌장벽을 유일하게 지나가는 것이 당분이다. 신경세포들은 우리가 산소를 필요로 하듯 포도당을 필요로 하고, 이것은 지속적으로 이뤄져야 한다. 뇌는 저장을 하지 않기 때문이다. 포도당은 뇌에서 일단 ATP, 즉 아데노신 삼인산이라는 형태로 변환된다. 이로써 뇌의 기능이 활성화된다. 꿀은 포도당 함유량이 높기 때문에 에너지로서의 가치가 높다. 포도당은 소화기관을 통해 바로

37) Alyssa N. Crittenden, 《The Importance of Honey Consumption in Human Evolution》, *Food and Foodways. Explorations in the History and Culture of Human Nourishment*, vol. 19, nº 4, 2011, p. 257~273.

흡수되어 혈액 속을 순환하며 재빨리 에너지원을 만든다. 포도당이 풍부한 꿀은 과당이 풍부한 꿀보다 더 쉽고 빠르게 결정화되는 경향이 있다. 과당이 많은 꿀은 액체 상태로 있다. 과당은 물을 흡수하고, 포도당보다 더 단맛이 난다. 과당이 풍부한 꿀은 특별히 부드럽다. 꿀마다 포도당과 과당의 함량이 다른데, 이는 꿀의 공급원인 식물에 따라 다르다. 벌이 만드는 꿀의 원천이 넥타르이고 넥타르의 원천이 곧 식물이기 때문이다. 해바라기 또는 클로버 꿀은 아주 빨리 결정화된다. 아카시아와 라벤다 꿀은 액체 상태로 남아 있다. 하지만 모두 에너지가 풍부한 영양성분으로 이루어져 있다.

꿀은 비타민과 미네랄도 함유하고 있지만 소량이므로 이를 얻기 위해서는 많은 양을 섭취해야 한다. 여기에는 또 아르코빈산, 플라보노이드, 효소 등도 들어 있다. 벌의 애벌레 잔유물이 들어 있는 야생꿀은 지방 및 단백질, 아미노산, 비타민 B, 필수 미네랄 등을 함유하고 있다. 그래서 오늘날 우리가 양봉업자에게서 구입하는 꿀에는 이것들이 빠져 있다. 선신기 후기의 동부 아프리카처럼, 계절과 계절 사이에 기후 변화가 극심한 환경에서는 꿀과 애벌레가 건조한 계절 동안의 부족한 자원을 보충해주었다. 벌의 애벌레가 들어있는 꿀은 풍부한 영양분을 포함하고 있으므로 보완적인 음식이 될 수 있었다. 이렇듯, 우리 몸에 해로울 것이 전혀 없으니 탐낼 만한 것이었다.

꿀이 인간의 진화에 주요한 역할을 했다는 가설은, 야생꿀이 5대륙 인간들 모두에게 오늘날까지도 중요한 영양 음식으로 남아 있다는 사실 때문에 더욱 강화되었다. 민속학은 우리에게 많은 사례를 제시한다. 베네수엘라와 콜롬비아에 사는 유코-유크파족은 꿀을 그들 영양 섭취원에서 가장 중요한 것으로 간주한다. 베네수엘라의 히위족은 상당한 양의 꿀과 애벌레를 섭취한다. 파라과이에 사는 구아야키족에게 꿀은 사냥한 고기 다음으로 중요하다. 그들은 특히 우기에는 꿀을 매일 상시적으로 매우 많이 먹는다. 네팔의 타망족과 안다만 섬의 옹게족도 꿀과 벌 애벌레를 대량 채취하여 소비한다. 오스트레일리아의 원주민들은 침이 없는 벌의 꿀과 벌집을 풍부하게 섭취하며 생계를 유지해온 역사를 갖고 있다. 오스트레일리아의 우오로라족, 우남발족, 웅가리닌족 등은 벌통에 접근하기 위해 막대기, 망치, 돌도끼 등을 사용했다. 북부 해안의 와닌딜잔과족은 지금도 꿀, 알뭉치, 밀랍 등이 들어있는 '설탕 가방'을 메고 사냥을 하러 간다. 이 '설탕 가방'은 그들이 가장 높이 평가하는 영양분 만점의 음식이다.

아프리카에서는 기후 조건으로 인해 지역에 따라 일 년 내내 꿀을 얻을 수 있다. 꿀 수집을 위해 다양한 기술이 사용된다. 높은 곳에 있는 벌집에 접근하기 위해 밧줄을 타고 오르거나 나무 기둥에 쐐기를 박거나, 벌들을 멀리 쫓아내기 위해 연기를 피운다. 마다가스카르의 미케아족과 탄자니아의 통궤족, 케냐의 오기

에크족은 꿀을 많이 소비한다. 마찬가지로, 꿀은 콩고의 소인족인 에페족이 섭취하는 칼로리의 80퍼센트를 차지한다. 이곳 콩고에서는 꿀의 계절이 7월부터 8월까지 지속된다. 이 기간 동안 에페족은 꿀집을 찾아 숲속을 이동하며 생계를 이 꿀과 알뭉치에만 의존한다. 남자들과 여자들은 매일같이 평균 3킬로그램 이상을 수확하고, 그중 600그램을 하루에 소비한다. 나머지는 주거지에 복귀 후 집단의 다른 구성원들과 공유한다. 벌집에서 나온 꿀이 에페족 식량의 약 70퍼센트를 차지한다.

꿀은 탄자니아 하드자족의 식단에서도 상당 부분을 차지한다. 사냥 및 채집 활동을 주로 했던 마지막 부족 중 하나인 하드자족은 꿀을 최상의 음식으로 생각했다. 아기들의 첫 이유식이기도 했다. 남자들과 청년들은 원정을 떠나 3시간 정도의 시간 동안 수 킬로그램의 꿀을 수확한다. 전리품은 주거지의 구성원 전체와 나눈다. 벌집은 보통 바오밥 나무 높은 곳에 있었다. 성인 남자들이 나무통에 나뭇조각을 심어 박으면, 소년들이 그것을 타고 올라가 벌집에 접근한다.

위험을 감수한 모험의 역사: 꿀 사냥

우리는 인간이 꿀을 획득하기 위해 항상 많은 수고를 해왔음을 알고 있다. 벌집 사냥은 어려운 작업이다. 첫 번째 어려움은 벌집의 위치를 파악하는 것이다. 이를 위해 전 세계적으로 여러 다양한 기술이 존재한다. 꽃밭에 있는 벌들을 보고, 어느 방향으로 날아가는지 보고, 그들을 따라가 보는 것이 우선 제일 간단하다. 아마존에서 아메리카 인디언들은 나무 몸통에 귀를 대보기도 했다. 나무에 숨겨진 벌집이 있다는 확신을 하고 벌들이 윙윙거리는 곳에서 매복을 하는 것이다. 서기 1세기 경, 콜루멜라[38]는 구멍이 뚫린 속이 빈 가는 대에 약간의 꿀을 넣어 벌들을 유인할 수 있다고 주장했다. 벌들이 구멍을 통해 대 안으로 들어오면 구멍에 엄지손가락을 댄다. 그리고 들판을 유유히 산보한다. 이어 대고 있던 손가락을 살짝 떼어 벌 한 마리를 풀어준다. 벌이 날아가는 방향이 곧 벌집이 있는 곳이다. 이 벌을 시야에서 놓치면, 다시 두 번째 벌을 풀어준다. 이런 식으로 벌떼의 위치를 알 때까지 계속한다. 벌들을 위험에 처하게 하는 이런 방식은 스웨덴에서 카르파티아 산맥까지, 그리고 대서양에서 볼가 강까지, 유럽 전역에서 활용되었다. 사슴의 뿔, 격자망이 달린 속이 빈 굵은 나뭇가지, 또는 구멍이 뚫린 작은 화분 등이 사용되었다. 어떤 사람들은 소변을 미끼로 쓰기도 했다. 그 냄새에 벌들을 유인하는 힘

38) Lucius Iunius Moderatus Columella. 서기 1세기 중반경의 농학자이다. 12권으로 된 농학서《농업에 대하여De re rustic》를 썼다.(—옮긴이)

이 있기 때문이다.

인간만이 벌들이 생산한 이 감미로운 꿀을 높이 평가한 건 아니었다. 야생 동물들도 꿀을 좋아했다. 곰은 물론 특정 새들도 마찬가지였다. 인간들은 이 야생 동물을 최대한 활용했다. 탄자니아의 하드자족, 케냐의 보라나족, 모잠비크의 야오족은 야생 벌통을 향해 날아가는 새들을 따라갔다. 인디카토르 인디카토르라는, 안내자 중의 안내자인 이 새는 사막 지역이나 초원을 제외한 사하라 이남 아프리카 전역, 콩고 분지의 정글과 해안 숲에 서식한다. 몸통 한가운데가 뚫린 나무가 필요하기 때문이다. 이 새는 성충이 된 벌과 알뭉치를 주로 먹고, 밀랍도 먹는다. 밀랍을 소화할 수 있는 유일한 새 중 하나다. 인디카토르 인디카토르의 흥미로운 특징은 자발적으로 인간들을 벌집으로 안내한다는 것이다. 인간과 동물의 상호협조를 보여주는 대단한 예다. 20세기 에티오피아를 여행한 사람들에 따르면, 양봉은 그 당시 이 나라에 이미 폭넓게 정착되어 있었고, 16세기부터 이런 이야기들이 이미 여러 곳에 기술되어 왔다[39]. 에티오피아에서 이 새는 마로프marof라고 불리는데, of는 새를 의미하고 mar[40]는 꿀이라는 뜻이다.

새가 벌집을 발견하면, 가능한 파트너, 즉 덤불숲을 지나가는 인간을 탐색한다. 새는 인간을 발견하면 그들 근처로 날아가 관

---

39) Th. Guindeuil, 《Pour l'âne, le miel n'a pas de goût》, art. cité.

심을 끈다. 잘 보이게 나무에게로 왔다갔다 하고, 인간들이 알아차리게 째지는 소리를 내기도 한다. 새를 발견한 인간들도 좀 특별한 소리를 낸다. 새는 조금 멀리 날아간다. 잘 보이게 하얀 꼬리를 드러내는가 하면, 횃대에 앉아 울기 시작한다. 새에게 답하기 위해 보라나족이나 하드자족은 휘파람 소리를 내기도 하고, 주먹을 틀어쥐거나 구멍 뚫린 조가비 또는 속이 빈 종려나무 열매에 숨을 불어넣어 이상한 소리를 낸다. 인디카토르 인디카토르에게 보내는 신호이다. 이 소리에 자극을 받은 새는 다시 소리를 보내온다. 이렇게 빈도가 늘어나면 대화는 자리잡는다. 사냥꾼들은 이렇게 새와 상시적인 접촉을 한다. 새는 사뿐사뿐 도약하거나 부름에 부름으로 응답하며 벌집이 있는 방향으로 인간을 안내한다. 이런 식으로 하면 보통은 평균 세 시간 안에 벌집을 찾아낼 수 있다. 하지만 이 새가 없다면 족히 여덟아홉 시간은 걸린다. 인간에게는 익숙지 않은 환경이므로 새의 도움이 없으면 안 되는 것이다. 이런 파트너 없이 벌집을 탐색하라면 할 수도 있겠지만, 대부분 결실 없이 끝난다.

현장 연구에 따르면, 사냥꾼들이 발견한 벌집의 4분의 3은 새

---

40) 앞으로 나오겠지만, 저자는 어원에 상당히 관심이 많아 꿀 또는 벌과 관련된 수많은 단어를 예시할 것이다. 어원을 설명하는 단락에서는 단어를 우리말로 따로 번역하지 않았다. 음가만 표기하고 원어를 병기하거나 비교가 연속될 경우 원어를 그대로 노출하여 어원과 거기서 파생된 다른 단어들에 대한 이해를 돕고자 했다.(—옮긴이)

들 덕분이다. 대안내자는 벌집의 방향만 알려주는 게 아니라, 벌집까지의 거리도 알려준다. 만일 벌집이 가까이 있으면 새는 사냥꾼과의 첫 만남 이후 이내 사라진다. 이어 낮은 나뭇가지를 횃대 삼아 그 위에 앉는다. 만일 벌집이 멀리 있으면, 한참 있다가 사라진다. 그리고 이번에는 높은 나뭇가지 위에 앉는다. 이 기호를 해독할 줄 아는 사냥꾼이라면 이 대안내자의 도움으로 큰 혜택을 입는 것이다.

이건 분명 상호적이다. 새도 인간의 도움이 없으면 벌집에 접근할 수 없다. 인간은 연기를 이용해, 새들을 공격하거나 침으로 찔러 죽일 수도 있는 벌들을 멀리 쫓아주기 때문이다. 인간은 벌집이 있는 나무를 쓰러뜨리기도 하고 나무에 올라가 벌집 입구를 크게 벌려놓기도 한다. 잎들과 가시덤불을 불태워 연기를 피우면 벌들은 멀리 날아간다. 선사 이래 하드자 사냥꾼들은 독침으로도 유명한 아프리카의 일명 '살해자 벌들'을 이 기술로 피할 수 있었다. 인간은 꿀과 알뭉치를 수확하고, 이어 새가 밀랍을 소비한다. 때로 인간은 새에게 "감사를 표하기" 위해 나뭇잎 위에 밀랍을 잘 보이게 놔둔다. 아니면, 새들이 다른 벌집을 더 찾도록 자극하기 위해 밀랍을 태워버리거나 땅에 묻기도 한다.

인간의 불의 지배는 약 7만 년에서 4만 년 전에 일어났는데, 분명 꿀 사냥을 용이하게 한 진보였다. 벌들에 연기를 피우는 것은 이때야 비로소 가능했다. 영장류가 해낸 것은 바로 이것이다. 그 이전에는, 독침 없는 벌이 만든 꿀만 맛볼 수 있었다. 많은 침팬지도 꿀을 먹는다. 독침 없는 벌의 벌집 속에 들어 있는 꿀을 얻기 위해 비비류 원숭이들과 열대아시아 원숭이들은 입술과 손을 사용했다. 오랑우탄과 고릴라, 침팬지들은 막대기를 가지고 꿀과 벌 애벌레를 꺼내 먹거나, 벌집을 으깨버리기도 했다. 오스트랄로피테쿠스가 같은 일을 하지 못할 이유가 없는 것이다.

불을 길들이는 것이 표상하는 주요 진보와 더불어, 석기 연장들의 발명도 초기 영장류들보다 훨씬 많은 양의 꿀을 수확하게 해주었다. 그 결과 꿀은 인간의 주요 음식이 되었다. 올도완[41] 초기 연장 표본(도구를 만들 목표로 인간이 깎고 수정 보완한 최초의 돌이다)의 연대는 250만 년 전으로 거슬러 올라간다. 연장과 연기 덕분에 우리 조상들은 벌집을 열고 거기서 꿀을 추출할 수 있게 되었다. 동시에, 선사인들의 어금니 크기가 줄어들었는데, 이것은 덜 딱딱한 음식을 씹기 시작했음을 보여주는 지표이다. 음식을 발효하고, 숙성하고, 또는 연하게 만들어 먹은 것이다. 훨씬 이후에는 음식을 익혀 먹게 되었다.

연장이 발명된 이후에는 저장도 가능해졌다. 호리병박으로 만든 통이나 나무껍질, 또는 타조 알 껍질로 만든 용기에 보관했다.

---

41) 올도완 문화Oldowan culture는 딱딱한 망치로 때려 만든 찍개를 특징으로 하는 석기 문화이다. 250만년 전에 시작해 아프리카 및 아시아 각지에서 2만년 전까지 계속되었다.(—옮긴이)

주거지로 돌아갈 때 용기에 꿀을 담아가 꿀 사냥에 참여하지 못한 다른 구성원들과 공유했다. 따라서 부족의 생존율이 높아졌다. 오늘날 하드자족은 남자들도 여자들도 꿀을 수확한다. 여자들은 보통 땅 근처에 있는 독침이 없는 벌이 만든 꿀을 따고, 남자들은 독침 벌들이 사는 커다란 벌집의 꿀을 따기 위해 바오밥나무로 올라간다.

최초의 인간 사회와 꿀

시간이 흐르면서 꿀의 소비가 늘어남에 따라 인간은 상당한 양의 에너지를 얻을 수 있었고, 식단에서 고기와 채소를 보충하므로 이익성도 있었다. 꿀의 소비는 인간 사회에도 영향을 미쳤다. 꿀의 수집과 저장 체계는 수렵-채집인 단계와 초기 농부 단계의 중간 단계를 표상하였다. 남아프리카에서 야생 꿀은 수렵-채집인에 의해 교환 화폐처럼 사용되었고, 이 즈음 수렵-채집인들은 이미 양봉 단계로 들어가 있었다. 양봉업자가 된 수렵-채집인은 벌통과 꿀의 저장소 근처에 정착한 정주민이 되었고, 농축산업을 하는 이웃과도 소통했다. 크와줄루-나탈의 암면화에는 꿀을 수확하는 장면과 함께 벌통 옆에 있는 양들도 보인다. 수렵-채집인과 꿀 사이의 상호작용에 이어, 양들과의 만남, 그리고 이어 양도 함께 목축하는 단계로 이미 접어들었음을 말해주는 것이다. 양의 꼬리 부분에는 지방이 많아, 이를 녹여 사용했을 때 색깔이나 점도가 꿀과 비슷해서 높은 평가를 받았다. 동부 아프리카의 오키에크족은 벌집을 목축하는 동물 젖소에 비교하면서, 벌집을 "잡아 늘여 짠다"고 표현하기도 했다. 아프리카 대륙 남쪽의 부시먼족에서는 어떤 집단이 야생 벌통을 발견한 것으로 보이는데, 적석총처럼 생긴 이것을 아무도 점유하지 않고 그대로 두었다. 신성한 것으로 여긴 것이다. "꿀들은 우리의 양들이다. 우리는 서로간에 훔쳐서는 안 된다." 어느 부시먼족에 의해 발설된 이 문장은, 이 수렵-채집인이 벌들을 가축으로 여겼음을 보여준다[42].

구석기 시대부터, 현재에도 여전히 존재하는 가장 최근의 수렵-채집인에 이르기까지, 인간의 식단에서 꿀이 중요하게 소비됨으로써 인간 존재의 능력은 진보하게 되었다. 농업 사회로의 이행 또한 용이해졌다. 인간 존재가 오늘날의 인간이 된 것은 꿀을 먹었기 때문이다! 꿀벌은 인간 이전에도 이미 존재했고, 꽃들의 진화에 기여한 것처럼 인간의 진화에도 기여했을 것이다.

---

42) Russell Th embi et Faye Lander, 《"The bees are our sheep": the role of honey and fat in the transition to livestock keeping during the last two thousand years in southernmost Africa》, *Azania. Archaeological Research in Africa*, 2015, p. 318~342.

3.
'꿀'을 발음하다

주술적 사고의 형태는 사냥하는 동물에 이름을 붙이는 것을 금지한다. 아마도 이름을 부여하면 치러야 할 대가가 있기 때문일 것이다. 상당한 변형이 있긴 하지만, 벌이라는 단어도 아마 이렇게 해서 나왔을 것이다. 멜리타melitta는 꿀을 핥는 자라는 뜻이다. 부게네스bougenes라고도 했는데, "소에서 태어난"이라는 뜻이다(동물의 사체에서 벌이 태어난다고 생각했다). 그리스어로는 메티아이넨mettiainen인데, 삼림이라는 뜻이다. 핀란드어로는 마드후-리흐madhu-lih인데, "꿀을 핥는 자"라는 뜻이다. 산스크리트어로 브흐라마라흐bhramarah는 "붕붕거리는 것"이라는 뜻이고, 마크시카maksika는 "작은 날벌레"라는 뜻이다. 에스토니아어로는 메질린드mezilind인데, "꿀새"라는 뜻이다.

– 아카데미 프랑세즈 사전

그러므로 처음에 벌의 윙윙거림은 원시의 물 바로 위에서 들렸다. 최초의 인간이 도래했고, 그들은 꿀을 제공하는 수천 년 된 벌을 길들이고 싶어 했다. 선사 시대, 즉 벌을 사육하기 훨씬 이전부터 인간들은 벌에 이름을 짓고 귀중한 넥타르에도 이름을 주고자 했다.

꿀이라는 명사와 벌이라는 명사의 실을 잡아당기면서[43], 나는 세계 전역을 여행했다. 그 기원을 밝히기 위해, 하나의 언어를, 하나의 지리적 지대를, 또 한 시대를 수집하며 마치 벌이 만나는 꽃마다 꿀을 모으듯 정보를 수집했고, 그 모든 것은 이 장의 재료가 되었다. 이 유익한 장거리 여행을 하는 동안, 나는 꿀의 역사와 꿀에 이름을 붙인 민족들의 역사에 대해서도 알게 되었다. 내가 빠져든 어원학과 그 이야기 및 거기서 끌어낸 해석들을 재구성하는 것도 매우 흥미롭지만, 우선은 나처럼 문헌학자가 아닌 사람도 충분히 접근 가능한 일반적 지식 정도만 기술해도 흥미로울 것이다. 언어들 사이에 존재하는 여러 메아리를 관찰하는 것도 흥미롭고, 특히 단어들의 반향에서 많은 것을 느낄 수 있을 것이다.

43) 그리스 신화에 나오는 아리아드네의 실이 연상된다. 미노타우로스를 죽이기 위해 미궁으로 들어간 테세우스는 아리아드네가 건넨 실타래의 끝을 잡고 미궁으로 들어간다. 길을 잃지 않고 할 일을 마친 후 이 실을 따라 밖으로 나오게 될 것이다. 저자는 꿀 또는 벌의 어원에 상당한 호기심을 느끼고 여행하고 공부한 덕에 이 책을 쓸 수 있었음을 미리 밝히고 있다.(—옮긴이)

인도유럽어의 이중 어원

우리에게 가까운 것에서부터 출발하자. 프랑스어로 '미엘miel'[44]은 우선 라틴어 멜mel에서 파생했다. 이것은 또 고대 그리스어 멜리meli에서 파생했는데, 인도유럽어의 어원인 멜리트melit에서 나왔다. 그리스에서는 지금도 메두medhu라고, 고어에 변화를 주지 않고 그대로 쓰는 단어가 있는데, 꿀물이라는 뜻이다. 즉 꿀을 기본으로 발효한 음료이다.

그렇다면 인도유럽어에서 나온 2개의 어원을 갖는 셈인데, *meli-t와 *medhu가 그것이다. 언어학자들에 따르면, 이것은 같은 어원에서 나온 두 개의 변형이다. 하나는 'd' 또는 'dh'로 발전했고, 다른 하나는 'l' 또는 't'로 발전했다[45]. 단어 앞에 별표 *를 붙인 것은 재구축된 형태를 가리킨다. 게다가 이 음가는 다른 언어들의 몇몇 단어에도 있다. 가령, 히타이트어로는 millit, 고트어로는 milith, 그리스어로는 meli, 그 속격, 즉 제2격으로는 melitos.

---

44) 저자가 사용하는 서양 유럽어의 관점이므로, 이 장에서만큼은 일일이 이 외래어들을 우리말로 번역하지 않고 프랑스어 발음대로 대부분 표기하거나, 열거가 계속되는 경우 원어를 그대로 노출한다. 다만, 문맥에 따라 꿀로 번역하는 것이 나은 경우는 꿀로 옮긴다. 우리말로는 꿀 또는 벌꿀이지만, 한자어로 표기하면 밀蜜인데, 인도유럽어족에서 파생한 단어들과 음가가 비슷하다.(—옮긴이)

45) 인도유럽 공통조어祖語는 모든 인도유럽어의 조상이 되는 것으로 여겨지는 고대어로, 이 언어를 쓴 자들은 8천 년 전 중앙아시아에 살았다. 이 언어는 현재 유럽어의 기원이 되었다. 다만 바스크어, 핀란드어, 헝가리어는 제외된다.

이는 *meldis라는 라틴어 어원에서 나온 것이다. 이 단어들 모두에 d 또는 t, 그리고 l이 존재한다.

조사 초기 단계에서, 나는 여러 언어에서, 즉 사어死語나 현존하는 언어에서 꿀miel이 어떻게 말해졌는지를 주로 탐색했다. 그 언어학적 기원의 지리적 범위를 알고 싶어서였다.

*medhu에서 유래한 'd'가 들어 있는 단어는 유라시아 대륙에 두루 존재하는 반면, *meli-t에서 유래한 'l'이 들어 있는 단어는 아주 제한된 지리 영역, 즉 도식화하자면 지중해 주변에서 발견된다. 몰타섬의 이름도 이와 똑같은 어원에서 나왔는데, 그리스어 meli를 중간 매개로 한 것이다, 즉 지역 한가운데 놓인 깃발처럼, 'l'이란 어원을 갖는다. 반면 현재의 이란에 해당하는 지역 주변을 차지했던 고대 메디아족의 단어에는 'd'가 들어있다. 고대 사회에 이른바 민족 이동이 있었고, 여행 또는 이주를 하면서 서로 다르게 발음하는 사람들을 만나고, 그러면서 이런 변형체가 나왔을 것이다. 남쪽에 도착한 사람들은 *meli-t 어원을 가지고 있고, 북쪽과 동쪽에 도착한 사람들은 *medhu 어원을 가지고 있다.

인도유럽어 어원에서 출발할 때는 같은 것, 즉 꿀을 가리켰던 두 단어가 서서히 둘로 갈라진 것이다. 인도유럽어가 어원인 *medhu는 꿀이라는 이름 외에도, 게르만어권 및 발트해 연안 지대 인도유럽 공통조어에서 파생된 언어인 벌꿀로 만든 발효 알코올 음료에 그 이름을 부여했다. 가령 영어로는 mead, 독일어로는

met가 그것이다. 또 더 놀랍게는, 차용어인지는 몰라도, 피노우그리아 어족[46]에 mesi라는 단어가 있는데, 이것 역시나 이런 음료를 뜻했다. 그런데 당시 핀란드에서는 꿀벌이 전혀 알려지지 않았다! 보통은 꿀이라는 의미만 있을 뿐 음료를 연상하지는 않는 *meli-t와는 다르게, *medhu는 정확히 이런 음료라는 의미로, 또는 거의 같은 의미로 유라시아어 대륙에서 쓰였다.

꿀은 음식과 문화를 부각하는 요소로서 여행 및 대집단 이주의 경로에 많은 흔적을 남겨놓았다. *medhu의 다양한 변이는 인도유럽어족이 그 기원 지역에서부터 중앙아시아 전역으로 폭발적으로 분산되던 5000년 전 무렵의 지도를 완전히 그대로 따라간다[47]. *medhu의 의미는 이 단어를 발음하고, 당연히 이 꿀을 미식으로 즐기던 사람들의 이주에 따라 발전했을 것이다. 지리에 따라 지역의 음료도 구분된다. 메소포티미아와 이집트에서는 맥주를 마신다. 지중해 연안에서는 만물 과일로 수확하는 첫 포도알을 발효해 만든 포도주를 마신다. 북쪽의 발트해 연안 지대에서는 꿀음료를 주로 마신다. 이후 맥주가 점점 이를 대체했다. 좀 더 가까이에서 들여다보면, 이 음료 지도와 꿀과 꿀물[48] 이름의

46) 프랑스에서는 Finno-ougrien로 보통 표기하는데, 북부 유럽 및 우랄 산맥 부근 지역에서 사용하는 언어이다. 우리가 명명하는 우랄알타이 어족과도 겹친다.(—옮긴이)

47) François Jacquesson, 《Le miel et l'amanite. Linguistique et paléoethnographie》, *Médiévales*, nº 16~17, 1989, p. 171~178.

어원 지도 간에 상당히 놀라운 일치가 있는 것을 알 수 있다. 처음에는 *medhu가 꿀에서 추출한 것을 발효시켜 만든 음료를 가리키다가, 서서히 다른 모든 음료를 가리키게 된다. 성분에 꿀이 들어가 있지 않아도 말이다. 반면 *meli-t는 계속해서 오로지 꿀만 지칭했다. 처음으로 꿀물을 마시게 된 사람들은 아마 즉흥적으로 이것을 만들게 되었고, 그래서 우선 꿀이라는 단어를 썼을 것이다. 그러다 서서히 이 단어가 둘로 갈라졌을 테고, 두 개의 어원이 생긴 건 아마 그래서일 것이다.

단어의 의미 차원에서 이런 변이가 생겼고, 이를 지리적 차원에 적용해보면 나름 정확하지만, 또한 상당히 복잡하게 전개된다.

• 동부, 즉 인도-이란 어족에 *meli-t는 존재하지 않으며, *medhu는 산스크리트어 madhu처럼 꿀과 꿀물을 동시에 뜻한다. 그러나 일반적으로는 다소 취기가 있는 발효 음식이라는 보충 의미를 갖는다. 따라서 꿀과 아무런 관련이 없는 포도주에도 적용된다. 예를 들어 madhu는 베다 종교의 신성한 음료인 soma처럼 신성한 음료를 뜻하지만, 굳이 꿀을 기반으로 한 것이라고 특정하지는 않는다(그럴 거라고 의심은 된다). 꿀물은 발효 음료의 원형

---

48) 이 단어의 프랑스어 원어는 hydromel이다. hydro는 물을 뜻하고 mel은 꿀을 뜻하는데, 초기 형태는 초기 인류가 우연히 꿀과 물을 섞어 마시게 되면서 발견한 맛으로, 이것이 어떤 과정을 거쳐 발효 음료로 변신하고, 알코올 성분이 더욱 들어가게 맛을 개발하면서 꿀음료·벌꿀술 등으로 진화·발전하는지 뒤에 상술할 것이다. 문맥 및 우리말 통용성 정도에 따라 꿀물·(벌)꿀술·꿀음료 등으로 다소 변화를 주며 옮겼다.(—옮긴이)

으로, 여기서 출발하여 다른 모든 음료를 지칭하게 된다. 하여, madha는 아베스타어[49]로 포도주를 의미하고, madhu는 꿀을 가리킨다. 포도주는 페르시아어로 mol이고 소그드어로는 mwd이다. 말라얄란어로 꿀물은 mīd라고 한다. 암하라어로 꿀은 mesi이며, 꿀물은 mada이다. 이것은 인도-이란 어족에서 차용한 것으로, 이 범주 안에 들어갈 수 있다.

• 북부, 즉 핀란드에는 19세기 중반 지어진 칼레발라Kalevala라는 서사시가 있다. 탐험가이자 의사이며 시인이고 언어학자인 엘리아스 뢴로트가 민요를 바탕으로 지은 시로, 꿀과 '꿀 맥주'를 자주 언급한다. 이 지역은 너무 북쪽에 있어서 선사 시대의 야생 꿀벌을 알았을 리 없다. 그렇다면, 북부로 이주하기 이전의 가장 오래된 피노우그리아 어족에서 이 단어를 물려받았을 수 있다. 이들은 볼가강 유역에 거주하며 기원전 2000년과 1000년 사이에 속이 텅 빈 나무 속에 양봉을 하며 살았고, 인도유럽 어족과 이웃하고 있었다. 피노우그리아 어족은 인도-이란 어족을 중간 매개로 하여, 인도유럽 어족으로부터 mesi라는 단어를 차용했을 수 있다. 앞으로 보게 되겠지만, 이런 세부사항은 상당히 중요하다.

• 진원지와 가장 가까운 중부, 즉 발트-슬라브족 사이에서 *medhu는 계속 꿀을 의미하고 꿀물이라는 의미를 배제하지는 않

49) 인도유럽어 계열로, 이란의 조로아스터교 경전에 사용된 언어이다.(—옮긴이)

는다. 러시아어로 med는, "꿀 먹는 사람"을 의미하는 곰의 이름인 medvedu처럼, 꿀물뿐만 아니라 꿀을 가리키기도 한다. 러시아 성姓인 메드베데프Medvedev도 같은 의미이다. 폴란드어로 miod는 꿀물과 꿀, 두 가지 의미를 갖는다. 여러 언어에서 꿀과 꿀물이 같은 단어로 명명된다는 사실은, 그 어원이 같은 지대에서 나왔다는 것을 보여준다. 아울러, 이렇게 다양한 문화에서 높이 평가된 이 산물을 둘러싸고 여러 사회 간에 정보와 지식을 공유했음을 보여준다.

• 서부에서는, 그 의미들이 해체된다. *meli-t는 서부 유럽 및 지중해 인근 언어에서는 오로지 꿀을 가리켰다. 한편 *medhu는 예외적으로 꿀물을 가리킬 때만 사용했다. 영어로는 mead, 갈리아어로는 medd, 브르타뉴어로는 mez, 독일어로는 met, 아이슬란드어로는 mjöður이다. 보주 지방의 방언으로 miessaude가 있다는 것을 알았을 때 나는 놀라지 않을 수 없었다![50] 한편, 게르만계 언어에서는 *meli-t는 사용되지 않아도, *medhu는 꿀물을 가리키는데, 황금빛 색깔 때문에 꿀이라고 지칭하는 honey 또는 Honig와는 다른 계열의 어원으로 보인다. 이런 구분은 이론의 여지가 없다.

---

50) Adolphe Horning, 《Notes étymologiques vosgiennes》, *Romania*, t. 48, nº 190, 1922, p. 161~206, 참조 : https://www.persee.fr/doc/roma_0035-8029_1922_num_48_190_4479.

다시 요약하면, *medhu와 그 파생어들은 동부 언어, 즉 슬라브어와 발트어에서만 꿀을 가리킨다. 반면, 이 단어는 도처에서 꿀물을 뜻하기도 한다. *meli-t가 꿀물을 가리킬 때는, 에둘러 표현하는 비유법 같은 것일 때만이다(프랑스어 이드로멜hydromel이 꿀과 물의 혼합에서 나온 음료로 이해되는 것처럼). *meli-t는 꿀벌을 가리킬 때도 사용되었다. 그리스어로 melissa는 꿀벌을 뜻하는데, 이것도 꿀이라는 명사에서 파생된 에두른 표현이다. 피에르 샹트렌의 그리스어 어원 사전에 따르면, melissa는 시적 언어에서는 "꿀을 핥는 자"라는 뜻으로, 산스크리트어 madhu-lih, 즉 "꿀을 핥는 자"[51]에서 나온 것이다.

꿀벌 명명, 언어적 터부

뜻밖의 또 다른 세부사항이 우리의 이목을 끄는데, 인도-이란 어족을 비롯해 *meli-t를 사용하는 언어에서는, 꿀벌의 최초 명사가 사라지고 없다는 것이다. 혹은 한 번도 존재한 적이 없다. 어떻게 이런 게 가능할까? 꿀벌을 가리키는 인도유럽 어족

51) Pierre Chantraine, *Dictionnaire étymologique de la langue grecque. Histoire des mots*, Paris, Klincksieck, 2009, p. 656.

의 어원은 실제로는 *bhei이다. 이 어원은 오로지 게르만어와 발트어에서만 보존되었다(그러니까 *medhu를 사용하는 언어). 옛 영어에는 bie와 beo가 있고, bee는 현재 영어이고, bini는 옛 독일어이며 biene가 현재 독일어이다. bech는 아일랜드어이고, bekos는 갈리아어이고, bicela는 슬라브어이고, bitis는 리투아니아어이다. 이런 지리적 공간 구분을 빼면, 인도 유럽어에는 남부에도 동부에도 꿀벌을 지칭하는 원래 명사에 관해 어떤 흔적도 남아 있지 않다. 라틴어에도, 그리스어에도, 알바니아어에도, 산스크리트어 또는 이란어에도, 그 어떤 언어에도 *bhei라는 어원이 남아 있는 단어가 존재하지 않는 것이다.

잠시 이렇게 어원이 남아 있는 게 없는 또 다른 의미심장한 예를 살펴보자. 그것은 바로 발트어, 피노우그리아어, 슬라브어와 게르만어에 '곰'이라는 명사의 어원이 남아 있지 않다는 것이다. bär, bear, björn은 각기 독일어, 영어, 스웨덴어로 곰을 뜻하는데, '갈색'을 의미하는 환언된 표현이다. 러시아에서는 곰을 가리킬 때 medvedu라고 했는데, 이것도 '꿀을 먹는 자'라는 뜻이다. 더욱이 발트와 슬라브족 나라에서는 곰을 '게걸스러운 자' '핥는 자' '털 많은 자', 또는 '노인' 등으로 우회해서 부르기도 했다. 곰을 지칭하는 원래 단어는 인도유럽어 어원인 *rtko에서 나왔는데, 여기서 그리스어 arktos가 나왔다. 이 단어는 사라졌거나 유럽 북부 언어에서는 한 번도 존재한 적이 없다. 수렵인들에게는 사냥하는 동안 동물의 이름을 언급해서는 안 된다는 터부가 있었다. 그러면 사냥을 망칠 위험이 있다고 생각해서였다. 이와 비슷한 터부가 다른 야생 동물에도 존재했다. 특히, 늑대 같은 경우는 인도유럽 공통조어에서는 명사로 *wĺkʷos라고 하는데, '야생 동물'을 의미하는 단어의 변형이다. 사슴이나 고라니도 직접 부르지 않고, 가령, '뿔이 난 자'라고 했다.

꿀벌은 분명, 신화에서도 꿀벌이 좋은 위상을 차지하고 있던 이 지역에서 고대 사회 때부터 잘 알려져 있었다. 따라서 이런 부재는 하나의 터부로 설명될 수밖에 없다. 북극 지역에서 곰의 이름에 대한 터부가 있었던 것처럼, 이 지역에서는 꿀벌의 이름에 대한 터부가 있었을 것이다. 이 두 동물을 환언하지 않고 바로 지칭하는 유일한 언어는 아일랜드어이다. 즉, 꿀벌은 bech, 곰은 art이다. 그 이유는 마지막 빙하기가 끝날 무렵 아일랜드에서 곰이 사라졌기 때문일 것이다[52].

헝가리어와 핀란드어 같은 대부분의 피노우그리아어에는 꿀을 지칭하는 단어 *meksi가 있고, '윙윙거리는' '숲의' '눈부신' 같은 환언적 표현들이 많다. 하지만 꿀에 고유한 이 단어는 토착어가 아니다. 그것은 날벌레mouche를 가리키는 인도유럽 어족의 단

52) Saoirse A. Leonard et Claire L. Risley, 《Could brown bears (*Ursus arctos*) have survived in Ireland during the Last Glacial Maximum?》, *Biology Letters*, vol. 9, nº 4, 23 août 2013.

어에서 차용된 것이다. 따라서 이것도 환언된 완곡어법이다! 터부를 깨지 않기 위해 꿀벌을 낯선 단어로 지칭하는 것이다. 이 단어에서 파생한 헝가리아어 méh처럼 핀우그르어[53] müsks도 완곡어법이다. 따라서 핀란드어로 mehiläinen은 '꿀 날벌레mouche à miel'가 되는 셈이다.

이 가설에 대한 확인은 러시아의 피노우그리아 어족을 가리키는 핀우그르어족 여행자들의 이야기를 통해 나온다. 이들은 꿀벌의 이름이 사실상 19세기 말까지 터부였다고 전한다. 양봉꾼은 벌을 '작은 새' '작은 발'(말똥가리 과의 새) 외에 달리 부를 수 없었다. 그리고 이런 이름으로만 거래했다. 이런 금지는 물론 아주 오래된 것이다. 구체적으로 명시할 수 있는 지대—피노우그리아 어족, 그리스-라틴 어족, 인도-이란 어족—에만 이런 금기가 있었다. 따라서 이런 금지가 있던 시기는, 이 민족들이 아시아 중부 여기저기서 서로 접촉하던 시기, 그러니까 이들이 각각의 민족으로 분산되기 훨씬 이전으로 추정할 수 있을 것이다.

이런 어원학 조사를 진행하다 보면, 또 다른 세부사항이 눈에 띈다. 자연산으로서의 꿀을 가리키는 것은 오로지 *meli-t라는 것이다. 물론, 단독으로 사용되거나 완곡어법으로 사용될 수

53) 이것은 피노우그리아어와는 구분되는 언어로, 볼가 지방에서 사용되는 언어이다. 프랑스어로는 tchérémisse인데, 우리말로는 핀우그르어로 통칭한다.(—옮긴이)

는 있다. 게다가 환언하는 표현은 피노우그리아 어족을 제외하곤 항상 이 어원으로 만든다. *medhu는 피노우그리아 어족과 접촉한 바 있던, 동부 언어에서만 꿀을 가리킨다. 이 단어는 도처에서 꿀물로 사용되었지만 꿀물은 어떻게 보면 인간이 만든 것, 즉 자연산인 꿀에서 출발하여 인간이 변형시킨 것이다. 따라서 우리의 첫 번째 가설은 *meli-t는 자연산 꿀만 지칭한다. 그리고 둘 중 더 오래된 것이다[54]. 피노우그리아 어족은 꿀이라는 명사를 인도-이란 어족에서 차용했다. *meli-t가 폐지되어 더는 통용되지 않게 된 이후, 아니면 꿀과 관련이 없어도 어쨌든 취기가 살짝 나는 음료는 이란어로 madhu로 부르기 이전이다. 기원전 1500년 무렵, 다시 말해, 이 민족이 아직 볼가강 유역에 있을 때 이 단어를 차용했을 것이다[55]. 꿀벌이라는 이름이 터부 대상이 되어 19세기까지 이어져 온 것은 오로지 바로 이 지역에서다. 여기서 출발해, 인도유럽 어족은 이주하면서 꿀벌이라는 이름도 함께 이주시킨 셈이다.

54) Robert Gauthiot, 《Des noms de l'abeille et de la ruche en indo-européen et en finno-ougrien》, *Mémoires de la société de linguistique de Paris*, t. XVI, Paris, Imprimerie nationale, 1910, p. 264~279.

55) Fr. Jacquesson, 《Le miel et l'amanite》, art. cité.

라틴어 어미 변화: 아피스의 기원

라틴어에 뿌리를 둔 아피스apis 또는 아페스apes의 기원은, 페르시아어 ang 그리고 산스크리트어 alih와 마찬가지로, 인도유럽어 *bhei의 기원이 아니다.

'벌'이라는 뜻의 프랑스어 '아베이으a-bei-lle'는 가짜 친구를 의미한다. 이 단어는, CNRTL[56]에 따르면, 옛 방언인 abelha에서 차용한 것일 수 있다. 첫 번째 가설에 따르면, 이 단어는 라틴어 apis의 지소사指小辭인 apicula에서 왔는데, 어근 apis에 접미사가 붙었다. 하지만 항상 '아베이으'라는 단어를 사용한 것은 아니었다. 그리고 모든 곳에서 사용한 것도 아니다! 이 단어는 프랑스어로는 훨씬 나중에서야 인정된다. 14세기 전반에는 문학 언어에만 사용되었다. 남프랑스어 방언 형태인 abueille, abeles, abouilles, abeulles 등도 간간이 보인다.

'abeille'는 (20세기 최근까지도) 모든 지역에서 사용된 것은 아니었다. 오일어[57]는 이 단어를 완전히 모른다[58]. 오일어는 '무슈 아

---

56) Centre National de Ressources Textuelles et Linguistique의 약자로, CNRS가 2005년에 만든 프랑스어 관련 포털 사이트이다.(—옮긴이)

57) langue d'oïl은 파리를 비롯한 북부 프랑스어다. 오크어langue d'oc와 비교된다. 오크어는 남프랑스 일대의 프랑스어이다.(—옮긴이)

58) Jules Gilliéron, *Généalogie des mots qui désignent l'abeille*, Paris, Champion/Slatkine, 1975.

미엘mouche à miel' 또는 '무셰트mouchette' 같은 단어를 썼다. 제2차 세계 대전까지도 지방에 따라 여러 다른 단어가 있었다. 19세기에 태어나 1980년대에 사망한 나의 조부모님도 꿀벌을 가리킬 때 '무슈 아 미엘'이라는 단어만 쓰셨다. 즉 에둘러 표현한 것이다. 프랑스 지역에서 꿀벌을 가리키는 단어들에 관해 연구한 바 있는 쥘 질리에롱[59]의 저서를 읽으면서, 나는 내가 소녀 시절 알았던 이 단어를 행복하게도 다시 만났다. 당시만 해도 언어학적 연구가 시초에 불과했지만, 오늘날엔 사라졌으나 당시 각 지역에서 많이 쓰였던 다양한 표현들을 이 저자는 생생한 목소리로 들려주고 있다. 이런 사실만으로도 충분히 흥미를 느낄 만한 중요한 증언이라 할 것이다. 옛 북부 프랑스어에서는 è, ef, af, 또는 es, 또는 eps 등을 썼는데, 모두 라틴어 apis에서 나온 apes의 왜곡된 변형들이다. 프리울리어 âf와도 비슷하다. es는 벌떼를 뜻하는 'essaim'에도 그 흔적이 남아 있는데, 벌통 바깥으로 벌들이 날아오르는 비상을 묘사하기 전, 우선은 벌들이 우글우글 모여 있는 것을 가리키는 말이었다.

1552년 롱사르는, 그의 《시가》(Odes, 2, VII)에서 'abeille'의 옛날말 또는 지역적 변형인 'avette'를 사용하고 있다.

59) 현대 언어학의 창시자인 페르디낭 드 소쉬르(1857~1913)와 동시대인이다.

히메투스 산에서
꽃 단장한 벌avette이
그 달콤한 집들을 가득 채운
꿀로

테오필 드 비오는 시 〈아침〉(Le Matin, 1622)에서 운율에 맞춰 avette를 다시 언급하고 있다.

부지런히도 벌써
꽃박하와 백리향을 마신
꿀avette이
히메투스 산에서 취한
전리품을 들고 귀가하도다.

아베트avette라는 단어는 실제로 앙주 지방에서 짧게 존재했다. 이와 관련해 질리에롱은 앙주 지방에서 나온 한 문헌을 인용하는데, 15세기의 소중한 증언이다. "프랑스[60]에서는 엡스eps라고 부르고, 푸아투 지방에서는 아베이으abeille라고 부르는 아베트avette."

60) 여기서 프랑스는 현재의 파리가 있는 일-드-프랑스 지방을 가리킨다. J. Gilliéron, *Généalogie des mots qui désignent l'abeille*, *op.cit.*, p. 20.

따라서, 이 당시에 아베이으는 루아르강 이남의 남쪽 지방 단어였던 것이다. 그리고 북부 쪽에서는 라틴어 apis를 그대로 써서 지금까지 거의 변하지 않은 채 남았다. 이런 다양한 형태들은 동시에 존재했다. 질리에롱은 "그 당시 프랑스어로 사용된 abeille라는 명사는 수입된 단어이다. 이후 뒤늦게 apes, apis 같은 형태로 대체되었다. abeille라는 단어는 게다가 각 지방 특유의 언어로 통합되기 훨씬 이전의 문학 언어에만 있었다. 재밌게도, apis라는 형태는 프랑스 지도상에서 활 모양으로 위쪽, 즉 북부에만 존재했는데, 메독 지방에서 시작해 일드프랑스와 아르투아 지방을 거쳐 스위스에 이르는 지대이다.

아피스의 어원을 찾기 위해, 꿀벌을 가리키는 여러 명사들 간의 이런저런 대응 놀이를 하다 보니 프랑스와 라틴에서 나와 더 먼 이집트까지 가게 되는데, afi는 이집트 상형문자로 꿀벌을 가리킨다. 이 상형문자는 특히 아비도스 사원의 살트 파피루스에도 나와 있다. 이 파피루스에는 레Rê 신의 눈물에서 나왔다는 벌의 탄생이 묘사되어 있다.[61]

그의 눈에서 떨어진 물이 벌이 되었다. 벌은 (이렇게) 창조되었

61) Philippe Derchain, 《Le Papyrus Salt 825. Rituel pour la conservation de la vie en Égypte》, *Mémoires de l'Académie Royale de Belgique*, Bruxelles, Palais des Académies, 1965.

고, 모든 나무의 꽃들 위에서 그의 작업을 (당장) 시작했다.

이 파피루스에는 벌이 afi로 새겨져 있다. 놀라운 것은 콥트어에도 이와 아주 유사한 단어들이 발견된다는 것이다. 그런데 누피디어(콩고의 베누어)에도 있고, 오펜다어로는 efo이다. 옛 프랑스어인 ef 또는 af가 떠오르지 않을 수 없다. 우연의 일치일까? 알려지지 않은 기원에서 시작하여 라틴어 apis를 중개로 아프리카의 어원까지 된 것일까? 쇠줄의 고리는 고리를 물고 계속 이어지는 것일까? '노스트라티크'[62]처럼 모두가 변형일 뿐, 결국 공통적인 원형 어원을 갖는다는 것일까? 현재 우리가 아는 바로는, 아직은 미스터리다.

하지만 이게 전부가 아니다. 이집트에서는, 벌을 가리키는 bi.t 또는 bjt라는 용어도 볼 수 있고, 양봉꾼 또는 '꿀 수집가'[63]를 의미하는 byy.t-y 또는 bjtj도 볼 수 있는데, 여기서 '양봉꾼'이라는 뜻의 콥트어 ebit가 파생했고, '꿀'이라는 뜻의 ebit도 파생했다. 민간에서 더 통용되는, 꿀을 가리키는 iby도 있다[64]. 이런 상형문자 어휘들은 아프리카의 여러 언어와도 가깝다. 아프리카 언어에

62) Proto-nostratique. 인도유럽어, 우랄어, 알타이어, 터키어, 몽골어, 퉁구스어, 셈족어-햄족어, 드라비다어 같은 언어를 다시 하나로 묶는 '초超가족' 언어 개념의 가설이다.

63) *Thesaurus Linguae Aegyptiae*, Berlin-Brandenburgische Akademie der Wissenschaften, 1983, p.38.

서 벌을 가리키는 단어들에는 비슷한 자음들이 많이 나온다[65].

자음 'r'과 같은 어근을 갖는 'ar-' 'or-' 'er-'는 이런저런 언어에서 벌을 가리키는 단어들에 빈번하게 나온다. 이것은 분명 이 곤충의 윙윙거리거나 붕붕거리는 소리를 모사한 의성어일 것이다. 루마니아어 berorî, 터키어 ari, 그루지아어 putkari, 바스크어 erle, 르완다어 uruyuki, 헤브라이어 dvora, 아제르바이잔어 air, 위그르어 here, 태국어 pum-ma-ri 등이 그 예다. 라틴 아메리카에서도 비슷한 소리들이 나온다. 아메리카 인디언인 투피-구아라니족은 eira, eiru, 오세아니아의 마오리족은 huruhuru[66]라고 한다. 이건 몇몇 예에 불과하다. 그리스 신화에서 양봉업의 신인 아리스티오스와 비슷한 음가를 가진 단어들도 다른 언어들에 정말 놀랍도록 존재한다!

이와는 좀 다른 가설이라면, abeille는 인도 유럽어 어원인 au-lo-s에서 나왔을 수도 있다는 것이다. 이 단어는 *halvus로도 파생되는데, '빈 구멍'이라는 뜻이다. 라틴어로 Alvus는 '구멍, 벌통, 우묵한 벌집 구멍'[67]이라는 뜻이다. 지금 쓰고 있는, 벌집 구멍이

---

64) Werner Vycichl, *Dictionnaire étymologique de la langue copte*, Louvain, Peeters, 1983, p. 38.

65) Oscar Pfouma, *Histoire culturelle de l'Afrique noire*, Paris, Publisud, 1993, p. 164~176. Id., 《À propos de l'Abeille égyptienne et des Textes des Sarcophages》, *Cahiers Caribéens d'Égyptologie*, n° 6, 2004, p. 109~116.

66) Gerard de Melo, *Universal Wordnet Project with MENTA extensions*, lexvo.org/uwn, 2008~2016.

라는 뜻의 'alvéole'도 이 어원에서 나온 것이다. 벌집ruche은 실제로 바위나 속이 파인 나무 속에 난 단순한 구멍에서 유래한 말이다. 같은 벌을 의미하는 af 또는 ef와 alvus를 가까이 대보는 것이나 alvus와 apis를 가까이 대보는 것이 다 가능할 수 있을 것이다. 만일 이런 가설이 정확하다면, 벌은 벌집이나 그 벌집을 구성하고 있는 여러 우묵한 벌집 구멍을 떠올리면서 환언하는 방식으로 명명되었다고도 볼 수 있다.

풍부한 언어 및 문화적 유산

명칭을 주제로 세계 여행을 하면서, 우리는 꿀을 가리키는 인도유럽 공통조어가 수천 년에 걸쳐 유라시아 대륙 전역에 퍼졌음을 알 수 있었다. 그 출발점이 실크로드 상에 있다는 것도 의미심장하다. 구석기 이후부터 활용된 소통의 매개물이니 말이다. 물품만이 아니라 지식과 정보·사상·과학·기술 등이 서구 지역과 중앙아시아·극동 아시아 간에 교류되었다. 교환된 지식 중에는 특히 농사, 목축, 낙농, 제빵제과, 발효 양념, 향신료, 채소, 곡식

67) Julius Pokorny, *Indogermanisches Etymologisches Wörterbuch*, Berne/Munich, A. Francke Verlag, 1959-1969.

및 그 파종과 재배 등이 있었을 것이다. 그렇다면 꿀, 꿀벌, 야생 벌집, 꿀물 제조법 등에 대한 지식뿐만 아니라 그 특수한 어휘들도 십중팔구 같은 방식으로 전파되었을 것이다.

가장 놀라운 것은, 인도유럽어가 그야말로 분봉을 하듯 널리 분산되었다는 점이다. 꿀을 언급하면서 인도유럽어를 말했을 테니 말이다. 제1기에는, 피노우그리아 어족이 단어를 차용한 데서 보듯 북서부를 향해 퍼졌지만, 제2기에는 훨씬 더 멀리, 시베리아 끝으로, 동아시아로, 극동으로, 더 나아가 태평양으로, 그리고 유라시아 대륙을 넘어 아메리카 대륙까지 퍼졌다.

가령, 만다린어로 mi는 인도유럽어 miel를 차용한 것이다. 이 만다린어는 *miet라는 형태로도 거슬러 올라간다. 고대부터 중국에서 이 단어가 확인되었다. 일본어로는 미쯔, 한국어로는 밀, 베트남어로는 마트로 발음하는데 모두 한자어 '蜜'에서 차용한 것이다. 이 비슷한 단어를 자바나어에서도 볼 수 있다. 인도네시아, 사모아, 하와이 섬, 더 멀리로는 폴리네시아까지! 샘족과 햄족, 중동, 그리고 아프리카 동부에서도 같은 어원에서 파생한 여러 단어들을 만날 수 있다.

세계 전체를 둘러보고 시간을 거슬러 올라가며 놀라운 여행을 하고 보니 어휘의 태고성과 문화의 중요성이 이해가 되고도 남는다. 우리보다 2천 년 앞서 살았던 이른바 '역사 이전' 시대 사람들이 말하는 것을 저 바깥에서 들리는 소리처럼 듣게 되는 것이다.

그들이 벌과 황금빛 음식물을 가리키기 위해 사용했던 단어들. 그러고 보니, 먼 선조들과 우리가 사실은 얼마나 가까이 있는가 하는 생각도 든다. 손가락으로 그들을 만질 수 있을 것만 같다. 수천 년의 세월이 가로막고 있어 뚫고 들어갈 순 없지만, 그들과 우리 사이에는 얇고 투명한 베일이 있을 뿐이다. 그들이 말하는 소리가 그대로 들린다. 짐승 털을 뒤집어쓴 거친 인간과는 거리가 먼 그들이 내게는 오늘의 우리처럼 보인다. 그들은 꿀과 꿀벌을 우리와 똑같은 단어들로 가리킨다. 유라시아 대륙의 중심 그 어딘가에서 선사인들 한 무리가 꿀을 맛본 후, 그들의 언어로 꿀이라고 발음한다. 이런 상상만으로도 행복한 현기증이 인다. 이 단어의 흔적이란 이토록 강하다. 오늘날 우리가 그대로 사용하고 있을 정도로 우리 언어에 닻처럼 깊이 박혀 있는 것이다.

태초에 꿀이라는 명사가 있었다. 그 명사는 구세계와 신세계의 모든 민족에게 동일한 이름이 되었다. 꿀을 명명한 자들의 후손은 벌에 대한 지식과 그 소중한 넥타르의 수집 기술을 보유했다. 그들이 우리에게 전승해준 이 지식이 얼마나 중요한 것이었으면, 모든 대륙에 이주하며 단계적으로 우리에게 전승되었을까.

4.
벌집과 제국을 건설하다, 밀랍과 황금을 주조하다

밀랍은 벌들이 봉방(벌집 구멍)을 짓고 벌집에 산란을 하기 위해 쏟아놓은 분비물이다. 그 구성과 색상은 지리적 위치와 꿀벌의 식단에 따라 노란 황금색부터 아주 밝은 베이지색(천연 양털색)까지 다양하다. 분비된 밀랍으로 금을 주조하는 방식은 가장 오래된 작업 방식 가운데 하나이다.

> 금은 세공사는 벌의 밀랍으로 하나의 모델을 뜬다. 건조시켜 단단히 만들어 놓은 점토와 석탄 혼합물을 이 모델에 바른다. 주형틀을 달구면서, 그 주형 구멍 속에 밀랍이 자연스럽게 흘러가게 놔둔다. 같은 구멍에다 녹인 금을 부어 구멍의 빈 곳을 메운다. 이것이 다 식으면, 원하는 조각물을 얻기 위해 주형틀을 깨부순다[68].

농업이 발전하기 훨씬 이전인 태곳적부터 벌은 인간을 수행했다. 벌은 구석기 시절의 숲속에서 이미 살고 있었다. 수렵-채집인들은 이들을 따라다녔다. 최초의 농부들이 이 숲을 벌목하고 개간할 때도 여전히 벌들은 그곳에 남았다. 중석기 또는 신석기 시대에 벌들은 인간들이 그들을 위해 만들어준 조형물 속에 둥지를 틀었다. 이 조형물은 나무 소재이거나 갈대, 지푸라기, 아도브 벽돌, 점토(테라코타) 등 다양했다. 인간은 벌을 돌보는 법을 배웠다. 이제 진정한 혁명이 시작되었다.

야생 벌통에서 집 벌통: 자이들러의 상징적 사례

구석기 시대 수렵-채집인은 꿀을 정기적으로 소비했다. 야생 벌집이 주변 환경에 있으면 거기 와서 꿀을 조달했는데, 특히 밀랍을 취했다. 밀랍의 용도는 의약품·화장품·실용품 등 다양했고, 방수제로도 사용되었다. 구석기인들은 이 자원을 보존하려면 몇몇 예방 대책을 세워야겠다는 생각을 곧장 하게 되었다. 야생 벌집 약탈이 그야말로 파괴적으로 감행되었던 것이다. 우선 나무 또는 바위에 난 구멍을 더 넓게 벌려야 했다. 이어 애벌레가 들

---

68) 이 납형 과정은 청동기 이후부터 사용되었다. 관련한 정의는 herodote.net에서도 찾아볼 수 있다.

어있는 벌집 속 시렁을 밖으로 끌어내야 했다. 전체를 다 가져가면, 벌들이나 벌집이 다 죽을 수도 있었다. 그래서 구석기인들은 시렁의 일부만 거둬가고, 알뭉치가 들어있는 주요 심장부는 아껴둬야 한다는 것을 알게 되었다. 이렇게 하니, 남은 부분 주변으로 벌들이 몰려들어 다시 재정비할 수 있었다. 부산한 벌떼들의 삶은 다시 유지되었다. 이것이 바로 초기의 양봉 기술이다. 벌통 속 벌떼들의 생활을 섬세하게 관찰하고, 그 조직 및 일벌들의 노동이 어떻게 이뤄지는지 숙고하는 것, 바로 이것이 기본적인 전제였다.

그렇다면 어떤 시점에서, 무엇을 계기로, 야생꿀 사냥에서 양봉꿀 채취로 넘어갔을까? 확실히는 모른다. 야생꿀 사냥은 아프리카, 네팔, 그 밖의 다른 세계에 여전히 존재한다. 고대 그리스-로마 사회에도 널리 퍼져 있었다. 기원전 1세기에 디오도로스 시켈리오테스[69]라는 그리스인은 《역사 도서관》(2권, 5)에서 에트루리아인이 코르시카를 지배했을 때, 꿀 조공을 요구했다고 쓰고 있다. 그리고 덧붙이기를, 이 꿀은 숲속에서, 구멍이 난 나무들에서 꺼내온 것이라고 했다. 로마인이었던 콜루멜라를 인용하자면, 그가 1세기에 작성한 농학서는 야생 꿀벌의 벌집 장소를 알아내

69) Diódôros Sikeliôtès. 기원전 1세기 그리스의 역사가로, 카이사르, 아우구스투스와 동시대인이다.(—옮긴이)

사진 4

는 방법을 기술했다. 이것은 앞에서 언급한 바 있다.

야생벌 길들이기, 즉 양봉의 첫 단계는 숲에서 반半야생 상태의 벌집을 관리하면서 시작되었다. 벌집이 이미 자리하고 있는 곳으로 인간이 가서 그 벌집을 수리하고 정비하면서 이루어진 것이다. 동유럽, 즉 발트-슬라브 지대 및 특히 독일에서는 19세기까지도 이렇게 해왔다. 게르만 나라들에서는 자이들러Zeidler(사진 4)가 주민들에게 벌통을 제공했다. 이 이름은 인도유럽어 어원을 갖고 있는데, *dēy는 '나누다' '자르다'라는 뜻이다. 인도유럽어 *dī-tlo에서 파생한 게르만어 *tīÞla가 있는데, 여기서 파생한 게 zîdal이라는 독일 고어로, 기다란 구멍을 뜻한다. 자연스럽게 속이 파이거나 인간이 속을 파놓은 나무 안에 자리한 벌집의 특성을 형상화한 단어로 보인다.[70] 옛 독일 고어 zîdalâri는 나무를 길게 쪼개는, 즉 그 안에 벌집을 만들기 위해 나무 속을 비우는 직업을 뜻한다. 현재 쓰는 표현인 "벌집을 거세하다"는 꿀을 수확하는 행동을 빗댄 것이다.

자이들러는 숲속에 있는 오래된 나무를 찾아 대략 5~6미터 길이로 자른 후, 입구를 하나 만들고 벌들이 날아다닐 수 있도록 구멍을 뚫은 판자로 다시 막는다. 나무 구멍 속에 벌들이 자리를 잡을지 말지는 순전히 벌들의 의지에 달려 있다. 나무에 벌집이 들어서면 나무 안에 그토록 소중한 것이 들어있으니, 이제부터 자이들러가 할 일이 많아진다. 혹 폭풍우가 몰아치면 나무가 뿌리 뽑힐 수도 있으니 나뭇가지를 정리해 쓰러지지 않도록 해주거나, 나무 꼭대기 부분을 미리 잘라준다. 일 년에 두 번 정도는 나무를 타고 올라가게 된다. 나무 몸통을 자르고 속을 비울 때인 봄과 꿀을 수확하는 가을이다. 자이들러는 숲을 이용하는 특권과 관할권을 지닌 강력한 조합으로 조직되었다. 프랑스의 황제 샤를 4세(1316~1378)는 그들에게 이른바 '숲권'을 부여했다.

14세기부터 1796년 황제령으로 취소될 때까지, 1년에 세 차례 회의를 소집했는데[71], 자이들러들은 무기, 즉 활이나 강철활을 소지할 수 있는 권리가 있었다. 이런 드문 특권이 이들에게 주

70) R. Gauthiot, 《Des noms de l'abeille et de la ruche en indoeuropéen et en finno-ougrien》, art. cité.

어졌다는 것은 꿀이 얼마나 탐나는 자원이었는가를 보여준다. 이제 벌통나무의 소유자들은 그 몸통에 부호를 새겼다. 이런 양봉 장인업은 유럽 중부 지역에 상당히 퍼져 있었다. 벌들과 관련한 수많은 지명이 이를 증명한다. 자이델Zeidel, 비에네Biene, 이멘Immen 등이 들어간 지명은 옛날 숲지대에서 벌을 키웠던 곳들이다. 이것만이 아니다. 자이델발트Zeidelwald, 비엔도르프Biendorf, 임니츠Imnitz, 이멘로데Immenrode, 이멘슈타드트Immenstadt, 이멘샤우센Immenshausen 등, 라인강 일대에서 폴란드에 이르기까지 이런 지명은 셀 수 없이 많다.

아프리카 여행자, 중세 아랍인, 16세기 이후 유럽인, 특히 19세기 유럽인의 기록에는 야생 둥지를 '소유'하는 것을 묘사하는 내용이 많이 나온다.[72] 이는 지속 가능한 방식으로 자원을 보존하기 위해 선조들이 찾은 비법이다. 벌통을 보호해야 하고, 수확 시에는 연기를 피워 벌들을 "잠들게" 해야 하며, 벌통 안 시렁 전체를 다 꺼내서는 절대 안 되고, 벌들이 최대한 빨리 다시 꿀을 제조할 수 있도록 수확 후에는 벌통을 반드시 닫아야 한다, 등의 아이디어들이다.

---

71) *Kaiserlicher befelch, an alle Forstmaister, Forster und Zeidler, der Waldordnung, von dem Rathe zu Nürmberg gegeben, nachzukommen. Anno 1358*, Nuremberg, ca. 1720;Max Wagner, *Das Zeidelwesen und seine Ordnung im Mittelalter und in der neueren Zeit*, Munich, Kellerer, 1895 p. 1~20.

72) Eva Crane, *The World History of Beekeeping and Honey Hunting*, Londres, Duckworth, 1999.

양봉의 제2단계는 아마도 벌들이 살던 나무 몸통을 잘라서 인간들이 사는 장소 근처에 갖다 놓으면서 시작된 것 같다. 프랑수아 사바티에르[73]는 이 과정을 묘사하는데, 특히 그 복잡성을 강조한다. 벌들이 보통 높은 곳에 자리를 잡는다면, 그럴 만한 이유가 있어서라는 것이다. 자연을 진중하게 관찰하는 사람들은 지금도 속이 빈 나무 몸통 속에 있는 벌집을 만나기도 한다. 고대 사회부터는 이런 자연 벌집 말고 인간들이 만든 용기도 발견된다. 꿀의 원천이 벌집이라면, 그 유사한 거주공간을 만들어주면 된다는 데까지 생각이 미쳤을 것이다. 호메로스는《오디세이아》13장에서 이타케의 한 동굴을 묘사하는데, 거기에 이런 문장이 나온다. "거기 그들의 커다란 잔이, 그들의 돌 항아리가 보인다. 이곳에 와서 벌은 벌집을 짓는다."[74] 동굴 안에는 정말 속이 텅 빈 항아리들이 놓여 있었는데, 벌들이 그곳에 와서 무리를 형성하며 벌집을 지었다. 아마도 이미, 벌떼들이 사는 동굴은 야생꿀 사냥에서 주요한 목표 지점이 되었을 것이다. 어쨌든 호메로스를 읽으면서도 벌들을 길들이는 과정에 대해 알게 된 셈이다.

---

73) François Savatier, 《L'abeille accompagne l'Homme-fourmi depuis…?》, *Bafouilles arché ologiques*, 2015.

74) Homère, *Odyssée*, XIII, 106~107.

옛 선조들의 벌집 사용법: 차탈 휘이크 성소의 증언

만일 아주 일찍부터 인간들이 꿀벌에 관심을 갖고 꿀벌들의 생활과 행동을 탐색한 증거가 필요하다면, 기원전 8~7세기 문명의 유적지인 아나톨리아 반도의 차탈 휘이크의 어느 집에 놓인 성소를 보면 된다. 1960년대 중엽, 고고학자 제임스 멜라르트[75]는 여러 층으로 겹쳐 그려진 벽화 하나를 발견했다. 성소가 불타 없어지면 다시 짓고 또 그 벽 위에 그리고 칠하면서 이런 여러 층이 나왔을 것이다. 그런 벽화 층들 사이에서 벌통 시렁 형태의 붉은 정육각형 조직이 살짝 보인 것이다.

이 조직의 어떤 방에는 8자 매듭의 장미꽃 모티프, 정사각형, 꽃들이 흰색으로 그려져 있다. 물결 모양의 선들도 있고, 날개 달린, 또는 날개 없는 작은 벌레들도 그려져 있다. 좀 더 자세히 보면, 이 곤충들 위에 벌집 모양의 모티프들도 보인다. 그 밖의 또 다른 모양들도 있는데, 여하튼 이런 모티프들에서 어떤 불규칙성이 보인다. 하얀 형태만 고수하고 나머지 선을 다 제거해보면, 벌과 나비들이 꽃의 꿀을 모으러 날아다니는 꽃밭처럼 보이기도 한다. 나뭇가지들에 매달려 있는 날개 없는 요소들(수평으로 길게 너

75) James Mellaart, *Çatal Hüyük. A Neolithic Town in Anatolia*, Londres, Thames and Hudson, 1967.

울대는 선, 벌집이 없으면 더 잘 보인다)은 번데기일 수 있다. 만일 이것이 맞다면, 전체 장면은 오늘날 우리에게도 여전히 놀라운, 구석기인들을 매혹하고도 남았을 이 곤충의 변신 과정을 그린 건지 모른다.[76]

벌통을 첨가한 것은 그리 놀랍지 않다. 구석기인들이 벌집 시렁, 벌의 진화와 변신, 그리고 벌들이 꽃에서 꿀을 모으는 것 등의 연관성을 잘 이해하고 있었다는 것은 충분히 입증되었기 때문이다. 전체적으로 보면 왼쪽에서 오른쪽으로 읽힌다. 우선 왼쪽에 있는 작은 방들은 비어 있다. 이어 하얀 점들과 원들이 이 작은 방 내부, 즉 한가운데서 나타난다. 그리고 오른쪽에는 꽃들과 날개 달린 곤충들이 있다. 따라서 벽 전체는 알뭉치를 담고 있는 벌집을 그린 것이다. 닫힌 작은 방 속에 들어있는 애벌레부터 번데기, 그리고 성숙한 벌들이 꽃밭을 향해 날아가는 것까지, 꿀벌의 모든 생활 주기가 묘사되어 있다. 만일 이런 해석이 맞다면, 벌들의 생애를 제대로 관찰한 것이다. 9000년이나 된 이 오래된 그림에 양봉에 관한 그 모든 것이 이미 파악되어 있었다.

차탈 휘이크의 이 그림은 거기서 수천 킬로미터 떨어진 오스트레일리아 서쪽, 프린스 리전트 강 가까이에 그곳 토착민이 그

76) 위의 저자, 《Excavations at Çatal Hüyük, 1962: Second Preliminary Report》, *Anatolian Studies*, vol. 13, 1963, p. 43~103.

려놓은 그림을 떠올리게 한다. 1만 년 된 것으로 추정되는 이 그림은 차탈 휘이크의 그림보다 덜 선명하지만, 벌집의 시렁과 그 작은 봉방들은 구별된다.

집벌 벌통 그림으로 알려진 최초의 그림은 청동기 시대로 거슬러 올라간다. 차탈 휘이크 벽화보다 약 4500년 후이다. 이 지역에서 저 지역으로 이른바 어떤 혁신이 전달되기까지 어느 정도 시간이 걸렸음을 고려하면 양봉업이 적어도 이보다 1천 년 앞서 시작되었다고 볼 수 있을 것이다.

연구가들은 지중해 주변 지역과 유럽 일대에서 사용된 항아리들의 파편 표본들 6천400개를 조사했다. 이 표본들에서 추출된 잔류물을 크로마토그래피[77]와 물질 분광 측정기로 분석한 결과, 상당수 파편에서 밀랍이 검출되었다. 조사 대상이 된 용기들에 꿀을 저장한 것일까? 아니면 꿀에 남은 밀랍 흔적일까? 그것도 아니면, 용기가 새지 않도록 하는 데에 밀랍을 사용한 것일까? 상당한 기간이 지나면 꿀 자체는 사라져 더이상 검출되지 않지만, 밀랍은 상대적으로 덜 파손된다. 그리고 이 밀랍에는 아주 특수한 생물학적 지표가 포함되어 있어 연구가들은 이것이 무엇인지 식별할 수 있게 되었다.

---

77) 분자 물질 혼합물에서 '분석물'이라 불리는 것을 분리하는 기술이다. 향수업, 생물학, 정밀 화학 및 산업학 등 아주 다양한 분야에서 사용된다.

파편들이 나온 지리 공간 및 지질 연대표도 아주 방대하다. 가장 오래된 파편은 기원전 7000년 것이고, 가장 최근의 것은 기원전 2000년이다. 분석된 것 중 가장 오래된 파편은, 유적지 중 가장 동쪽에 있는 아나톨리아의 차탈 휘이크에서 나온 것으로, 여기서도 밀랍의 흔적이 있는 파편들이 발견되었다. 같은 시대 다른 파편들도 차탈 휘이크에서 나온 것인데, 이 유적지에는 벌의 변신 과정을 그린 벽화도 있었다. 기원전 8000년의 아나톨리아 다른 지대에서도 밀랍의 흔적들이 나왔다. 따라서 벌들을 이용한 양봉업은 신석기 시대 이 지역에 상시로 있었다고 볼 수 있다.

이런 발견을 근거로, 연구가들은 근동 지방에서 대서양 연안 지대까지, 북아프리카에서 위도 57도까지의 신석기 시대 밀랍 사용 분포도를 작성했다. 또한 연구가들은 이 시대 꿀벌의 생물학적 환경 분포에 대해 더 많은 것을 알게 되었다.

고대 이집트 양봉업을 그린 초기 그림들

양봉을 묘사한 것으로 알려진 그림 중 가장 오래된 그림은 19세기에 하下이집트의 아부 고랍에서 발견되었다. 이것은 제5대 왕조의 제6대 왕인 니우세르레(약 2420년~2389년 전)의 태양 사원 내 계절의 방 부조에 그려진 것으로, 광대한 지하 분묘의 일부분이

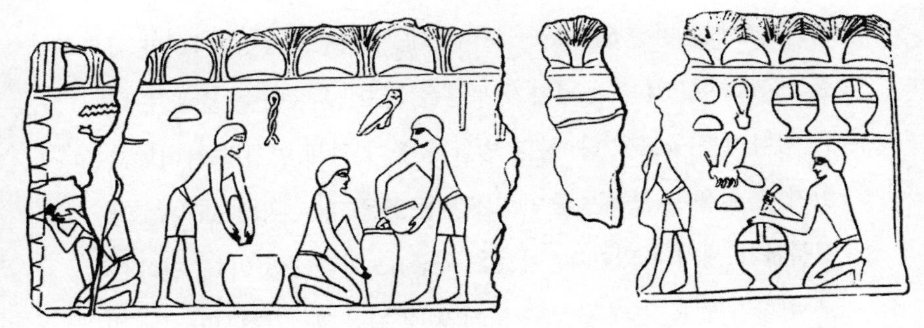

사진 5

다(사진 5).[78] 부조의 왼쪽에는 항아리 안에 꿀을 쏟아붓는 그림이 그려져 있다. 가운데 장면에는 배가 튀어나온 단지에 꿀 항아리를 비우는 두 사람이 그려져 있다. 오른쪽에는 꿀로 가득 찬 단지 뚜껑을 닫고 있는 한 남자의 모습이 있다. 역설적으로, 양봉 장면은 2천 년 이상을 지배한 고대 이집트 왕조의 무덤에는 적게 그려져 있다. 반면 음식으로서의 꿀은 많이 그려져 있다. 이런 그림은 주로 왕실 무덤에 그려져 있고, 개인 무덤에는 전혀 나오지 않는다. 소중한 꿀이 신과 왕들을 위한 헌물이었기 때문일까?

니우세르레 사원의 부조는 우리에게 최초 양봉의 실제에 대한 소중한 정보를 전해준다. 최초의 양봉 벌통의 재료와 개념만이 아니라, 꿀 수확을 위해 선조들이 어떤 절차를 거쳤는지 알 수 있

78) G. Kuény, 《Scènes apicoles dans l'Ancienne Égypte》, *Journal of Near Eastern Studies*, vol. 9, nº 2, 1950, p. 84~93.

다. 부조에는 벌통 일부분만 보이는데, 수평으로 긴 항아리가 아홉 개[79] 놓여 있다. 한 남자가 무릎을 꿇고 앉아 입술 앞에 또 다른 항아리를 들고 있다. 분명 벌들을 쫓기 위해 연기를 불어넣고 있거나, 꿀을 추출하는 중인 것 같다. 인물 바로 위에 nft라는 상형문자가 새겨져 있는데, 이것은 외풍外風이라는 뜻이다. 안쪽으로 휘어진 벌통 형태를 보면 도기인 것 같은데, 그렇다면 전체적으로 다 사람이 만든 것이다. 앞에서 본 것처럼, 속이 파인 나무 안이나 바위 구멍 속에 있던 야생 벌집 모델에 비해 진일보한 것이다. 하지만 이 부조로는 전체를 알 수 없고, 이 당시 벌통 형태에 대해서도 정확히 알 수는 없다.

기원전 1900년으로 연대가 추정되는 고고학적 발견이 있는데, 아마도 이런 유형의 벌통 모델일 것이다. 파윰—나일강 서쪽의 리비아 사막에 위치한 지역—에서 발견된 원통모양의 테라코타에서는 밀랍의 오돌토돌한 덩어리와 꽃가루, 그리고 벌의 뒷다리 조각이 나왔다. 원통은 길이가 38센티미터이고 지름이 하나는 9센티미터, 다른 하나는 7센티미터이다. 원통 내벽은 원통 양끝에서 두꺼워진다. 이런 형태는 니우세르레 사원 벽화에 그려진 것과 거의 일치한다.

테베에서, 제8왕조(기원전 1450년 경) 시대를 살았던 파라오 제

79) 원문에는 아홉 개로 나와 있는데, 관련한 벽화 사진을 보면 여덟 개이다.(—옮긴이)

사진 6

1대신 레크흐미레의 무덤에도 같은 양봉 장면이 그려져 있다(사진 6). 대신의 특권 중 하나는 사원들과 파라오에 꿀을 공급하는 것이었다. 왜냐하면 꿀은 특히나 소중한 자원이기 때문이다. 무덤 부조에 새겨진 비문도 이를 증명한다.

> 레크흐미레 대신. 식물 우아에ouahe와 꿀을 사원 수장고에 보관하고, 경전 감독자로서 아몬 신전에 헌물로 바친 모든 물품을 봉인하다.

벌통은 수평으로 놓인 세 개의 판으로 이루어져 있는데, 건조된 진흙으로 만들어서인지 회색이 감도는 붉은색이다. 그리고 이 전체가 더 넓고 긴 판 위에 올려져 있다. 벌들이 드나드는 입구는 그림 오른쪽에 보이는 것처럼 둥근 형태이다. 양봉가는 벌집 뒤에서 작업하는데, 밀랍 막을 제거해야 하기 때문이다. 이 밀랍 막은 벌이 꿀을 넣어둔 우묵한 봉방을 막고 있는 얇은 막이다. 두 양봉가는 시렁 조각, 즉 꿀 '과자'를 수확한다. 한 사람은 서 있고, 벌떼에게 다가가는 것 같다. 이 벌집—양봉장—은 벌통에 연기를 뿜기 좋게 어떤 우묵한 형상을 하고 있다. 또 다른 한 사람은 무릎을 꿇고 앉아 꿀 시렁을 밖으로 끌어낸 다음, 그림 왼쪽에 보이는 것처럼 양봉장을 받치고 있던 훨씬 넓고 긴 판 위에 준비해둔 반구형 그릇 2개에 담는다. 이 두 그릇 사이에서 작은 벌 한 마리가 날아다닌다. 꿀 시렁을 구성하는 작은 원형에서 벌통의 원통 형을 추론한 것 같다. 이 시렁들은 벌통의 가로 길이에 맞춰 놓기보다 직각이 되게 놓여 있다.

이런 이집트 벌통 형태는 이스라엘의 텔 레호브에서 2007년에 발견된 벌통과 유사하다—이것은 아주 중요하고도 소중한 발견이다. 아무도 손을 안 댄 것 같은 30개의 벌통이 발견되었는데, 지푸라기가 섞인 굽지 않은 날 것의 점토로 이루어져 있다. 벌들이 왕래할 수 있도록 벌통 한쪽 끝에 입구가 있고, 덮개는 양봉가가 접근할 수 있도록 다른 한쪽 끝에 있다. 이 벌통의 연대는 대략 기원전 900년 경으로 추정된다.[80)]

이 이집트 유형과 유사한 벌통은 훨씬 후대에 지중해 연안 지역, 즉 기원전 5세기 그리스, 서기 3세기의 스페인에서도 나왔다. 이집트와 에티오피아의 콥트인, 아랍인들에게서도 이런 형태의 벌집이 실제 관찰되므로, 놀라운 유사성을 보인다. 벌통은 도기로 된 긴 튜브 형태인데, 길이는 1미터이고, 지름은 20센티미터쯤 된다. 그리고 가로 방향으로 하나하나 쌓여 있는데, 인간이 그렇게 해놓았을 것이다. 양쪽 끝은 반죽된 흙이나 소똥으로 막혀 있다. 이 끝 중 하나는 벌들이 들어오고 나갈 수 있게 뚫려 있다. 지푸라기나 쇠똥을 섞어 반죽한 생흙으로 간단히 만들어진 튜브 형도 간혹 있다. 놓인 방식은 같다.

벌통을 만드는 데 다른 재료들도 사용되었다. 버들가지, 속을 비우고 진흙이나 소똥을 바른 갈대, 나무껍질, 속을 파낸 나무 몸통의 이런 벌통들은 오늘날 세계 곳곳에 있다. 그러나 이런 재료들은 손실되기가 상당히 쉬어 고고학적 흔적은 희귀하거나 잘 나오지 않는다. 우리가 고찰한 여러 다른 예들처럼 양봉은 청동기 이후 이미 발전되어왔다. 오랜 기간 양봉과 야생꿀 사냥은 공존해왔다. 야생꿀 수집이 중세 말까지도 유럽에서 지속되었는 것을 잊어서는 안 된다. 후대의 주요한 진보는 18세기 말, 이동 나무틀

---

80) Amihai Mazar et Nava Panitz-Cohen, 《It Is the Land of Honey : Beekeeping at Tel Rehov》, *Near Eastern Archaeology*, vol. 70, n° 4, 2007, p. 202~219.

의 발명이었다[81]. 그 다음 세기 이 나무 틀의 사용은 더욱 확산되었고, 오늘날까지도 늘 사용되고 있다.

이런 노하우의 불변성은 놀랍다. 조상의 양봉 기술이 여러 세기를 거쳐 우리에게 내려오기까지, 이 이동 나무틀을 제외하고는 별다른 진보가 없다. 다만, 벌통 모양이나 재질은 세계 지역에 따라 조금씩 다르다. 서부 유럽에서는 짚이나 바구니(식물성 섬유), 중부 유럽에서는 속이 빈 나무 통, 지중해 연안은 코르크 원통, 그리고 북아프리카와 근동 지방은 도기 벌통 등이었다.

청동기 시대: 납형의 절정기

청동기로 돌아가 보자. 양봉업은 이 시대 왜 이렇게 확실하게 발전했을까? 왜 야생 벌집을 단순히 활용하는 것에만 머물지 않았을까? 기원전 3000~1000년, 장소에 따라 다양한 변형들과 함께 청동기가 되면 이른바 야금술이 완성된다. 9000년 전부터 망치로 두드려 만든 물건들이 존재했고, 5000년 전부터는 녹여 주조하는

---

81) 벌통 안에 이 이동 나무틀을 세워놓으면, 벌들이 여기다 꿀 시렁을 만들 것이다. 이 나무틀은 압형무늬를 박은 얇은 밀랍판으로 이루어져 있다. 이 이동틀을 벌통 안에 바로 넣다 뺐다 하므로, 벌통을 따로 교체하지 않아도 된다. 반면, 이 이동 틀이 없는 고정 벌통의 경우, 벌들은 딱 달라붙어 있는 안쪽 벽면에 꿀시렁을 만들므로, 전체를 다 파괴하지 않으면 이 꿀시렁을 꺼낼 수 없다.

물건들이 사용되었다. 이 물건들은 연성 때문에 처음에는 청동 재질로 만들어졌고, 이후에는 금으로 대체되었다. 금으로 된 가장 오래된 물건은 불가리아에 있는 바르나 지하 분묘에서 발견되었다. 이것은 망치로 두드려 만든 천연 금괴이다. 동부 유럽과 아시아에서는 구리와 금을 가지고 이렇게 작업했다. 그러나 야금술이라고 말하려면, 열을 써서 금속을 다룰 수 있어야 한다. 구리와 그것을 금·은과 합금한 것은 최초로 제련되는 금속이다. 청동은 구리와 주석을 90과 10으로 섞어 합금한 것으로, 3000년 초부터 아나톨리아에 나타났다. 이후 이 천년 동안 유럽에 확산되었다.[82)]

청동 물건을 만들기 위해 가장 많이 활용된 기술은 납형蠟型이다. 아주 오래된 이 기술은 초기 야금술 이후부터 존재해왔다. 3차원 형의 물건을 만드는 데 있어 필요불가결하게 된 밀랍은 구리 야금술이 시작된 5000년 초부터 인정되어, 유럽을 건너 3000년경 인도에까지 확산되었다. 1980년에 파키스탄의 메르가르에서 6천 년 된 구리 부적이 발견되었다. 이 작은 둥근 장식이 납형으로 만들어졌다는 사실을 배우는 데 2천 년이 걸렸다. 이 기술은 당시만 해도 초기 수준이었다. 납형 기술 덕분에 제조가 가능한 물건들 중 가장 오래된 것으로 알려진 이것은 특히나 순도가 높은 구

---

82) C. Strahm et A. Hauptmann, 《The Metallurgical Developmental Phases in the Old World》, dans Tobias Ludwig Kienlin et Ben W. Roberts (dir.), *Metals and Societies*, Bonn, Rudolf Habelt, 2009, p. 116~128.

리를 단 한 번 흘려 주조한 것이다.

이걸 어떻게 했을까? 단단한 밀랍에 갖고 싶은 물건의 모델을 조각한다. 내열성 점토, 즉 날것 그대로의 가장 일차적인 천연 점토로 모델을 감싼다. 점토는 부드러운 흙이지만, 열에 대한 저항력이 높다. 이렇게 거푸집이 구워진다. 밀랍은 구워지면서 녹는다. 이제 점토 속에는 그 물건의 흔적만 남는다. 이어 거푸집 속에 녹인 금속을 붓는다. 금속이 밀랍의 자리를 대체하며 형태가 얻어진다. 이제 거푸집을 부수면 만들어진 기물이 회수된다. 이런 기술은 가능성이 무한하기 때문에 아주 복잡한 물건을 제조할 때도 완벽했다.

하지만 거푸집 기술은 구리와 함께 사용하면 불편한 점이 있었다. 구리는 전도성이 강해 다시 냉각된다—심지어 산화된다—. 거푸집을 완전히 다 채우기 전에 거푸집의 어떤 부분이 산소와 맞닿아 문제가 되었다. 메르가르 부적에 생긴 특수한 산화를 통해 연구가들은 이때 사용된 가마는 초보적 수준이었을 것으로 추론했다. 그러나 이런 어려움 때문에 납형 기술을 포기한 건 아니었다. 반대로 이것이 더 보편화되고 완벽해졌다. 방법은 금속을 변화시키는 것이었다. 구리의 다양한 합금을 이용해 자연스러운 합금 형태를 이미 보았기 때문에 다른 것도 해볼 준비가 '이미' 되어 있었다. 납형 이점은 더욱 커졌고, 이 기술을 포기하지 않기 위해 다른 시도를 수차례 해본 끝에 마침내 청동을 발명해

내게 되었다. 이 합금 기술로 금속의 용해 지점을 최소화했다. 훨씬 액체처럼 흐르면서도 천천히 응고되어 주형이 더 쉬워졌고 게다가 덜 부식되었다. 청동, 즉 '브론즈bronze' 또는 '에랭airain'은 구리 합금을 지칭하는 단어로 사용되었다. 가령 구리-주석 전의 구리-비소, 구리-납 등은 우리가 현재 사용하는 청동 합금과 같은 것이었다. 이 청동 합금은 우리가 '청동기'라 부르는 시대 말엽에 사용되었다. 따라서 '청동기 시대'라기보다 '청동들의 시대', 아니 더 나아가 '납형으로 개선된 구리 시대'[83]라 불러야 할 것이다.

그러므로 어떤 면에서 벌은 청동기의 기원이 된다. 만일 인간이 밀랍과 그 주형적 이점을 알았다면, 그것은 우선 인간이 꿀을 활용했기 때문이다. 납형 기술의 원조는 이란 고원 문명인데, 점차 공통적인 기술이 되었고, 기원전 2000년에는 이미 극동에서처럼 유럽에서도 그 기술이 완벽해졌다[84]. 일상생활에서 쓰는 수많은 물건, 즉 가재도구, 무기, 연장은 물론 종교의식에서 쓰는 물건들과 예술품 제조에도 이 기술이 활용되었으므로 상당한 양의 밀랍이 필요했다. 바로 여기서 이미 5000년 무렵에 벌들을 사육했

83) François Savatier, 《Comment l'abeille a lancé le bronze》, *Bafouilles archéologiques*, 2016.

84) Christopher J. Davey, 《The Early History of Lost-Wax Casting》, dans Jianjun Mei et Thilo Rehren (dir.), *Metallurgy and Civilisation. Eurasia and Beyond*, Londres, Archetype, 2009, p. 147~154.

다는 가설이 나온다. 야금술의 발전에 꼭 필요한 조건이었으므로 밀랍의 대량 공급과 정기적인 공급이 보장되어야 했을 것이다. 더불어, 꿀 소비에서도 유사한 진화가 일어났다. 작은 꿀벌이 신석기 시대의 모든 변화, 특히 야금술의 탄생에 동반했던 셈이고, 이것이 없었다면 아마도 우리의 기술은 오늘날과 같지 않았을 것이다.

5.
꿀을 마시다,
취기와 권력의 놀이를 알다

일정한 양의 물 속에 꿀을 넣으면 섞이고 퍼져, 6개월 정도 지나면 발효가 되고 포도주 빛깔의 꿀물이 된다.《자연사》에서 꿀에 신화적 기원을 부여한 대大플리니우스가 언급한 최초의 요리법이다. 물 속에 꿀을 넣어 녹이면 훨씬 기분 좋고 덜 씁쓸한 맛이 날 거라는 상상을 처음 해낸 자는 황금기의 이상적 영토인 아카디아의 왕이자 태양왕 아폴론의 아들인 아리스타이오스이다. "꿀 무게의 3분의 1을 끓어오르는 빗물에 넣고 폭염의 10일 동안 햇볕에 놔둬 발효되게 하라."

최초의 발효 음료, 꿀물

태초부터 인간은 꿀벌통에서 직접 추출한 꿀을 먹었다. 앞에서 보았듯이, 수천 년 전부터 꿀은 인간에 의해 소비되었는데, 과일과 함께 그들의 식단에서 중요한 당분의 공급원이었다. 하지만, 아주 일찌감치 세계 곳곳에서 꿀을 발효시킨 음료도 마셨다. 꿀물은 인간의 손에 의해 처음 변형된 꿀의 결과물뿐만이 아니라, 인간이 제조한 알코올 성분이 있는 최초의 발효 음료이기도 했다.

프랑스어로는 꿀물을 '이드로멜hydromel'이라고 하는데, 라틴어 hydromeli에서 유래했다. 그리스어로 hydro는 물이라는 뜻이고, meli는 꿀이라는 뜻이다. 이드로멜은 따라서 꿀과 물의 합성어이다. 이런 이름을 갖기 전에는 멜리크라트melicrat, 또는 멜리크라튬melicratum으로도 불렸다. 그리스어로 krasi는 혼합이라는 뜻인데, 이 단어가 첨가되어 '꿀 혼합'이라는 뜻을 갖게 되었다. 혼합을 위해 사용된 그릇은 분화구 또는 큰 웅덩이처럼 생긴 우묵한 큰 잔이었다. 요리법이 음료 이름 안에 들어간 셈이다.

꿀물은 만들기 가장 쉬운 발효 음료이다. 어떤 때는 이미 자연 속에 만들어져 있어 바로 먹기만 하면 된다. 여름날 격렬한 폭풍이 몰아쳐 나무에 있던 벌집이 땅으로 떨어진다고 상상해보자. 비가 벌집 안에 차고, 꿀이 저장되어 있던 부분에 빗물이 들어오니 꿀은 희석될 것이다. 이어 여러 날이 지나면 태양 열기에 자연스레 발효가 된다. 공기 중에 있던 박테리아와 효모 덕분에 발효는 더 잘 될 것이다. 인간들이 우연히 그 앞을 지나다 맛을 보았고, 약간 달면서도 변질되어 좀 시큼한, 그러니까 기분 좋은 발포

꿀물(이드로멜) 요리법

세계 최초의 발효 음료인 꿀물을 만들려면 태양 열기를 이용해야 하므로 여름부터 준비를 해야 한다.

필요한 재료: 꿀 600그램, 물 1.4리터

- 입구가 넓은 저장용 병에 꿀과 물을 섞어 담는다.
- 린넨 천으로 병 입구를 덮고 실이나 고무줄로 묶는다.
- 25~30℃ 상온에 그대로 둔다. 하루에 두세 번 정도 병을 흔들어 효모가 골고루 퍼지게 한다. 표면에 거품이 일지 않도록 조심한다. 만일 시골에 산다면, 이 병을 여름날 하루 정도 바깥에 내놓는다(너무 뜨거운 직사광선은 피한다). 그래야 야생 효모균이 생긴다.
- 5~7일이 지나면, 얇은 기포가 생기고 액체에서 '포도주'향이 약간 난다.
- 이제 빨대가 달린 목이 길고 몸이 큰 병이나 고무 패킹이 있는 밀폐 용기에 옮겨 담는다. 공기가 들어가지 않게 뚜껑을 잘 닫는다.
- 실온에서 4주 동안 발효시킨다.
- 맥주병이나 레모네이드 병처럼 잠금장치가 있는 단단한 병에 두어도 좋다.
- 3개월 정도 더 발효시킨 후, 지하 저장고에 오래 보관해도 좋다.
- 시원하게 해서 먹는다.

성이 있는 이 맛을 높이 평가했을 것이다. 이 음료를 맛본 사람은 분명 약간 기분 좋은 상태가 되었을 것이고, 이런 기분이 결코 싫지 않았을 것이다(이렇게 자연 발생적으로 만들어진 꿀물의 알코올 도수는 사실 포도주와 비슷하다). 서서히 이런 과정을 이해하게 된 후, 사람들은 가죽부대나 나무껍질 등 나무 재료로 만든 우묵한 용기에 꿀물을 넣어 발효시킴으로써 드디어 이 꿀물 음료를 얻게 되었을 것이다. 아니면, 막바로 꿀과 물을 똑같은 가죽 부대에서 직접 섞음으로써 자연 속에서 자연스럽게 발효되어 기분 좋은 음료가 만들어진 것이다. 이렇게 의도치 않게 꿀음료가 만들어지자 사람들은 이를 꿀처럼 명명하기 시작했다. 선사 시대 꿀물은 신석기 시대 훨씬 이전부터 모든 대륙에 있었다. 이 음료는 자연물 그 자체로 소비되었거나 다양한 식물들 또는 아로마로 향미를 내었다.

역설적으로 꿀물은 순수 상태에서는 발효되지 않는 두 원료로 이루어져 있다. 바로 물과 꿀이다. 벌통에서 나온 순수 꿀은 포도즙이나 주스와는 달리 자연적으로 발효되지 않는다. 꿀에는 미생물이 당분을 변형시키지 못하게 막는 박테리아가 포함되어 있어서다. 심지어 꿀이 들어 있으면 물질이 부패하거나 발효되는 걸 막는다. 하지만 물이 섞이면 다르다. 꿀이 3분의 1, 물이 3분의 2 비율이면 충분하다. 공기 중에 그대로 둔 혼합물은 열기만 넉넉하면 며칠 만에 약간 알코올 기운이 있고 발포 현상이 생기는 상태로 변한다. 에티오피아의 벌꿀 와인인 테지tedj는 아직도 이런 방식으로 자연발효를 통해 만들어지며, 식물로 풍미를 더한다.

꿀물, 세계적 문화 산물

꿀물은 탁월한 문화적 산물이다. 전 세계 다양한 문화와 문명에서 꿀물을 볼 수 있다. 이 달콤한 음료를 언제든 마실 수 있는 것이다. 그리스 신화에서 꿀물은 신들을 위한 불로장생 음료였을까? 전 대륙의 무덤 안의 망자 주변에 놓인 항아리에 꿀물 흔적이 있다는 사실은 그 중요성을 강조하고도 남는다. 특히, 장례 의식을 치르는 데 필수적이었다. 고고학적 발견을 통해 중국, 스칸디나비아, 중앙아시아, 코카서스, 그리스, 메소포타미아, 켈트, 게르만 등에서도 이 가장 오래된 발효 음료의 흔적을 찾을 수 있다.

아시아가 원산지인 선사 음료

이런 고고학적 발견 가운데 하나는 아시아에서 온 것으로 보이는 음료인데 8, 9천 년 된 것이다. 중국 북부 허난 성의 자후 마을에서 발견된 신석기 시대 무덤 안에서 도기 항아리들이 한 인간의 해골을 둘러싸고 있었다. 펜실베니아 대학 분자생물학 고고학 연구소장인 패트릭 맥거번은 2000년대 초에 이 항아리 중 하나에 들어 있는 노르스름한 물질을 분석했다. 이 물질은 꿀, 쌀, 포도, 산사나무 열매 등을 기초로 한 발효 음료에서 나온 것으로 보였다. 포도주와 맥주, 그리고 꿀물의 중간쯤 되는 일종의 혼합물이었다. 그 제조법은 상당히 정밀해, 충분히 진일보한 문명이 만들었을 법했다. 꿀을 물에 섞는 단계, 햇볕 아래 즉시 발효하는 단계, 이런 단계는 이미 추월했다. 이 음료를 얻기 위해서는 우선 오랜 훈련과 많은 시도가 있었을 것이다! 같은 장소에서 다른 문화적 유적도 발견되었다. 알려진 악기 중 가장 오래된 악기일 수도 있는, 쌀 알갱이가 채워진 거북 등껍질은 마라카스, 그러니까 흔들어 소리를 내는 리듬악기와 비슷한 용도였을 것이다. 특히, 두루미의 뼈를 새겨 만든 피리도 있었는데, 이건 지금도 소리가 난다. 그밖에 중국 상형문자의 최초 흔적들도 발견되었다. 음악과 문자, 그리고 꿀음료가 조합된 문명이어서 주목할 만하다.

물론 이게 아주 특이한 사례인 건 아니다. 아나톨리아, 투르크메니스탄에서도 비슷한 게 발견되었다. 아시아에서 꿀이라는 명사의 기원이 된 중앙아시아 스텝 지역에서도 꿀, 과일, 발효를 일으키는 곡물의 흔적이 나왔다. 이밖에도 다양한 향기를 내는 식물들, 그러니까 마황, 대마, 양귀비 같은 다소의 향정신성 효과를 내는 것들도 나와 이런 유의 음료가 신석기 시대 내내 소비되었음을 짐작할 수 있게 되었다. 이런 혼합 음료들이 유라시아 대륙까지, 그리고 우리 세기까지 지속된 것이다.

고대 프리기아 문명의 수도로 알려진 아나톨리아 고르디온에서 1960년대에 거대한 봉분이 발견되었다. 만지는 것마다 다 황금으로 변한다는 전설적인 미다스 왕의 무덤으로 추정되는 봉분이었다. 이 왕은 기원전 8세기~7세기를 살았다. 그런데 이 봉분에서 바로 꿀을 기초로 한 음료가 나와 발효 음료의 역사에서 중요한 학술 가치가 있는 보물을 발견하게 된 셈이다. 삼나무와 노간주나무로 만들어진 안치실은 발견하기 전까지 그 어떤 손도 타지 않은 가장 오래된 목조물로, 이 안에 기원전 700년 경 사망한 것으로 보이는 60대가량 되는 한 남자의 해골이 놓여 있었다. 이 시대는 미다스 3세라고 알려진 인물이 통치하던 시대였다. 해골은 자줏빛과 푸른빛의 천 조각에 싸여 있었는데, 이 색은 왕권을 상징한다. 그리고 주변에는 여러 개의 가구와 비품들, 식기류와 헌물로 보이는 음식물들도 있었다. 페니키아 문자로 된 가장 오래된 비문도 이 유적지에서 발견되었다. 안치실에는 청동으로 된 158점의 유물이 나왔는데, 술통, 술단지, 그릇, 술잔 등 모두 장례식 연회에 사용된 것으로 보였다. 여태까지 발굴된 것 중 가장 대단한 음용 식기 컬렉션으로, 그 디테일에 고고학자들이 놀랄 정도였다. 그런데 미다스 왕의 보물이 그토록 명성이 자자한 데 비해, 역설적이게도 이 무덤에서는 황금으로 된 물건이 하나도 나오지 않았다. 미다스 왕국은 나중에 킴메르인들에게 정복당했기에, 아마 다 도굴되거나 약탈당했을 것이다.

이 무덤의 발견으로 비로소 프리기아 문명에 대한 많은 것이 알려지게 되었다. 앙카라 박물관에 소장된 발굴 유물과 집기들을 보면 정말 감탄이 나온다. 장례식 연회 메뉴들은 익히 알려진 것들이다. 솥에다 렌즈콩과 양고기를 넣고 끓였는지 일종의 스튜 흔적이 나왔다. 또한 시틀 항아리—고리가 달린 작은 용기—와 음료 그릇도 나왔는데, 여기서 두텁고 노르스름한 잔유물이 나와 분석해보니, 꿀과 보리, 포도를 섞어 만든 발효 음료였다[85]. 이 혼합 음료는 스텝 지대의 쿠르간에서—여러 무덤을 덮고 있는, 인조적인 작은 언덕—발견된 적 있던 '선사 시대 칵테일' 같은 음료나 허난성 자후의 항아리에서 나왔던 음료를 떠올리게 한다. 더욱이 왕의 이름 미다스가 고대 어원인 *medhu에서 유래한 것도 간과할 수 없다. 자음이 기묘하게 일치하니 이 왕에게 꿀물의 왕이라는 이름을 부여한 것일 수도 있겠다.

아메리카 대륙에서는…

아메리카 대륙도 뒤지지 않는다. 16세기부터 콘키스타도르[86]들은 마야족과 잉카족의 풍습을 묘사하였는데, 이 원주민들은 꿀을 수확하고 거기에서 나온 여러 음료를 마셨다. 나무가 서 있는 땅을 점토로 방수 처리해 나무가 쓰러지지 않도록 하고, 나무 몸통에 벌들이 날아다닐 수 있도록 구멍을 뚫거나, 나뭇가지에 호리병박을 매달아 독침 없는 벌들을 키웠다. 멕시코에서 1590년 사망한 성프란체스코회 수도사인 베르나르디노 드 사하군은《신

85) Patrick E. McGovern, *Uncorking the Past. The Quest for Wine, Beer, and Other Alcoholic Beverages*, Berkeley (Calif.), University of California Press, 2009.

86) conquistadore, 16세기 아메리카 대륙을 정복한 스페인인들을 뜻한다.(—옮긴이)

新스페인 사물들의 일반사》[87]에서 이 꿀음료에 대해 묘사했다. 그것은 옥수수 반죽에 물과 꿀을 섞어 만든 뜨겁거나 차가운 음료였다. 어떤 것에는 고추도 들어간다. 마야인들은 발체balche라는 것을 발효시켰는데, 이것은 같은 이름을 가진 나무껍질에 꿀과 물을 섞어 만든 것이다. 이 음료는 구충약으로도 쓰였고, 알칼로이드 성분이 들어있어 향정신성 약물 효과도 냈다. 알칼로이드는 니코틴, 키니네, 모르핀, 카페인 같은 계열에 속했다. 옥수수와 꿀로 만든 사캅sakab은 특히 마야 문명에서 통상적으로 사용되었다. 거품이 이는 카카오를 마시기도 했는데, 여기에 황적색 식품 염료와 당분의 꿀을 섞거나 향신료 또는 식물로 향기를 내었다. 또 고추나 바닐라를 넣어 마시기도 했다. 베르나르디노 드 사하군은 코코아로 만들고 꿀로 단맛을 가미한 이 음료에 대해 이렇게 묘사하고 있다.

> 식사 후에는 잘 준비해 둔 여러 종류의 코코아 음료를 마시는데, 부드러운 과일을 섞어 아주 감미로운 향기가 나는 것도 있고 꿀을 섞어 만든 것도 있다. 또 어떤 것은 우에이 나카츨리(uei nacaztli, 아주 강한 향기가 나는 향신료)를, 또 어떤 것은 트릴조키틀

87) Bernardino de Sahagún, *Histoire générale des choses de la Nouvelle-Espagne*, traduction Rémi Siméon et Denis Jourdanet, Paris, G. Masson, 1880, chap. 13, p. 520.

(tlilxochitl, 바닐라)을 섞어 만든 부드러운 것도 있다. 또 어떤 것은 붉은색이고, 어떤 것은 진홍색이고, 어떤 것은 오렌지색이며, 어떤 것은 검은색 또는 흰색이다.

남아메리카에서는 옥수수 맥주나 카사바[88] 맥주를 마시는데 꿀을 섞어 발효한 것이다.

아프리카에서는, 특히 에티오피아에서는…

아프리카에는 고대부터 종려나무 수액, 바나나, 대추야자, 꿀과 식물로 만든 각종 음료가 풍부하다. 700년부터 대륙 북부에서는 이슬람 문화에 의해 술이 금지되었지만, 이른바 '꿀 맥주' 제조법은 같은 시기 사하라 이남의 아프리카 전역에 퍼졌다. 더 남쪽의 아프리카 적도 지역에서는(유목민이 사는 숲이 울창한 몇몇 처녀림 지대를 제외하곤) 꿀이 전통 음료의 열쇠가 되는 주요한 원료였다. 어떤 첨가물 없이 꿀과 물만 넣고 만든 음료가 있는가 하면, 꿀과 곡물로 구성된 음료도 있고, 다양한 향을 내는 식물과 꿀을 조합한 음료도 있다. 바나나 나무나 종려나무에서 추출한 것에 꿀을 넣어 발효한 음료일 것이다.

---

88) 길쭉한 고구마처럼 생긴 것으로, 남미 등 열대 지방에서 주요한 탄수화물 공급원으로 활용되었다. (—옮긴이)

동부의 에티오피아가 흥미롭다. 에티오피아인들의 음식에서 꿀이 상당한 비중을 차지하는 건 맞다. 특히 4세기에 기독교로 개종했지만 알코올 성분이 있는 음료가 허용되었고, 이를 애호했다. 테지(tej, 또는 t'edj)는 홉과 비슷한 게르쇼 잎들로 향을 내는 음료로, 가장 높이 평가되었다. 20세기까지도 부유한 가정에서만 주로 음용되었는데, 지금은 일반화된 편이다. 에티오피아에서는 꿀을 활용한 음료에 여러 종류가 있다. 부유한 사람들은 비싼 꿀로 만든 꿀물을 소비한다. 포도주처럼 숙성될수록 맛이 좋아지고 알코올 도수가 더 높아져 오랜 기간 지하 저장고에 보관한다. 애호가들은 그 원산지, 연도, 꿀의 향기 등을 감별한다. 이 술 단지로 채워진 저장고는 최상위층의 전유물이기도 하다. 농민들은 벌통의 소유자임에도 이 술을 따로 만들지 않고, 오래 숙성시키지 않는 보리 음료 정도를 마신다[89].

이 꿀 알코올 음료의 제조 방법은 아주 일찍부터 사하라 이남의 아프리카, 이집트, 그리고 메소포타미아에까지 퍼져 있었다. 이란 북부에서 발견된 고딘 테페는 기원전 4000년경의 유적지로 추정되는데, 곡물 재배지였던 이곳에서 초기 수메르인과 초기 엘람인들이 보리 음료를 제조했음을 보여준다. 일종의 보리 맥주인

89) Marcel Griaule, 《D'un mode aberrant de conservation de l'hydromel au Godjam》, *Journal des Africanistes*, t. 4, fasc. 2, 1934, p. 279~284.

이 음료는 꿀을 넣어 훨씬 부드럽게 하고 나무 이파리들을 넣어 향미를 더했다.

유럽 전역에서는…

그렇다면 유럽에서는 어땠을까? 유럽 중부에서는 이미 5세기에 포도주보다는 메도스médos를 마셨다. 이것은 다뉴브 이남을 정복한 훈족의 왕 아틸라 궁정에서 음용된 꿀물 음료이다. 10세기 페르시아의 한 연대기에 따르면, 슬라브인들은 이 음료를 나무 재질의 큰 용기에 넣어 더 숙성시켰다. 같은 시기 폴란드에서는 피아스트 왕자가 벌들을 길렀고 손님들에게 대접할 자기만의 음료를 직접 만들었다. 발트 연안국가들에서는 이 음료 무역이 오랫동안 번창했다. 폴란드에서는 동부 유럽 전체에서와 마찬가지로 19세기까지도 각 가정에서 이 음료를 만들었다.

스페인에서도 보리와 밀 맥주 찌꺼기가 바르셀로나 주변의 여러 지역(코바 데 칸 산두르니, 제노, 코바 델 칼바리오, 로마 데 라 테헤리아)에서, 그리고 이베리아 반도 중부 지방(발레 데 암브로나, 라 메세타 수르)에서 발견되었다. 80~120리터짜리 통 내부에서도 나왔고, 술잔처럼 생긴 이보다 훨씬 작은 그릇에서도 나왔다. 이런 유물들 연대는 기원전 5000년~서력기원 초기이다. 이 맥주에는 꿀과 참밀가루, 그리고 아르테미시아 불가리스 같은 향료가 되는 식물들이 첨가되었다.

스코틀랜드에서는 동부에 위치한 테이사이드 주의 스트라탈란 노스메인에서 헨지(henge. 원형으로 줄지어 서 있는 우뚝 선 돌들)가 나왔는데, 기원전 4000년 중반의 것으로 보인다. 여기서도 10리터짜리 술통과 그 통을 밀봉하는 뚜껑이 출토되었다. 산소가 부족한 환경에서 공기 없이도 발효되는 음료가 이 안에 있었던 것으로 추정되었다. 또한 이 테이사이드의 잔유물에는 검은 사리풀 Hyoscyamus niger과 벨라돈나Atropa belladona 꽃가루도 포함되어 있었다. 이 식물들은 독성이 있거나 향정신성 효과가 있어서 훗날 마법사들의 향유로도 유명했다. 오케이드와 테이사이드의 다른 지역에서는 곡물류에서 나온 꽃가루도 검출되었다.

스코틀랜드 남동부 파이프 주에 위치한 애쉬그로브 무덤에서 그다지 멀지 않은 곳에서도 유물이 발굴되었는데, 기원전 1750~1500년 것으로 추정되는 술잔이 나왔고, 그 바닥에는 거무스름한 물질이 있었다. 분석에 따르면 그것은 히드, 흰꽃조팝나무, 보리수나무 등 다양한 식물들에서 나온 꽃가루 흔적들이었다.

이 두 식물의 열매가 비록 현재 영국 꿀 음료의 주요 요소이긴 해도, 저자는 이 고고학적 잔유물은 흰꽃조팝나무 꽃들로 향기를 낸 꿀물과 일치한다고 생각한다. 왜냐하면 스코틀랜드 특유의 명명 방식으로 보면, 심지어 스칸디나비아에서도 필리펜둘라, 즉 흰꽃조팝나무는 곧장 꿀물을 가리키기 때문이다[90].

히드 꽃가루만은 꿀에서 나오지 않았고, 식물 자체에서 나온 것이다. 히드는 포도주나 맥주의 향미를 더할 때, 전통적으로, 적어도 16세기까지도 많이 사용되었다. 이것이 꿀물 음료의 향미를 더하는 데 사용되었다는 것은 충분히 그럴 법하다. 게다가, 애쉬그로브에서 꿀물은 완전히 발효된 것으로 보아 무덤 안에 놓였음이 틀림없다. 왜냐하면 그곳에 매장되어 있던 인간의 몸을 뒤덮고 있던 이끼와 식물 위로 그 액체가 흘러나와 있었기 때문이다[91].

이와 유사한 발굴물이 오케이드의 바른하우스에서, 아란 섬의 매츄리 무어(기원전 1750~1500년)에서, 또 헤브라이드의 룸 지역(기원전 3000년 말)에서도 나왔다. 이는 수천 년 동안 인간이 꿀과 곡물가루, 그리고 향미를 내는 다양한 식물들의 혼합 발효물을 먹어왔다는 것을 잘 보여주는 사례이다. 이것은 중앙아시아에서 나온 이른바 선사시대 칵테일과 비교할 만하다. 이 음료는 대마 및 양귀비 피낭의 유액을 섞어 더 풍부해졌다[92]. 영국 고고학자이자 신석기 전공자인 앤드류 셔랫의 말을 믿는다면, '2차 산

---

90) Bui Thi Mai et Michel Girard, 《Pollens, ultimes indices de pratiques funéraires évanouies》, *Revue archéologique de Picardie*, numéro spécial 21, 2003.

91) P. E. McGovern, *Uncorking the Past*, *op. cit.*, p. 139.

92) Andrew Sherratt, 《Sacred and Profane Substances : the Ritual Use of Narcotics in Later Neolithic Europe》, dans Paul Garwood (dir.), *Sacred and profane. Proceedings of a Conference on Archaeology, Ritual and Religion*, Oxford, Oxford University Committee for Archaeology, 2013, p. 495~504.

물 혁명'은 신석기 때 일어났는데, 신석기 시대에 일어난 최초의 '혁명'—고기를 소비하기 위해 짐승을 길들인 것—에 이어 동물의 2차 산물, 특히 우유를 소비하는 2차 단계로 이어졌다.

덴마크에서는, 남부의 한 작은 마을 이름을 딴 "에그트베드의 딸"의 유해가 1921년 윌란 반도에서 발굴되었는데, 유해는 기원전 1370년으로 추정되는, 떡갈나무를 쪼개 속을 비워 만든 관 안에 놓여 있었다. 그의 발치에는 자작나무 껍질로 만든 그릇이 있었는데, 그 안에서 꿀에 기초한 음료의 흔적이 나왔다. 꿀물과 맥주의 혼합물일 수 있다는 가설이었다[93]. 이 용기에서 채취한 것들을 분석한 결과, 밀, 야생 로즈마리류, 덩굴월귤, 보리수, 히드와 질경이 등을 비롯한 55개 종의 다른 꽃가루들과 식물 섬유 조직이 나왔다. 이 음료는 기원전 4세기에 살았던 마살리아[94]의 탐험가 피테아스도 묘사한 바 있다. 현재의 독일 북부, 엠스 강 지역에서 제조한 꿀과 곡물류를 섞어 만든 음료와 비슷하다. 이 나라에서는 이런 꿀음료 음용이 오래전부터 있었다. 1548년, 덴마크의 왕 크리스티안 3세는 1590년 공주의 결혼식 때 가신들에게 꿀물 66통을 요구했는데, 24통만 들어왔다[95].

---

93) Jørgen Troels-Smith, Catherine A. Jessen et Morten Fischer Mortensen, 《Modern Pollen Analysis and Prehistoric Beer : a lecture by Jørgen Troels-Smith, March 1977》, *Review of Palaeobotany and Palynology*, vol. 259, 2018, p. 10~20.

94) 프랑스 남부의 항구 도시 마르세유의 옛 이름이다.(—옮긴이)

독일 이탄泥炭 지대의 다른 고고학적 발굴물을 통해 과학자들은 꿀물과 맥주의 잔유물도 찾아냈다[96]. 여기서 매우 놀라운 것은 슈투트가르트 남부에서 1978년부터 발굴된, 기원전 6세기 것으로 추정되는 호흐도르프의 무덤이다. 화려한 장식물로 치장한 40대 남자의 몸이 발견되었는데, 주변에는 장례 의식용 기구들이 가득했다. 이 무덤은 철기 시대 3대 무덤 중 하나로 평가된다. 다른 2개의 무덤 중 하나는 기원전 500년으로 추정되는 '빅스 부인'의 무덤이다. 금속제 목걸이를 비롯해 여러 왕족 장신구로 치장한 여성이 수레 위에 길게 누워 있다. 또 다른 하나는 켈트족의 한 공주 무덤으로 헤우네부르크의 성대한 안치실에 매장되어 있었는데, 기원전 583년경으로 추정된다. 호흐도르프의 무덤에서는 550리터 정도의 청동 솥을 비롯해, 고리가 달린 냄비 3개, 접시 9개, 마시는 용기로 쓴 듯한 뿔 8개—들소의 뿔인데, 금속제 띠로 묶여 있다—, 철 띠가 달린 아주 큰 뿔, 그리고 금 주발 등이 나왔다. 이 대용량의 용기들에 있는 잔유물을 분석해보니, 솥은 3분의 2인 300리터 이상을 채운 것으로 보이는데, 이 무덤 장소와 꽤 떨어져 있는 꽃들에서 유래한 것으로 보이는 꿀 성분이 상당히 함유된 꿀물이 담겨 있던 것으로 최종 추정되었다. 금 주발

95) E. Crane, *The World History of Beekeeping and Honey Hunting*, *op. cit.*, p. 516.

96) J. Grüss, 《Zwei Trinkhörner der Altgermanen》, *Præhistorische Zeitschrift*, vol. 22, 1931.

은 이 음료를 담아오거나 마시는 데 사용된 것으로 보인다. 아니면, 이 꿀물을 시신의 몸에 끼얹었을 수도 있다.

발견된 유물들로 유추하면, 장례식에 높은 신분의 손님 8명이 모인 것으로 보인다[97]. 호흐도르프의 무덤은 귀족의 무덤이라고 추론할 수도 있다[98]. 사실 꿀물은 오랜 보존성 때문에 중요한 거래 가치가 있었다. 3세기 법률가인 울피아누스는 이것이 어떤 유산처럼 전승되었다고 암시한 바 있다. 따라서 높은 사회적 신분을 가진 사람의 무덤에서 꿀물의 흔적이 나오는 것은 비교적 논리적이다. 더욱이, 호흐도르프에 매장된 시신에서 나온 지표를 보면, 그 보존성 때문에라도 시신에 꿀로 어떤 처리를 한 것 같다. 꿀은 자연적 보존성이 탁월해 시체 방부 용도로 자주 사용되었다. 저명한 전사들의 사례도 있다. 전설적인 아킬레우스는 화장되기 전 몸에 "가장 부드러운 꿀[99]"이 발라졌다. 또 알렉산드로스 대왕의 유해가 바빌론에서 알렉산드리아로 옮겨질 때 그의 황금 석관에는 꿀이 가득 부어져 있었다.

97) Stéphane Verger, 《Partager la viande, distribuer l'hydromel. Consommation collective et pratique du pouvoir dans la tombe de Hochdorf》, dans Sophie Krausz (dir.), *L'Âge du fer en Europe*, Bordeaux, Ausonius, 2013, p. 495~504.

98) Stéphane Verger, 《La grande tombe de Hochdorf, mise en scène funéraire d'un "cursus honorum" tribal hors pair》, *Siris*, 7, 2006, p. 5~44.

99) Homère, *Odyssée*, XXIV, 67~68.

고대의 꿀 음료, 그리스-로마 특제품

고대 그리스에서는 시세온cycéon을 마셨다. 앞에서 언급한 선사시대 음료와 비슷한 혼합물인데, 포도주·맥주·꿀물을 섞은 일종의 칵테일이다. 이 음료는 향정신성의 박하, 운향, 사프란 또는 양귀비 등 다양한 향료를 포함하고 있다. 유럽 북부에서 극동에 걸쳐 포도 열매를 활용한 술, 곡물류를 활용한 맥주, 꿀물 등을 섞은 이런 종류의 음료에 대한 고고학적 흔적이 고대 사회의 높은 신분이나 왕가의 무덤에서 발견되었다.

이런 음료의 소비는 사회 전 계층에 퍼져 있었지만, 영웅이나 전사, 왕과 더 관련이 깊은 점은 의심할 여지가 없다. 이들은 저세상으로 '여행'을 할 때 상당한 양의 이 음료를 가지고 갔다. 이 음료는 이탈리아에 있는 다른 수많은 무덤에서도, 그리스 레프칸디에서 발견된 청동기 무덤에서도 항상 나왔다(수백 리터 양으로).

그리고 마침내, 이 음료는 웅변술과도 연관된다. 향연symposia에서는 상당히 제한된 손님들만 모여 이 음료를 마시면서 특정 주제를 놓고 담화했다. 연극대회, 춤, 노래, 행차, 그리고 꿀 탄 포도주 시음 등을 연합시킨 대大디오니소스 제전 때도 마셨다.

《일리아드》와 《오디세이아》에도 이 시세온이 언급되어 있다. 그리스어로는 키케온kykeon이라고 하는데, '혼합, 칵테일'의 어원이 되는 단어이다. 《일리아드》에서 호메로스는 헤카메데[100)](이 이름을 기억하기로 한다)가 부상당한 전사를 치료하기 위해 이 음료를 어떻게 준비했는지를 이야기하고 있다. 그리스인들, 특히 네스토르와 아킬레우스가 나눠 마셨던 바로 그 혼합 음료가 이것이다.

> 머리를 곱게 땋은 헤카메데가 혼합물(밀주)을 준비한다. (…) 그녀는 먼저 윤기 나는 아름다운 청자색 법랑 다리 탁자 하나를 그들 앞으로 민다. 그리고 청동 바구니를 그 위에 놓는다. 바구니에는 술맛을 돋울 양파와 노란 꿀, 밀을 잘 빻아 만든 신성한 가루가 담겨 있다. 이어 그녀는 그 옆에 눈부신 술잔을 놓는데, 노인이 고향에서 가져온 것이다. 술잔에는 황금 장식물들이 붙어 있고 4개의 손잡이가 달려 있다. 손잡이마다 황금 비둘기 2마리가 앉아 부리로 쪼고 있고, 아래에는 이중 받침대가 놓여 있다. 술잔이 가득 차면, 다른 이들은 탁자에서 술잔을 힘들게 들어 올리는데, 늙은 네스토르는 힘들이지 않고 들어 올린다. 여신과도 같은 그녀는 프람노스 산 포도주로 그 혼합물(밀주)을 만든다. 여기에 청동 강판으로 염소 치즈를 갈아 넣고, 이어 하얀 가루를 붓는다. 이 혼합을 마치면, 그녀는 마시기를 권한다. 그들은 일단 마시고, 타는 듯한 갈증을 몰아낸 다음, 기분 좋게 서로 환담

---

100) 소아시아 연안국의 섬 테네도스에 살던 귀족 아르시노오스의 딸이었으나 이 섬이 아킬레우스에 정복당하자 노예의 신분으로 전락한다. 아킬레우스의 동료인 네스토르의 하녀가 되는데, 약과 음식 제조에 뛰어난 기술을 가지고 있었다.(—옮긴이)

한다[101].

호메로스는 《오디세이아》에서도 시세온을 묘사한다. 여기서는 키르케가 제조하는데, 남자들에 대한 그녀의 장악력을 확인하기 위해서다. 신비롭고 의심할 바 없이 도취 효과가 강력한 시세온은 이를 마신 사람을 불행하게도 난봉꾼으로 만든다.

비둘기 장식과 4개의 손잡이가 달려 "네스토르의 술잔"이라고 불리는 것과 상당히 비슷한 황금 술잔이 고고학자 하인리히 슐리만에 의해서도 발견되었다. 아가멤논의 궁전이 있었던 것으로 추정되는, 기원전 14세기 무렵 미케네 문명 유적지의 한 왕묘에서 나온 것이다. 《일리아드》는 기원전 8세기에 작성된 것으로 추정되는데, 그렇다면 여기 묘사된 것은 가장 오래된 전통을 되짚어 서술하는 것일 수 있다. 여기 그 증거가 있다. 레프칸디 지하분묘는 호메로스보다 훨씬 이전 시대인 기원전 1200~900년 사이 이른바 "모호한 시대"로 불리는 '서브sub' 미케네[102] 시대 또는 프로토proto기하학 시대라 불리는 시기의 것이다. 여기서도 이런 음료를 준비하는 데 쓴 것으로 보이는, 치즈를 가늘게 써는 데 사용했

101) Homère, *Odyssée*, XXIV, 624~643.

102) 미케네 문명의 시작점은 그리스 본토가 아니라 크레타 섬이다. 그리스어가 아닌 다른 언어를 사용했고, 대규모 농업과 동부 지중해 및 이집트와의 교역으로 번성했으나, 기원전 1100년경 화산 폭발과 지진, 해일 같은 자연재해로 멸망했다. "모호한 시대"라 부르는 것도 이런 맥락에서다.(—옮긴이)

을 법한 청동 강철판이 발견되었다.

호메로스가 프람노스 포도주를 언급하며 우리에게 알려준 요리법은 레스보스가 원조인 달짝지근한 리쾨르성 포도주인데, 보릿가루와 꿀을 넣고, 약간 엉뚱해 보일 수 있지만, 염소 치즈 조각을 갈아 넣어 간을 한다. 발효 전 치즈가 첨가되면, 박테리아가 더 큰 역할을 할 것이다. 나중에 첨가한다면, 그 역할은 단지 미각을 더 즐기기 위한 것으로 보인다. 티베트에서 약간 짠 차에 버터를 넣는다든지, 몽골에서 차에 설탕 크림을 넣는 것과 비슷하다. 슐리만이 발견한 술잔에 관해 계속 왜곡이 일자, 패트릭 맥거번[103]은, 그 술잔만이 아니라, 미케네 문명에서 유래한 항아리 파편의 잔유물까지 함께 분석했는데, 호메로스가 묘사한 이 원료들의 혼합은 강한 알코올 성분이 있는 음료일 가능성이 더 많았다.

《일리아드》에서 '노란 꿀'을 넣어 배합한 그 유명한 시세온을 준비한 사람은 헤카메데였다. 미리 운명된 이름인 것이다! 헤카메데라는 이름이 서부 유럽 언어에서 꿀물을 가리키는 *medhu에서 파생한 것은 이제 그리 놀랍지 않다(반면, 다시 상기하지만, 꿀은 *meli-t에서 왔다). 그리스어 동사로 '취하게 만들다'라는 뜻의 methuskein에도 *medhu가 들어 있다. '취기로 치료하는 자'라는 뜻의 amethystos라는 명사에도 같은 어근이 보인다. 헤카메데라

103) P. E. McGovern, *Uncorking the Past*, *op.cit.*, p. 188.

는 이름은 직역하면 '100개의 꿀물'이 된다. 그녀가 혼합한 음료는 전쟁에서의 승리를 염원하며 왕들과 전사들을 위해 만든 것이었다. 꿀과 꿀물은 그리스만이 아니라 더 방대한 지역에서 단순히 왕실과 관련되는 것만이 아니라 승리와도 관련되었다.

로마에서는 꿀물이라기보다 꿀을 탄 포도주라 할 물숨mulsum을 만날 수 있다. 그 이름은 *meli-t에서 왔다. 이것은 훨씬 정교하고, 중요한 향연에만 내놓는 감미로운 음료였다. 대플리니우스는 멜리티스와 꿀 포도주인 물숨을 이렇게 구별했다. "멜리티스는 단맛이 나는 포도주인데, 포도즙으로 만든 꿀 포도주에서 빼낸 것이다[104]." 따라서, 물숨은 꿀물이 아니라 포도주 즙에다 꿀을 첨가한 것이다. 부드럽고 마시기 좋은 이것은 진정 효과가 있어 개선 축하 같은 집단 행사에 주로 제공되었다. 승리한 부대의 병사들을 치하하는 음료인 셈이다[105]. "병사들의 승리를 축하하려면 물숨이 있어야 할 것 아닌가" 하는 문장을 플라우투스[106]의 작품에서도 읽을 수 있다. 티투스-리비우스[107]도 전하고 있는

104) Pline l'Ancien, *Histoire naturelle*, XIV, 11, 4.

105) Gianna Petrone, 《Le vin à Rome : les noms et la force》, dans Dominique Fournier et Salvatore D'Onofrio (dir.), *Le Ferment divin*, Paris, Éditions de la Maison des sciences de l'homme, 1991, p. 181~188.

106) *Les Bacchides*, scène II, 1074. 플라우투스(Titus Maccius Plautus, 기원전 254-184년)는 고대 로마의 희극작가이다.(—옮긴이))

107) *Histoire romaine*, X, 42, 7.

것처럼, 로마의 집정관 루키우스 파피리우스 쿠르소르가 기원전 4세기 삼니움족과의 전투에서 승리를 기원하기 위해 유피테르 신전에 바친 것도 바로 이 물숨이었다.

아피키우스 요리법에 따른 장미 포도주

*** 아주 세련된 식전 포도주**

백포도주 1병
아무런 처리도 하지 않은 향기 나는 장미 꽃잎 세 주먹
약 50그램의 꿀

- 신선한 장미꽃잎들을 준비한다. 가위로 각 꽃잎의 아래 하얀 부분을 자른다. 모슬린 천 주머니에 이 꽃잎들을 넣고 포도주에 7일 동안 푹 담가둔다.
- 포도주에서 주머니를 꺼낸 다음 비우고 새로운 장미 꽃잎으로 채워 다시 포도주에 7일 동안 담가둔다.
- 침용 작용을 위해 이 과정을 반복하면서 다시 7일 동안 담가둔다.
- 포도주를 거른다. 취향에 맞게 꿀을 탄다.
- 시원하게 해서 마신다.

응용
같은 요리법으로 보랏빛 제비꽃 포도주를 만들 수 있고, 딱총나무 꽃으로도 만들 수 있다.

고대의 유명한 식도락가인 마르쿠스 가비우스 아피키우스는

《요리의 예술De re coquinaria》에서 꿀과 꽃 이파리로 향을 낸 포도주 요리법을 서술하고 있어 그 자취를 우리도 밟게 되었다.

음용 식기류: 풍부한 고고학적 유물

선사 시대부터 중세에 이르기까지 향미의 유무와 상관없이 꿀을 첨가한 음료들은 유라시아 대륙 대부분에 넓게 퍼져 있었다. 앞에서 인용한 것처럼 수많은 발굴 유적들에서 발견된 다양한 음용 문화와 용기들을 통해 이는 충분히 증명된다. 대용량의 큰 통, 단지, 주발 등은 이미 유럽 중부 전역에, 기원전 4000년 중반부터 바덴 문화에 뿌리박혀 있었다. 이어 '깔때기가 달린 병'이 도입되면서 이런 전통은 기원전 4000년과 3000년 사이 스칸디나비아, 영국, 스페인까지 확대되었다.

유사한 음용 문화는 도처에서 발견된다. 카르나크, 스톤헨지 같은 거석문화가 유럽을 뒤덮은 수수께끼 같은 문명이 있는데, 최소한 알려진 바로도, 꿀물의 찌꺼기가 그대로 남아 있는 상당한 음용 식기들이 나왔다. 무덤 안에서 약 5리터 분량의 병 열 개 정도와 항아리 및 술잔들이 나왔는데, 망자에게 작별을 고하는 헌주 의식에 사용된 것으로 보인다. 이게 포도주는 아닐 것이다. 당시 서부 유럽과 북부 유럽에서는 이 음료가 아직 알려지지 않았기 때문이다. 그래서 추정하기로는, 항아리는 이른바 '칵테일'을 준비할 때 음료를 넣고 섞거나 물을 타서 음료를 희석하는 큰 용량의 그릇으로 쓰였을 것이다. 또한 이런 큰 용기는 발효를 위해 사용되었을 가능성도 있다. 수천 년간 대륙에서 사용된 음용 식기들의 특성을 엿볼 수 있다. 호흐도르프 무덤과 '빅스 부인' 무덤은 철기 시대의 것이므로 가장 나중의 사례이다.

수톤 후에서도 고고학적 발굴물이 나왔는데, 이 무덤은 영국 동부에서 발굴된 것으로 7세기 것으로 추정된다. 여기에서도 은장식이 된 2개의 두루미 뿔잔이 나왔다. 꿀물과 맥주를 마실 때 사용된 호흐도르프의 그 뿔과 똑같은 유형이다. 하지만 중세 영국 섬들에서 가장 흔히 사용된 잔은 메테르mether 또는 마제르mazer라고 불렸는데, 나무 재질이었다. 이 나무 잔에는 수를 놓은 듯 은을 상감한 장식물이 붙어있었다. 이런 이름에도 역시 *medhu라는 어원이 들어 있어서 그 사용처를 짐작할 수 있다.

문학 속의 꿀물: 중세 문헌이 우리에게 가르쳐주는 것들

꿀물은 아일랜드에서 러시아까지 전 유럽의 일상 음료였다. 수세기 동안 유럽 대륙 문화에 끼친 영향력은 여러 문헌의 기록을 통해서도 짐작된다. 덴마크에는 10세기 수고본이 남아 있어 알려졌지만, 서기 7세기에 주로 지어진 앵글로색슨 전통의 영웅 대서사시 비월프Bewulf도 좋은 사례이다. 이 시는 미드 홀mead halls에서 읊어졌는데, 이곳은 상징적인 장소로 왕궁을 가리켰다. 왕궁 한가운데에 주연이 펼쳐지는 대연회장이 있고, 여기서 왕은 승리한 전사들을 맞이하고 그들의 무훈을 축하하며 꿀 음료를 마신다. 여기서 미드 홀은 단순한 연회실이 아니라 정치적·문화적 권력의 장소였다. 여기서 주요한 결정이 이뤄졌고 동맹이 체결되었다. 시, 노래, 무훈시 등도 이곳에서 낭독되었다. 예술품 같은 술잔들이 순배巡杯되었다. 승리한 전사들에게는 귀중품에 버금가는 술잔들이나 일반적인 다양한 잔들과 식기들, 수 놓인 바구니와 장식 귀고리, 값비싼 마구 장식 등이 수여되기도 했다.

8세기~13세기 아일랜드풍의 영웅시 에다Edda에는 전투에서 사망한 용맹한 전사들에게 바치는 꿀 음료가 자주 언급된다. 이 시들은 그 뿌리가 게르만 신화에 있는데, 꿀벌이 살지 않는 섬에서 꿀 음료가 언급된 것은, 이 섬이 7세기에 노르웨이에서 온 사람들에 의해 정복되었기 때문이다.

옛 스칸디나비아인에게는 꿀 음료가 시詩의 음료이기도 했다. 시라는 예술은 북부 유럽 문명에서 상당한 비중을 차지했기에, 시인으로 명성이 자자한 사람이 있었다. 영감으로 가득 찬 시인의 노래 소재가 된다면 이보다 더 확실한 보장이 있을까? 다시 말해 시인의 재능은 바로 이 꿀 음료에서 나온다는 것이다. 기원전 12세기에 살았던 시인 스노리 스털루손[108]은 〈스칼드스카파말Skaldskaparmal〉에서 신성한 꿀물의 기원 신화를 전하는데, 상징적인 함의가 가득한 이야기이다[109].

아스-반(신적인 두 '가문') 전쟁이 끝나고, 평화 조약이 체결되었다. 평화를 보장하기 위해 아스와 반 가문은 큰 통을 둘러싸고 모였다. 그들은 통 속에 침을 뱉었고, 이 액체가 사라지지 않도록 아스 가문은 크바시르Kvasir라는 이름의 한 인물을 만들었다. 크바스kvas는 오늘날 스칸디나비아어로 과일즙을 뜻하고, 슬라브 국가에서는 꿀과 호밀 가루를 기초로 한 발효 음료를 뜻한다. 크바시르는 현자로 시인이자, 학자이다. 그는 세계 도처를 여행했고, 어떤 질문도 답을 알았다. 크바시르는 자신의 지혜를 가르쳐 주기 위해 사람들과 어울렸는데, 그만 난쟁이들의 손에 죽게 되었다. 그의 몸은 갈기갈기 찢겼으며 피가 흘러나왔는데, 이 피가 큰 통 세 개를 다 채울 정도였다. 난쟁이들은 그 피를 꿀에 섞었다. 그리고 이를 휘저어 신성한 꿀물을 만들었다.

이 꿀물을 마신 자라면 그 누구나 시인이나 현자가 된다. 기상천외한 여러 에피소드 후에, 슈퉁이라는 이름의 한 거인이 나타나는데, 이 소중한 꿀물 세 통을 차지한다. 그리고 이것을 산속 요새에 넣어두고 딸 군뢰드를 시켜 지키게 한다. 뱀으로 변신한 오딘 신은 요새로 들어가 군뢰드를 유혹한다. 오딘 신은 이 딸과

---

108) Snorri Sturluson(1179~1241), 아이슬란드의 역사가이자 시인이다.(—옮긴이)

109) Régis Boyer et Évelyne Lot-Falck (dir.), *Les Religions de l'Europe du Nord*, Paris, Fayard/Denoël, 1973.

사흘 밤을 잔다. 그러면서 이 딸에게 그 꿀물을 세 모금만 마시게 해달라고 간청한다. 하지만 오딘 신은 간교했다. 단 한입에 한 통을 다 마셔버리고는 독수리로 변해 날아간다. 그러자 슈퉁이 그 뒤를 쫓는다. 아스 가에 도착한 오딘 신은 요새 벽 뒤에 준비해둔 커다란 통에 이 꿀물을 다시 뱉는다. 바로 그때 슈퉁이 그를 와락 붙잡는다. 그 바람에 꿀 몇 방울이 '뒤로' 떨어진다. 바로 이 떨어진 꿀 몇 방울 덕분에 모든 세계가 그것을 마실 수 있게 된 것이다. 아니, 바로 이것이 삼류 시인, 즉 싸구려 시인이 마시는 꿀물이다. 한편, 아스 가문은 이 꿀물을 오로지 재능 넘치는 자에게만, 즉 진정한 예술가와 영감이 풍부한 시인들에게만 준다.

꿀물의 기원이 되는 이 신화의 상징성을 해독해보자. 크바시르라는 인물은 주인공의 타액으로 창조되었다. 오딘 신은 신들의 집에 돌아와 신성한 음료를 내뱉는다. 한 일벌의 입에서 다른 일벌의 입으로 옮겨지는 넥타르를 연상하지 않을 수 없다. 바로 이런 과정을 통해, 그 타액의 효과로 점차 꿀이 되어간다. 낭송의 구술성도 여기서 중요하다. 그도 그럴 것이 시적 영감의 원천이 이 꿀 음료이기 때문이다.

크바시르라는 인물형은 또한 통일과 평화의 기호이다. 그가 죽고 해체된다는 것은 통일을 잠시 잃었음을 의미한다. 그러나 꿀이 첨가된 그의 피로 더 정교해져 음료 속에 부활하게 된다. 꿀은 서로를 이어주는 연결 역할을 한다. 이 음료는 크바시르의 특징과 장점을 물질 상태로 갖게 된다. 그래서 지혜를 줌과 동시에 신비한 취기도 준다. 특히, 시적 예술을 통해 다른 사람보다 훨씬 우월한 통찰력을 보장해준다는 것이다. 아일랜드에서 시인은 사회적으로 중요한 인물로, 왕과 거의 맞먹는 대접을 받는다. 주군이 죽으면, 시인은 주군을 추모하며 영원한 찬양의 시를 짓는다. 이렇게 해서 단어와 노래, 문화라는 간접 수단을 통해 왕은 불멸성을 얻게 된다.

스노리 스털루손의 디테일은 상당히 놀랍고 중요해 더 살펴볼 만하다. 크바시르는 몸이 해체되어 희생되었고, 신성한 꿀물은 그의 피 덕분에 제조되었다. 산스크리트어로 된 인도 신화의 대서사시 〈마하브하라타Mahābhārata〉에도 아주 비슷한 도식이 나온다. 아슈빈과 신들 간에 갈등이 터진다. 신들은 아슈빈이 그들 신전에 접근하는 것을 거부한다. 아슈빈은 쌍둥이인데 태양과 달의 자식들이다. 이들은 오로라, 즉 새벽의 기원과도 관련된다. 아슈빈은 매일 아침, 세 개의 바퀴와 세 개의 날개가 달린 수레를 타고 하늘을 거슬러 오며 태어난다. 이 수레에는 꿀들이 가득 차 있다. 아슈빈은 치료사의 지식도 갖추고 있어, 인간과 신들의 의사가 된다. 그런데 신들이 이런 그들을 알아주지 않는 것에 분개하여 단 한입에 우주를 다 빨아들일 수 있는 악귀 마다mada를 창조한다. 이 이름은 '취기'라는 의미를 갖는다(*medhu에서 따온 이름임을 주목하자. 여기서는 크바시르에서 나온 음료처럼 취하게 하는 음료라는 뜻이다). 신들은 마다를 단칼에 베어 네 개로 만든다. 인도에서는 취하는 것을 나쁘게 보는데, 이것이 술·여자·도박·사냥의 네 개로 나눠는 것이다.

북부유럽 신화와 인도 신화 둘 다 대적하는 두 집단이 평화를 이루게 되는 것은 꿀물과 취기로 구현된, 즉 인위적으로 창조한 인물의 방패 아래에서다. 이 인물은 정상을 뛰어넘는 비범한 능력을 지니고 때로는 선을 위해 때로는 인간들의 불행을 위해 희생된다. 이런 신화는 모두 인도유럽어라는 공통 문화에서 유래했기에 이런 유사성을 갖는지 모른다[110].

북부 유럽 신화에서는 오딘이 독수리로 변하면서 신들에게 음료를 가져다준 것으로 나온다. 새의 비상은 발효성과도 연관되지만, 샤머니즘적 전통 의식에 따르면 다른 세계로의 여행을 표상한다. 고대 북부 유럽 종교도 이런 샤머니즘 의식을 물려받았는데, 어떤 경우는 두 세계를 왕래하는 벌처럼 새도 인간 세계와 신의 세계를 왕래한다.

꿀 음료는 두 가지 측면을 지닌다. 하나는 일반적이자 속세적인 것이고 다른 하나는 신성한 것, 즉 신들의 선물이라는 것이다. 만일 신이 선물로 인간에게 '도취시키는' 힘을 부여했다면, 창조가로서의 힘을 갖고 싶은 시인이나 현자처럼 이를 존중하며 주의

110) Georges Dumézil, *Loki*, Paris, Flammarion, 1986.

해서 소비해야 한다. 말과 말씀의 창조적 힘은 수많은 신화에서 벌의 특성으로 비유된다.

꿀물에 대한 언급은 유럽 북부를 넘어 12세기 아일랜드 문헌에도 나타난다. 향연과 주연의 장면에서 커다란 술통에 가득 담긴 이 음료가 손님들에게 계속 순배된다.

같은 시기, 856년부터 1106년까지 러시아와 그 첫 주군들의 역사를 되짚는《네스토르의 연대기》—이 글을 작성한 수도사의 이름을 땄다—는 올가 성녀에 관한 끔찍한 이야기를 전하고 있다. 이 성녀는 946년, 남편의 죽음을 계략을 써서 복수한다. 그녀는 연회에서 남편의 적들에게 이 음료를 먹이고, 이들은 만취해 최후 1인이 남을 때까지 서로를 죽인다. 그때부터 꿀물은 주로 수도원에서 만들어지게 되면서 수도원의 주요한 수입원이 되었다. 19세기까지 러시아에서는 꿀 음료가 전통 음료였다. 이 문헌이 우리에게 전하는 꿀 음료의 사용에 대한 음산한 이야기에도 불구하고, 그 풍미와 순수한 맛을 높이 평가하는 외국인 여행자들에게는 명성이 자자하였다.

꿀물과 그 후대의 파생물

그토록 오래된 꿀물 소비의 역사를 이어, 꿀을 기초로 꿀물에서 파생한 다른 음료들도 서서히 나타났다. 15세기 무렵, 영국에서는 꿀물에 대한 매력이 점점 줄어들면서 훨씬 달고 강하고 진한 맛이 나는 것을 선호했다. 그래서 그들은 메테글린metheglin이라는 훨씬 부드러운 일종의 벌꿀 술을 제조했다. 이것은 발효하는 동안 첨가한 향신료로 맛을 낸 것이었다. 1669년 케넬므 더비 경은 메테글린, 능금주, 체리술 등을 만드는 요리책을 출간했다. 이 책에는 미스meath 또는 메테글린이라 부르는 꿀을 기초로 허브, 향신료, 과일과 꽃, 특히 홉을 활용한 백여 개의 요리법이 나온다. 이 홉은 1400년 무렵, 영국에 맥주가 들어오면서 자주 사용되었다. 14세기 영국에서는 디저트용 술로 여전히 꿀물을 선호했고 부인들에게도 대접했다. 한 세기 이상이 지나서는 여왕 엘리자베스 1세도 로즈마리, 히드, 백리향 향초 등으로 향미를 더한 꿀물 요리법을 내놓게 되는데, 꿀에 대한 과학서를 내기도 한 찰스 버틀러의 책을 참조한 것이었다[111].

북부 지역에서는 맥주가 더 우세했다. 한편, 그 이름은 에일ale 또는 비어beer, 또는 비에르bier였는데, 이것도 꿀 또는 꿀물과 연관된다. 맥주의 배합에서 꿀이 사실상 중요한 원료가 되는 것이

111) Charles Butler, *The Feminine Monarchy. Or the History of Bees*, Londres, John Haviland, 1623.

엘리자베스 1세의 메테글린

이 요리법은 찰스 버틀러가 우리에게 공개한 것으로, 원산물을 더욱 독창적으로 만들고자 하는 양조업자에게 이상적이다. 여기서 사용되는 부피 단위는 부아소로, 대략 30리터의 곡물 및 고체류를 재는 단위이다.

– 우선 찔레꽃 1부아소, 백리향 1부아소, 로즈마리 1/2부아소, 월계수 1/4부아소를 모은다. 이를 물에 잘 씻은 다음, 달인다. 깨끗한 물에 충분히 잠기게 해 반 시간 정도 끓인 후, 미지근하게 식혀 우려낸다.
– 물에서 허브들을 건져낸다. 물 6리터에 최상급 꿀 1리터를 넣어 조심스럽게 섞는다. 2일 동안 그대로 두는데, 하루에 두세 번 정도 저어준다.
– 이제, 이 용액을 다시 끓인다. 거품이 생기면 걷어내고, 용액이 맑아지면 큰 통에 넣고 식힌다.
– 맥아즙이 든 통이나, 맥주를 비우고 새로운 맥주를 넣은 통을 준비한다. 통을 헹구지 말고 여기에 바로 메테글린을 붓는다. 3일 동안 그대로 둔다(이 작용으로 발효에 필요한 효모가 생긴다. 만일 제조된 맥주가 없으면, 빵집에서 쓰는 효모를 칼끝에 묻혀 첨가한다.)
– 이어 통에 이것을 다 붓는다. 정향과 육두구 껍질이 든 작은 주머니를 실로 매달아 통 뚜껑과 연결한다. 위 재료는 1온스 정도면 된다(대략 25그램).
– 메테글린은 마시기 전 지하 저장고에서 6개월 정도는 숙성되어야 한다.

"이것이 아름다운 여왕벌의 꿀물"이라고 찰스 버틀러는 우리에게 말하였다.

다. 인도유럽어 alu는 꿀물의 의미와 함께 북부 유럽에 나타났다. 영어 ale는 앵글로색슨어의 ealu와 어원이 같다. alu는 철기 시대 룬run 문화[112]의 많은 유물에 새겨져 있다. 3세기 덴마크의 베를뢰세[113] 브로치에 새겨져 있는 것이나, 6세기로 연대가 추정되는 노르웨이의 엘게셈Elgesem 돌 위에 새겨져 있는 것처럼. 이런 새김 문자는 마법술이나 혼을 부르는 부적으로 해석되었다. 유럽이 기독교화되기 이전의 의식과 연관되는데, 이 의식에서 알코올 성분이 있는 음료는 중요한 역할을 했다. 가령 에다[114]에 실린 시 〈지그르드리파의 노래Sigrdrífumál〉에서 발키리[115]인 지그르드리파는 '맥주의 룬 식의 마법적' 효과를 알려준다.

옛 프러시아어 alu도 '꿀물'을 의미한다. 슬라보니아 교회에서도 alum이라는 용어가 있고, 리투아니아에서는 alùs, 핀란드어에서는 olut로 언급되는데, 모두 맥주와 옛날의 꿀물이라는 의미로 사용되었다. 한편, 맥주는 옛 독일어로 bior라고 하는데, 지방 방언으로는 biuza라는 형태로 남아 있다. 옛 앵글로색슨어로는 beor라고 한다. 스웨덴 지방어로는 buska라고 하는데, 이것은 '거품이 있는 신선한 맥주'를 가리킨다. 이런 이름들에서는 오늘날 터키나 불가리아의 음료 이름인 boza가 연상되고, 또 이집트나 수단에서 부르는 bouza도 연상된다. 또 키르기스스탄에서는 bozo라고 한다. 모두 재배해 키운 초기의 곡물류 가운데 하나인 조, 수수

112) 고대 스칸디나비아의 문화예술.(―옮긴이)

113) 덴마크 수도 코펜하겐 외곽에 위치한 위성도시이다.(―옮긴이)

114) 북게르만 민족의 신화 및 영웅시를 모아놓은 시선집이다.(―옮긴이)

115) 옛 스칸디나비아 신화에서 전쟁에서 죽은 영웅들을 오딘 신의 낙원으로 안내한다고 알려진 전령 여신이다.(―옮긴이)

등에서 추출한 음료로, 그 요리법은 선사시대 맥주 양조법에서 유래했다. 오늘날은 설탕 같은 감미료를 넣어 풍미를 주지만, 옛날에는 꿀을 넣어 그 감미로움을 더했다. 이런 이름은 모두 '불어넣다, 거품을 만들다' 등의 의미를 가진 인도유럽어 b(e)u-, bh(e)ū에서 나왔을 것이다. 갈리아족의 신神인 보르보Borvo는 용출하는 샘의 신인데, 그 이름은 이 인도유럽어 어원과 그리 멀어 보이지 않는다. 하지만 인도유럽어로 벌을 뜻하는 *bhei에서 왔다는 또 다른 해석도 있다. 벌을 뜻하는 앵글로색슨어는 beo로 맥주의 bēor와 아주 가깝다.

프랑스에서도 보셰bochet[116] 요리법이 1393년에 쓰여진 《파리의 살림Le Menagier de Paris》[117]에 나온다. 보셰는 옛날에는 서민들의 능금주 또는 막포도주라고 할 정도로 대중적인 음료였다. 당시 '꿀술 양조업자'들은 도처에 있었다. 로렌 지방에서는 borgerase라는 명칭도 있었다. 이 음료는 영어로는 bracket 또는 bragget라고 하는데, 옛 영어 braggot, 갈리아어 bragawd 등에서 파생한 단어로

116) 지금은 쓰지 않는 프랑스어 고어로, 발한 작용을 하는 탕약 일체를 가리킨다.(—옮긴이)

117) Menagier는 지금은 쓰지 않는 프랑스어인데, 프랑스어로 가정가사, 살림, 부부관계 등을 뜻하는 ménage의 중세어로 보인다. 이 책은 14세기 미세화가 들어간 중세 수고본 형태로, 이제 막 결혼한 파리 젊은 여성들에게 집안을 가꾸고, 요리를 하고, 또 아내로서 어떤 태도를 취해야 하는지 등을 전반적으로 알려주는 내용을 담고 있다.(—옮긴이)

보인다. bracket처럼 bochet라는 단어가 인도유럽 공통조어로 벌을 의미하는 *bhei에서 왔는지, "숨을 불어넣다, 거품을 만들다"라는 뜻의 b(e)u-, bh(e)ū에서 왔는지는 모른다. 어쨌든, 꿀을 기초로 발효시킨 음료이므로, 두 어원이 항상 관련되는 것은 맞다.

한편, 보셰bochet와 내용물을 담는 용기를 뜻하는 여러 영어 간의 어원학적 관련성도 제기된다. 영어로 '양동이'를 뜻하는 bucket는 프랑스어로는 baquet인데, 옛 프랑스어로는 bacca이다. 이것은 '구유' 또는 물받이 통이라는 뜻이다. 독일어로 becher는 잔을 뜻한다. bock는 환유법으로 하면 맥주라는 뜻이다. 따라서 보셰는 때론 꿀이나 향신료를 넣고 발효한 맥주를 뜻하고, 때론 그냥 간단히 향신료를 넣은 꿀물을 뜻한다. 자연적으로 발효시킬 수 있고, 맥주에서 회수한 것을 가지고 다시 발효시킬 수도 있다. 《파리의 살림》에서는 보셰의 발효를 위해 '골족 맥주의 효모'를 이용하라고 한다. 이 14세기 파리의 보셰는 무덤에서 그 흔적이 발굴된 고대 음료와 비슷할 것이다.

꿀물과 권력: 주군의 음료

청동기 및 철기 시대 왕들의 무덤이나 고대 문헌이 전하는 바대로 사회 고위층이 모이는 주연 자리에서 꿀술이 등장한다면,

꿀술과 권력 간에 어떤 관련성이 있다고 볼 수 있을 것이다.

켈트족[118]에서는, 꿀술과 그것이 만들어내는 취기는 왕실과 분명 관련이 있었다. 갈리아어로 medu는 꿀과 꿀물을 의미하면서 또한 취기도 의미했다. 한편, 갈리아어로 meduos는 '취하는' 것과 '명령을 내리는'을 동시에 뜻했다. 한편 *metsu는 '판단'과 '권위'를 의미했다. 사실 이 두 단어는 하나나 다름없다. 접두사 *med는 조직하다, 성찰하다, 판단하다, 명령하다 같은 의미만 갖는 게 아니라, 보살피다 라는 뜻도 갖고 있는데, 이에 대해서는 다시 살펴볼 것이다. 그래서 medu(꿀물)와 med(권력) 간의 언어유희도 가능하다. 메두릭스medurix라는 고유명사는 '꿀물의 왕'이면서, '권력을 가진 왕'을 동시에 뜻한다[119].

고대 사회, 특히 켈트족에서 왕은 전쟁의 장수로서 신하들에게 마실 것을 제공하는 자였음을 잊지 말자. 왕은 꿀 음료가 연신 제공되는 향연에 신하들을 초대해 이들로부터 충성에 대한 서약을 받고, 그러는 동안 자신의 우월함을 보여주었다. 고고학은 고대

118) 앞에서도 켈트족이 여러 번 나왔지만, 켈트족은 프랑스 초기 골족을 구성하는 주요 부족인데, 우선은 프랑스 남부에 살던 유목민족을 가리킨다. 원래는 키가 큰 인도-아리아 계통의 민족으로 여러 차례 대이동이 있었다. 따라서 켈트족이 언급될 때마다 맥락에 따라 해당하는 지역은 조금씩 다르다. 영국에 들어와 정착한 켈트족에는 브르통, 브리탄스 등을 붙이기도 한다.(—옮긴이)

119) St. Verger, 《Partager la viande, distribuer l'hydromel. Consommation collective et pratique du pouvoir dans la tombe de Hochdorf》, dans S. Krausz (dir.), *L'Âge du fer en Europe, op.cit.*

로마 시대로 추정되는 요새 도시 오피다에서 수많은 항아리(암포라)들을 발굴함으로써 문헌에 나온 묘사들이 결코 틀린 게 아님을 입증하였다. 왕은 전사들에게 특히 꿀술을 약속했고, 이들에게만큼은 취기, 다르게 말하면 신성한 격분을 허락했다.

주군의 음료인 이 꿀물은 전쟁의 승리 및 영광과 관련된다. 구술 문학의 전통으로 자리잡게 될, 13~14세기에 필사된 갈리아족의 서사시를 보면 이런 게 수십 차례 인용된다. 《탈리에신의 서》에는 "꿀을 향한 찬가"가 실려 있는데, 여기서 영웅은 자신의 주인 엘핀을 마글로크누스[120]의 감옥에서 풀어주는 데 도움이 될 신성한 음료를 소유하고 있음을 자랑한다. 6세기 음유시인 아네린이 갈리아어로 작곡한 서사시 〈고도신〉에서는 남자들이 전투를 나가기 전 용기를 얻기 위해 꿀 음료를 마셨고, 때로는 밤늦게까지 마셔서 탈이 난 사례들도 전한다. 한 예로, 고도신(브르타뉴 섬 북쪽의 왕국)의 전사 300명은 침입자들인 색슨족을 무찌르기 위해 캐트레스 전장에 참전했는데 전투 전야에 꿀술을 진탕 마셔서(시에서는 긴 시구를 통해 이 영웅들이 얼마나 이 꿀물을 많이 '섭취'했는지 묘사한다) 결국 전멸한다. 용감한 전사들을 치하하는 이 엘레지에서 특별히 비극적인 이 일화를 강조하기 위해 첫머리 어구가 반복된다.

---

120) 브리튼계 켈트신화에 나오는 한 왕국 또는 왕의 이름이다.(―옮긴이)

사내들은 새벽 캐트레스로 떠났다. (…)

사내들은 캐트레스로 떠났다, 부대는 신속했다.

신선한 꿀술은 그들에게는 잔치이자

독이 되었다.

지휘 하의 전사 300명.

환희 후 침묵이었다.

(…)

너무나 강력하고, 너무나 무시무시한 살육제

벌꿀술,

그대는 대단하구나. (…)[121]

청동기 게르만족에게서 이런 전사들 간의 주연酒宴은 부대의 단결을 도모하고 대장의 지휘권을 강화해주는 하나의 의식이었다. 그런데 북부 유럽 신화에서는 전장의 전사들이 죽으면 그들을 발할라[122]까지 옮겨준다는 발키리가 등장하는데, 켈트 전사들의 '꿀 술잔 부인'으로도 묘사된다. 꿀로 발효한 음료는 이렇게 왕권 또는 군주권, 영웅주의 같은 특성을 갖는 모든 기호의 별자

121) 《*Gwyr a aeth Gatraeth gan wawr (...)*》, voir Joseph P. Clancy, *The Earliest Welsh Poetry*, Londres, Macmillan, 1970 p. 44. Traduction de l'auteure. Morien est l'un des glorieux héros bretons auxquels Aneirin rend hommage.

122) 최고신 오딘의 전당. 전사한 영웅의 혼을 불러 제사 지내주는 곳을 가리킨다.(—옮긴이)

리에 소환되곤 했다.

꿀물과 군주권 사이의 관계를 암시하는 언어는 이것으로 끝이 아니다. 유럽의 여러 국가가 공유하는 공통적인 켈트 문화에는 즐겨 사용되는 동음이의어가 있다. *medhwo는 '취한'이라는 뜻인데, 옛 갈리아어 meddw도 이를 증명하지만, 이와 유사한 *medwo는 '대장'이라는 뜻으로, 가령 여왕 이름 치고 다소 모호한 영국 여왕 메드브Medb도 *medwo에서 파생했는데, 이것은 '취하게 하는/열광케 하는'이라는 뜻과 '여주인'이라는 뜻을 함께 갖고 있다. 이 신화적 인물은 군주권을 구현한다. 권좌에 오르기 위해, 왕은 이 여성으로 의인화된 화신과 상징적으로 결혼해야 한다. 메드브는 도취를 제공하는 자이자, 권력을 부여하는 자이며, 술잔을 왕에게 제공함으로써 왕을 즉위시킨다. '명령하다'와 '도취하다' 두 동사의 단어 유희는 아일랜드 공주인 곰-플라이스 Gorm-Fhlaith의 이름에도 나타나는데, '왕권'을 뜻하는 flaith와 맥주를 뜻하는 laith로 구성된다[123]. 라텐La Tène 문화, 즉 철기 켈트 시대에 아일랜드의 군주권은 플라이스 에른Flaith Erenn이라는 여성으로 표상되었는데, 벌꿀 술 한 잔을 들고 때로는 말을 타고 있는 모습이다.

---

123) Pierre-Yves Lambert, 《Deux mots gaulois, *souxtu* et *comedovis*》, *Comptes rendus des séances de l'Académie des Inscriptions et Belles-Lettres*, 150ᵉ année, nº 3, p. 1507~1524.

아일랜드 문헌인 〈베일 인 스케일Baile in scàil〉—이를 번역하면 "황홀한 환영을 봄"이다—에서 전사 콘 케차타흐Con Cétchatach, 즉 "100개 전투의 대장"은 결국 저세상으로 옮겨지는데, 이곳에서 황금관을 든 한 처녀가 그에게 술잔을 건넨다. 그녀 옆에 서 있는 루그 신은 콘을 대신해 그 왕국을 계승할 미래의 모든 군주에 대해 예언한다. 이어, 술병과 음료만 제외하고 모든 것이 사라진다. '꿀 술잔 부인'은 헌물을 통해 왕에게 주권을 부여하는 자가 되는 셈이다. 이 부인은 라인 지역 신화에 자주 등장하는 켈트의 여신 로스메타와 아주 흡사하다. 로스메타는 메르쿠리우스의 대체 신성이기도 하다(메르크리우스는 켈트 루그 신의 로마 판이다). 로스메타는 루그와 잔을 교환하는 모습으로 자주 표상되기도 한다. 그 역할은 다름 아닌 발효 음료를 나눠주는 것이다. 갈리아족 문화에서 그녀는 '여왕'으로 표현될 때도 있다[124).

서부 유럽에서 통치자의 표장을 상징하는 단어들에 *medhu라는 어원이 들어 있는 것만 보더라도 꿀과 권력이 얼마나 밀접하게 연관되었는지를 알 수 있다. 아일랜드어로 mess는 '의견' '견해' 등을 뜻하고, 갈리아어 mediant은 '권력' '소유' 등을 뜻한다. 옛 아일랜드어로 '영주'는 coimdiu라고 하는데, 이 단어도 '지배하다, 가치를 매기다, 평가하다'의 의미를 지닌 동사 con-

124) M. J. Enright, *Lady with a Mead Cup*, *op.cit.*

midethar로 조합된 *Kom-med의 모델에 따라 만들어진 것으로 보인다.

기원전 1세기 또는 2세기로 연대가 추정되는 프랑스 발라우리스에서 발견된 은 술잔은 안타깝게도 유실되었으나 문헌 기록은 남아 있어서, 이 술잔을 통해 꿀물과 권력의 유사성을 알 수 있다. 이 술잔에는 갈리아어로 Ouenikoimedou라는 문구가 새겨져 있었다. 이는 Ouenikoi medo로도 읽을 수 있는데, "씨족의 수장에게, 꿀물을"(권력을 암시하는 식으로)이라는 뜻이다. 그런데 이를 연구한 언어학자 피에르-이브 랑베르에 따르면 여기서 여격이 나오는 건 이상하다. 이보다는 Oueni koimedou 또는 weni-ko medu라고 적힌 것으로 봐야 하는데, 이렇게 되면 이것은 "가족 또는 씨족의 꿀물"이 된다. 하지만 이를 weni *kommedu로도 읽을 수 있다. 그러면 문법적으로 훨씬 정확하고 그 의미는 '권력, 명령'이 된다.

호메로스 시대의 그리스에서는 왕, 또는 수장을 medontes라고 했다. 이런 의미를 가진 현대 그리스어 medomai가 있는데, '해결하다' '이해하다' '착상하다' 같은 뜻이 있다. 또 medein은 '지배하다'라는 뜻인데, 이 동사의 과거분사 형태로 굳어진 명사가 메두사Medusae이다. 그 어원은 *med-ont-ya이다. 프랑스어로 'méditer'(명상하다)는 역시나 같은 어원 *medhu에서 왔다. 'modeste'(검소한, 수수한), 'modérer'(완화하다, 절제하다) 같은 단어에서도 같은 어원이 감지되는데, 어떤 적절한 차원에서 '머물다' 같은 의미를 지녀 지도자 또는 통치자가 지녀야 할 덕목으로서의 '절도'(mesure), '정의'(justice) 같은 개념도 연상된다. 독일어 messen은 '재다, 헤아리다'라는 뜻이고, 고대 아일랜드어 med(*medā가 어원이다. 저울이라는 뜻이다)는 '절도mesure'라는 뜻이다. 옛 갈리아어 meddwl은 '사고, 성찰'이라는 뜻이며 고대 독일어 mazā도 '적합성' 또는 '타당성'이라는 뜻이다. 한편 고대 아일랜드어 met은 '무게'(저울)[125]라는 뜻이다. 이렇게까지 세세히 열거하다 보니, 이집트 여신 마아트Maat도 생각난다. 이 여신은 세계의 균형, 또는 카오스의 안티테제를 맡는 여신이다.

음식 문화는 변화에 가장 저항하는 문화 가운데 하나다. 그 증거로, 선사 이래 우리는 동료들끼리 건배하는 습관을 여전히 가지고 있다. 혁신은 아주 점진적으로 이뤄지면서 전 대륙을 거쳐 서서히 통합되었다. 발효 음료는 어디선가 일단 시작되면 동일한 형태 또는 거의 동일한 형태로 수천 년간 지속된다. 선사 시대의 경우에는, 꿀물 또는 꿀을 탄 맥주였다. 청동기, 철기 시대, 그리고 기원전 4세기까지는 발효 음료의 기술과 비법이 지중해 연안을 거쳐, 스페인, 이탈리아, 그리스, 이어 중부 유럽까지 확대

125) 이런 근접성은 P.-Y. Lambert, 《Deux mots gaulois, *souxtu* et *comedovis*》에서 지적된 바 있다.

되었다. 또한 다른 경로를 거쳐, 코카서스를 지나, 중앙아시아 스텝에 이르렀고, 마침내 스칸디나비아에까지 도착했다. 이런 선사시대 칵테일 음료가—사람들은 꿀을 기본으로 한 발효 음료에서 시작해 과일, 곡물, 향미가 나는 알갱이, 허브 등을 첨가하거나, 어느 정도 의학적으로 입증된 효과가 있는 식물을 침용시키거나, 더 나아가 알코올 효과를 강화하는 향정신성 식물들을 첨가했다—수천 년 동안 일체의 불연속성 없이 소비된 것이다. 현대에도 비테르bitters나 베르무트vermouth 같은 식전술 형태로 남아 있고, 최신 유행하는 바에서 마시는 칵테일도 물론 포함해서다.

음료 자체 또는 그 파생물을 넘어, 꿀 또는 꿀물과 관련된 다양한 의미와 그 의미작용은 이렇게 지속되어 왔다. 알코올 성분이 있는 최초의 음료로서의 꿀물은 고대 문화에서는 신성한 성격을 갖고 있었고, 일찍부터 장례의식이나 종교의식에 쓰였다. 수많은 신화에 소환된 바와 같이, 부와 성공, 권력을 상징하면서 특히 군주권의 상징이 되었다.

6.
꿀로 치료하다

꿀은 으뜸패 중의 으뜸패다. 전설에 따르면, 클레오파트라는 꿀의 약효 및 특히 미용 효과를 알고 목욕물에 암탕나귀 젖과 꿀을 섞은 후 몸을 담갔다고 한다. 룩소르 남부, 콤 옴보 사원에는 그 흔적이 그대로 남아 있다. 심지어 이런 화장수를 만드는 비법도 전해오는데, 다양한 고대 작가들이 쓴 것으로 지금은 파편만 남아 있는 〈코스메티콘Kosmètikon〉은 미모로 유명했던 이 이집트 여왕이 염색제(사프란), 수렴제(포도주, 몰약), 정착액, 농축액(고무-수지, 꿀) 또는 보존제(소금, 미네랄)로 매일 사용한 식물과 천연 성분 등을 언급하고 있다. 이 중 어떤 것들은 현대 미용업계에서도 활용되는데, 꿀은 당연하고, 특히 머리를 감는 데 쓰는 하얀 점토, 머리카락을 잘 자라게 하는 도금양 잎 기름, 머리를 검게 물들이는 데 쓰는 참나무 괭이줄기 등이 그 예다.

의학적 효과, 기원부터 오늘날까지

단어의 어원학에 관심을 가져본다면, 특히 이미 우리가 앞에서 충분히 살펴봤듯이 '꿀'이라는 단어와 관련한 어원들에 관심을 기울여 보면, 새롭게 흥미로운 것들을 발견할 수 있다. *medhu에서 파생하여 라틴어 medēri를 거친 고대 프랑스어 medir는 '치료하다'라는 의미다. 켈트 언어에서, *med도 '치료하다'라는 뜻이다. 아일랜드 신화에서 에어메드Airmed는 여자 치료사로 유명하다. 그녀는 부상당한 전사들을 치료하기 위해 의료용 식물들을 채집했고 전설적인 매그 튜어드 전투에서 죽은 자들을 다시 살려냈다고도 전해진다.

천 년의 치료제

꿀은 당분 물질로서만이 아니라, 치료 물질로서도 항상 사용되었다. 4천 년 전부터 상비약 역할을 해온 꿀의 장점은 항균성, 항바이러스성, 살균성, 산화방지성, 유착성(상처를 아물게 하는) 등, 너무나 다양하다.

알려진 최초의 꿀 처방은 기원전 2100~2000년경 니푸르 점토판에 설형문자로 적힌 것이다. 이것은 십중팔구 외용약 용도로 보인다. "강가의 흙을 찧어 (단어 누락)[126]와 함께 가루로 만든다. 이어 물과 꿀 속에 담가 굳힌다. 기름과 뜨거운 재 기름이 그 위에 퍼지도록 그대로 둔다[127].” 기원전 1400년경 인도에서 나온 옛 문헌을 보면 아유르베다[128] 의학에서는 오염된 상처나 자창으로 고통스러운 귀를 치료하는 데[129] 버터ghee 조각을 썼다. 또한 식물에서 추출한 다양한 속성과 그 성분의 꿀을 상처를 치료하는 데 썼다.

바빌론 사람들이나 아시리아 사람들도 이런 방식으로 치료했다. 귓병이나 눈병, 또한 입속의 상처를 치료하는 데 꿀을 사용했다. 고대 중국 의학에서 꿀은 큰 가치를 인정받은 약제였다. 여러 전통 약전에는 우리 몸의 기관 각각에 어떤 이로운 작용을 하는지가 잘 명시되어 있다. 우리가 느끼는 통증—편두통, 감기, 피로, 등등—은 우리 몸의 주요 내부 기관의 장애에서 기인한 것이 대부분이다.

꿀을 치료제로 사용한 것은 고대 이집트에서도 확인된다. 수많은 이집트 파피루스에 꿀이 약제로 언급되어 있기 때문이다. 카훈 파피루스(기원전 1900년), 에드윈 스미스 파피루스(1600년), 에

---

126) 원문에 표현된 그대로로, 기원전 세기의 점토판 문헌이라 글자가 떨어져 나갔거나 파손되었을 것이다.(—옮긴이)

127) Voir E. Crane, 《The World History of Beekeeping and Honey Hunting》, citant Samuel Noah Kramer et Martin Levey, 'An Older Pharmacopoeia', Journal of American Medical Association, vol. 155, no I, 1954, p. 26.

128) 육체와 정신의 균형을 꾀하는 인도의 전통 의학.(—옮긴이)

129) E. Crane, *The World History of Beekeeping and Honey Hunting*, *op.cit.*, p. 508.

베레스 파피루스(1550년), 런던 의학 파피루스(1350년), 그리고 베를린 의학 파피루스(1250년) 등 비교적 잘 보존된 파피루스들에는 꿀이 언급되어 있다. 에베레스 파피루스에는 외용약으로 사용하는 꿀의 157개 처방이 나와 있다. 주요하게는 눈을 치료하는 것이고 또 내복약용으로도 102개 처방이 나와 있다. 독감, 가래, 감기, 기침, 천식 같은 여러 호흡기 장애에 썼을 뿐만 아니라, 변비, 설사, 장내 기생충 및 위 염증 같은 소화기 장애에도 썼다.

고대 이집트에서 꿀은 곪은 상처, 종기, 화상, 괴혈병 등의 치료제였으며, 뻣뻣한 관절 완화에도 쓰였다. 수술에, 가령 할례처럼 절개를 하고 난 후에도 사용했다. 꿀은 자궁통증이나 피임 같은 내부 질환에도 사용했다. 이런 사용법은 다수의 이집트 파피루스에 나와 있다. 20세기 말 현대 이집트에서는 꿀과 레몬즙 혼합물에 담근 목화를 피임제로 쓰기도 한다.

고대 이집트에서 알렉산드리아 학파(기원전 300년)의 의사 헤로필레가 추천한 것들을 보면, 꿀은 이른바 '비미신적인' 3대 원료 가운데 하나였다. 나머지 둘은 얇은 고기 조각을 이용한다든지, 아마 섬유 조각으로 상처를 보호한다든지 하는 것이었다.

고대 그리스-로마의 모호한 특성

꿀의 상용은 그리스와 로마로 확대된다. 기원전 4세기에 히포크라테스는 〈병의 증상에 관한 소론〉에서 이렇게 쓰고 있다.

포도주와 꿀은 기적처럼 인간에게 잘 맞다. 아플 때처럼 건강할 때도 개인의 체질에 따라 이를 정확하게 처방하면 좋다. 이 물질은 그 자체만으로도 좋은데, 다른 것들과 섞어도 좋다[130].

히포크라테스는 감기, 기침을 치료하고, 통증을 완화하기 위해 꿀과 식초를 섞어 마실 것을 환자에게 권하기도 했다. 또한 호흡하기 곤란할 때에도 꿀을 권하면서 그 장점을 이렇게 묘사하고 있다. 몸을 따뜻하게 하고, 상처와 궤양을 없애주며, 부스럼을 가라앉히고, 종기를 낫게 한다. 꿀물 그대로 마시면 갈증이 가시고, 물이나 식물을 섞어 마시면 열이 가라앉는다. 히포크라테스 의술에서 꿀은 몸을 따듯하게 하고, 진통을 완화하고, 상처를 아물게 하고, 박테리아를 없애주며, 변을 잘 보게 하고, 영양가가 높고 등등, 그 무엇에도 좋은 것이다. 히포크라테스는 〈식이요법〉(II, 53)이라는 그의 논문에서도, 꿀의 다양한 장점을 강조한다. 또한 이런 선택적 처방도 한다. "꿀은 몸을 덥게도 하고, 건조하게도 한다. 담즙질인 사람에게는 물과 함께 먹으면 몸이 축축해지고 변도 잘 나오지만, 림프성의 냉정하고 차분한 사람에게는 조여주는 수축 효과가 있다."

---

130) *Des affections*, 61, dans *Œuvres complètes d'Hippocrate*, traduction Émile Littré, t. 6, Paris, J.-B. Baillière, 1849, p. 271.

히포크라테스 계승자들도 건강을 위해 꿀의 이점을 활용했을 뿐만 아니라, 벌통에서 나온 다른 산물도 활용했다. 서기 40~90년에 소아시아에 살았던 의사 디오스코리데스는 《마테리아 메디카》라는 책을 썼는데, 이 책은 르네상스 시대까지 의료 식물학의 주요 참고서 가운데 하나였다. 여기서 그는 송진 사용법을 환기하며, 이 송진에 때론 꿀을 조합하고 때론 밀랍을 조합해 쓰기도 했다(I, 72, 1). 꿀과 섞어 쓰면 흉부 통증에 좋고, 밀랍과 섞어 쓰면 파이거나 벤 상처를 치료하는 의학적 효과가 있었다. 궤양도 치료하고, 뱀에 물렸을 때 독을 빼내는 연고로도 사용되었다.

기원전 1세기~서기 1세기에 살았을 로마의 의사 파라셀수스는 의료 치료법이 필요하다는 점을 강조하면서도, 이것이 기분 좋은 방식으로 이뤄져야 한다는 것을 강조한다. 이런 것에는 꿀이 제격이다. 파라셀수스도, 그의 선배들처럼, 꿀이 궤양·상처 등을 치료하는 데 좋을 뿐만 아니라 내부 기관의 장애를 해결하는 데도 좋다고 한다. 변비를 막으려면 꿀을 생으로 먹고, 설사를 막으려면 끓인 꿀을 먹으라고 권한다.

갈레노스의 후견인이자 2세기 로마의 또 다른 의사인 아엘리우스—서양 의학의 창시자로 여겨지는 히포크라테스의 지식을 대중화하고 전승한 인물이다—는 폰토스 왕국(아나톨리아 북부와 아르메니아 사이, 흑해 연안 지역)에서 꿀은 간질을 치료하는 데도 쓰였다고 주장한다. 한편, 대플리니우스는 1세기에 이미 폰토스

해안가에 피어 있는 진달래속 꽃에서 추출된 일종의 꿀을 환기한 바 있다. 그리고 그 이름을 메노메논 멜maenomenon mel이라고 하는데, 왜냐하면 이것을 먹은 사람들이 실성하기 때문이다[131]. 이 꿀의 효과는 그 이전에 이미 크세노폰(기원전 4세기)에 의해서도 전해진 바 있는데,《아나바즈》라는 책에서 소아시아를 횡단하며 퇴각하는 그리스 부대의 불운을 전한다.

> 거기엔 많은 벌집이 있었다. 이것을 먹은 병사들은 착란과 구토, 몸의 마비가 일어났다. 누구 하나 제대로 다리를 펴고 서 있을 수 없었다. 좀 덜 먹은 자들은 꼭 술에 취한 자들 같았다. 아주 많이 먹은 자들은 광폭하거나 죽어가는 자들 같았다. 패배 후 전장에 쓰러진 병사들처럼 그들은 땅바닥에 누워 있었다. 엄청난 무력감이 그들을 덮쳤다. 하지만 그 이튿날 죽은 사람은 한 명도 없었다. 이튿날, 전날 착란에 휩싸인 시각과 같은 시각에 착란은 멎었다. 세 번째 병사도, 네 번째 병사도 하나하나 일어났다. 마치 카타르시스가, 정화가 일어난 직후 같았다[132].

이 문헌에서 '벌집'이라고 명명된 것은 양봉 벌집이 아니라, 벌

131) Pline l'Ancien, *Histoire naturelle*, XXI, 45.

132) Xénophon, *Anabase*, IV, 8, 20.

집이 들어 있는 속이 파인 나무일 것이다. 부대 전체를 중독시킬 수도 있을 꿀의 이런 이야기가 우리에게까지 전해진 것은 크세노폰 덕분이다. 스트라본 역시 군대에서 꿀을 사용한 일화를 우리에게 전해주고 있는데, 미트리다테스(기원전 74~63년) 제3차 전쟁 때다.

> 헵타코메테스는 폼페이에서 산을 횡단하던 3개의 소대를 한 번에 무찔렀다. 소대가 행군하던 길 위에 꿀이 든 항아리들을 갖다 놓았는데, 그 꿀은 다양한 여러 종류의 나무들에서 만들어진 것으로 정신을 잃게 만드는 효과가 있었다. 병사들이 이를 마시고 혼몽해지자, 곧장 이들을 공격함으로써 쉽게 제압할 수 있었다[133].

꿀이 길들인 벌통에서가 아니라 어떤 나무들 가지에서 나온 거라는 것을 분명히 하고 있는 것이다. 따라서 이건 야생 꿀일 수밖에 없다. 한 소대면 500명에서 1000명 사이인데, 이 때문에 정말 많은 병사가 죽은 것이다.

오늘날에도 이런 알 수 없는 일이, 그러니까 이와 유사한 독살이 매년 터키 지대와 흑해의 동쪽 강변 일대에서 일어나고 있다. 이 독성 꿀들의 꽃가루를 분석해보니, 항상 철쭉 또는 진달래속

133) Strabon, *Géographie*, XII, 3, 18.

꽃가루가 검출되었다. 이 지역에서는 진달래와 노랑장대 종의 꽃들이 많았다. 영산홍도 이런 유형의 꽃식물이다. 진달래와 영산홍은 독성이 있다. 여기서 문제를 일으키는 물질은 회색아노톡신grayanotoxine인데, 꽃잎들과 꽃들 특히 이 꽃식물의 넥타르에 들어있다. 그래서 부득이, 이 물질이 꿀에서 다시 나올 수밖에 없었던 것이다[134]. 이 중독 증상은 발작 증상과 유사하다. 하지만 앞에서 보았다시피, 아엘리우스는 이런 질환을 치료하는 데 꿀을 사용할 것을 권장했다. 그렇다면 잘못된 해석일까? 아니면, 통증의 결과와 '치료'의 결과가 뒤섞인 것일까? 아픈 것을 더 아프게 하는 처방일까? 아니면, 생각보다 일찍 나타난 동종요법homéopathie[135]일까?

4세기 보르도에서 태어난 마르셀루스 엠피리쿠스는 직업적 의사는 아닌데, '의약De medicamentis'이라는 제목이 붙은 약전 모음집의 저자이다. 이 책에는 의약품만이 아니라 실제로 가능할 법하지 않은 신비약의 제조법들이 빼곡하게 실려 있다. 하지만 적어도, 이 책 8권에서는, 실질적인 효과는 의문이 가지만, 전문가의 이성적인 처방처럼 꿀의 사용법에 대한 이런 언급이 나온다. "꿀, 버터, 장미 기름을 같은 양으로 데워 먹으으면 귓병, 침침한 눈, 눈

---

134) Paul Schweitzer, 《La toxicité naturelle de certains miels》, Centre d'Études Techniques Apicoles Moselle-Lorraine, 2010.

135) 유사요법 또는 동종요법이라고 한다. 신체에 질병 증상과 비슷한 증상을 유발시켜 치료하는 방법이다. 히포크라테스가 처음 발견하였고, 독일 의사 사무엘 하네만이 18세기에 더욱 발전시켜 개발한 치료법으로 알려져 있다.(—옮긴이)

의 흰점 병 등이 완화된다." 이런 잡다한 약전까지 나오는 것을 보면, 이제 이성적 고대 의학은 쇠퇴하고, 마법적 주술 치료에 가까운 중세 의학의 길이 열린 셈이다.

중세 연약煉藥[136]의 핵심 원료

이후, 〈발드의 치료법The Leechbook of Bald〉이라는 앵글로-색슨계의 소논문—11세기의 필사본으로 추정되는데, 실제로는 9세기에 편찬된 듯하며, 런던 브리티시 라이브러리가 소장하고 있다—에도 꿀에 대한 참조 사항이 나온다. 순수하게 꿀만으로 하거나 초목의 즙을 섞어 상처나 종기, 부스럼 또는 절제 시술 후 생긴 상처 등을 치료하는 외용약으로 소개된다. 마르셀루스 엠피리쿠스는 이런 중세 필사본에 나오는 여러 제조법을 소개하면서, 엄격한 의미로 '요리법'은 아니지만, 요리사들의 능력과 그들만의 특별한 지식에 대해 언급하고 있다. "아주 부드러운 사과들을 골라 포도주에 하룻밤 재워놓은 다음, 끓인다. 이어 꿀을 몇 방울 떨어뜨리고 후추 20알 정도를 넣으면 아주 부드러운 주스가 된다[137]." 이런 요리법은 위胃에 생긴 병을 치료하는 데 아주 효과적인 치료법이 될 수도 있다.

---

136) 시럽, 꿀, 식물 조직 등을 혼합하여 만든 액약이다.(—옮긴이)

137) Thomas O. Cockayne (éd. et trad.), *Leechdoms, Wortcunning, and Starcraft of Early England*, vol. 2, Londres, Longman, 1865.

중세부터 19세기까지, 또 어떤 경우는 20세기까지도, 약제사들은 꿀에 식물의 펄프(과육)를 섞고 가루들을 반죽하여 만든 연약을 제조했다. 최초의 연약은 가장 간단하게는 꿀을 기본으로 만든 일종의 '잼'이었던 셈이다. 중세에 나온 해독제 또는 의약 모음집에서도 이를 볼 수 있고, 그리스 또는 아랍 문헌에서 참조한 치료 모음집에서도 이를 볼 수 있다. 가령, 해독제인 테리아카[138]는 만병통치약처럼 쓰였는데, 갈레노스가 만든 비법이 여러 세계를 거쳐 수차례 필사되면서 전승된 것이다. 이를 제조할 때, 이 비법의 주요 활성 성분이 상당한 양의 꿀 속에서 희석된다[139].

아프리카 전통 의학의 한 요소

거의 모든 전통 의학에서는 오늘날에도 여전히 꿀을 사용한다. 아프리카의 치료사들 가운데 특히 나이지리아의 치료사들[140]은 열병과 인후통, 궤양, 화농 등을 없애기 위해 꿀을 사용했다.

기독교 국가인 에티오피아에서는 오늘날에도 신학 수업을 받

---

138) 아편 성분을 함유한 해독제이다.(—옮긴이)

139) Amédée Dechambre, *Dictionnaire encyclopédique des sciences médicales*, 3e série, tome 17, Paris, G. Masson et P. Asselin, 1887.

140) Kolawole Komolafe, 《Medicinal Values of Honey in Nigeria. Values of African Honeys》, dans Marinus J. Sommeijer, Joop Beetsma *et al.* (dir.), *Perspectives for honey production in the tropics*, Bennekom, Netherlands Expertise Centre for Tropical Apicultural Resources (NECTAR), 1997, p. 139-148.

은 학자들däbtära에 의해 의학이 수행된다. 사회적으로 큰 상업적·상징적인 가치를 갖는 꿀은 치료제로서도 중요한 부분을 차지하는데, 그 준비와 제조 기술은 비밀에 부쳐진다. 꿀을 약용으로 쓰는 것은 오랜 전통이었다. 17세기 말 곤다르에서 발견된 한 의학 논문에는 이미 이런 게 기록되어 있었다.

모든 약 중 최고는(가장 많이 사용되는 것은) 꿀이다. 그 성질은 뜨겁고 건조하다. 의사는 이렇게 말한다. "꿀을 선홍초와 함께 먹으면 죽음을 제외한 모든 병에 다 좋다. 게다가, 한 달에 사흘 이것을 핥아먹거나 매일 아침 세 숟가락씩 먹으면, 갑작스러운 죽음을 피할 수 있다. (게다가) 담즙에 좋아 갑작스러운 화나 짜증을 사라지게 한다. 몸 내부의 해로운 습기를 제거하고, 상처를 가라앉혀주기도 한다. 상처로 생긴 살의 염증 부분을 없애주고 거기서 좋은 새 살이 나오게도 한다. 위도 부드럽게 해준다. 모든 냉병을 사라지게 한다. 이것을 끓인 다음 거품을 걷어내면, 다시 뜨겁고 습해진다. 이것을 물에 섞어 먹으면 열이 가라앉는다. (인간의) 자연 속성에도 알맞다. 하체 복부의 과다한 피를 사라지게 하고, 담즙 기능과 관련되는 긴장과 조바심도 사라지게 한다[141].

이런 의학 글은 그리스-아랍학에서 나온 것으로, 꿀이 고대로부터 물려받은 다양한 의약품 사이에서 공통점인 것은 확실하다. 학자들이 쓴 또 다른 책에는 여성 불임이나 병든 아기를 출산한 여성들이 걸릴 수 있는 병을 치료하기 위해 꿀과 함께 치르는 주술 의식을 소개하고 있다. 심지어 꿀이 아내의 불륜을 막는 데도 사용될 수 있다고 하는데, 이런 처방은 다소 비이성적이긴 하다. 어쨌든 야생 꿀은 특히나 우기가 시작되면서 많이 걸리는 인후통을 예방하는 데 흔히 사용되었다. 민간 신앙에서는 이 야생 꿀이 세례 요한이 자연에서 발견하고 그 효험을 입증한 것으로 본다. 에티오피아의 황제 메넬리크 2세(1844~1913)의 공식 주치의였던 쥘 메랍에 따르면, 희귀해서 값이 비싼 야생 꿀은 상처에만 좋은 게 아니라 복부나 흉곽에서 생기는 통증에도 좋아 거의 만병통치약으로 통했다[142]." 꿀과 에티오피아의 벌꿀물은 기침만 아니라, 매독, 출혈, 치질 등에 대한 모든 종류의 치료에 일종의 보형약으로 사용되었고, 심지어 척추 골절 등의 변형을 치료하는 데도 사용되었다[143].

---

141) Stefan Strelcyn, *Médecine et plantes d'Éthiopie. Les traités médicaux éthiopiens*, vol. 1968, Varsovie, Państwowe Wydawnictwo Naukowe, 1968, p. 139.

142) Étienne Merab, *Médecins et médecine en Éthiopie*, Paris, Vigot Frères, 1912.

143) Th. Guindeuil, "Pour l'âne, le miel n'a pas de goût.", art. cité.

참조하지 않을 수 없는 선조격의 아랍 의학

아랍 의학 약전에서도 항상 꿀에 도움을 청하며 꿀을 거의 깍듯이 공경한다. 꿀의 사용은 고대 전통으로 거슬러 올라간다. 12세기 말, 말라가에서 태어난 아랍-안달루시아 의사인 이븐 알 바이타르는 그의 책에서 꿀을 기초로 한 여러 치료법을 제시한다. 꿀은 모든 경우에 사용되었다. 나쁜 기분을 일소하고 수종을 치료하고 부패를 예방하고 식욕을 자극하고 잇몸을 보살피고 치아를 하얗게 하고 또 인두염을 치료하는 데도 사용되었다. 내장 질환이나 위 질환을 막는 데도 효험이 있는 것으로 여겨졌다. 꿀을 내복약으로 또는 외용약으로 많이 사용했다는 사실은 이집트 파피루스 문서뿐만 아니라 그리스-로마, 그리고 아랍 의학의 필사본에서도 찾아볼 수 있다. 그리고 마침내 이것은 스페인 문헌을 통해 유럽 북부에까지 퍼져나간 중세 의학 속에 통합되었다.

이 아랍 약전에는 밀랍연고, 밀랍석(꿀을 기초로, 송진, 식물유 등을 섞는다), 끓여 농축한 일종의 시럽인 롭스(robs. 아랍어로 al rub는 즙을 농축하기 위해 과일을 오랫동안 달였다는 뜻이다), 초밀(옥시멜) 또는 꿀과 식초를 섞은 것 등이 나와 있다. 중세 자료집을 보면, 아랍 의학에서는 모든 종류의 치료에 꿀을 어마어마하게 활용했다. 흔히는, 두 요소를 섞는다. 히포크라테스, 갈레노스 등을 번역해 명성이 높은 철학자이자 의사인 이븐 시나(980~1037)[144]는 그의 저서《의학 규범》에서 일상 상황에서의 일반적 원칙과 특별 규범을 소개하며 꿀을 추천하고 있다. 해법의 거의 절반에 꿀이 사용된다[145].

상당수 의약품이 당과류처럼 보인다. 꽃, 향신료, 꿀을 넣고 조려 잼으로 만든 과일류, 꿀 또는 설탕을 넣은 당과류 등이 나온다. 특히 갈레노스나 이븐 시나가 이미 묘사한 바 있지만, 모과를 익히고 꿀을 섞어 만든 당과나 젤리 조리법도 나온다. 또 쥴렙juelp도 언급되는데, 이것은 일종의 장미와 물을 섞어 만든 시럽이다. 루치looch를 만드는 법도 알려주는데, 이것은 이미 수메르인에게 있었던 꿀과 설탕을 기초로 한 사탕이다. 캐러멜, 루쿰 사탕, 마스팽[146], 누가 , 특히 할와halwa[147]라고 부르는 게 있었는데, 설사를 멎게 하거나, 반대로 완화제로도 쓰였다. 꿀과 끈적끈적한 점액질을 내는 식물들(아마, 모과, 질경이 등)이나, 고무 식물(트래거캔스 고무, 아라비아 고무), 그리고 마른 과일(아몬드, 잣 등은 기침을 완

144) 라틴어로는 '아빈센나'로 불린다. 의사이자, 이슬람 시대 아리스토텔레스학의 대가로 중세 유럽 의학과 철학에 큰 영향을 미쳤다. 1020년 집필한《의학 규범》은 갈레노스의 개념과 아리스토텔레스의 철학을 바탕으로 아랍과 그리스 의학을 집대성한 것으로, 해부학에 관한 한 갈레노스를 능가했다고 평가받는다.(—옮긴이)

145) Liliane Plouvier, 《L'introduction du sucre en pharmacie》, Revue d'Histoire de la Pharmacie, 87e année, n° 322, 1999, p. 199~216.

146) 프랑스의 마카롱과 비슷한 후식인데, 간 아몬드, 달걀흰자와 설탕을 섞어서 만든 과자이다. (—옮긴이).

147) 보통은 할바(Halva)라고 부르는데, 아랍어로는 할와(حلوى ḥalwá)이다. 밀가루를 기본으로 한 것과 견과류와 버터를 기본으로 한 것으로 나뉘는데, 대추야자·말린 과일·아몬드 등을 넣어 만든 단 과자이다.(—옮긴이)

익명의 안달루시아 사람의 요리법에 따른 대추야자 할와 (13세기)

오늘날에는 튀르키예부터 인도까지 할와를 다 먹는다. 알려진 요리법 가운데 이것은 가장 오래된 것이다.

씨를 제거한 대추야자 500그램
꿀 500그램
불필요한 것들을 다 떼어내고 정리한 아몬드 500그램
기름

- 샤닥 대추야자를 준비한다. 씨를 빼내 절구통에 1파운드 정도 넣고 빻는다. 냄비에 물을 붓고 이 빻은 가루를 넣어 약한 불 위에 올려놓는다(적당히 두텁고 고른 반죽이 나오도록 물을 충분히 붓는다). 이어 같은 양의 꿀을 넣고 거품이 나면 걷어내며 반죽과 잘 섞이도록 저어준다.
- 여기에 손질한 아몬드를 적당량 넣고, 타지 않도록 약간의 기름을 넣는다. 반죽이 두꺼워지고 단단해지도록 계속 저어준다. 이어 기름을 바른 대리석 판 위에 이를 붓는다. 동그란 빵 모양이 되게 형태를 잡는다. 이어 칼로 크고 작게 자른다.

화하는 기능이 있다) 등을 섞어 만든다. 이 루치는 호흡기 질환에도 좋다. 아라비아 고무에서 추출한 점액질에 박하나 유칼립투스 향을 가한 일종의 인후 보호용 사탕도 언급해야 한다. 이런 건 20세기에도 여전히 유행하고 있으며, 우리가 지금도 먹는 꿀 사탕은 목을 부드럽게 한다.

다양한 치료 효과

이븐 시나의 의학이나 고대 이집트에서도 보았듯, 꿀은 치료 효과에서는 단연 최고였다. 그 당분 능력이 완화 기능을 함으로써 환자도 훨씬 기분 좋은 상태에서 치료받을 수 있었다. 어떤 약들에서는 대번 나쁜 냄새가 난다. 가령 콜로신트나 센타처럼 몹시 쓰고 비린 생선 맛이 나는 가루약도 있고, 겨자처럼 톡 쏘는 매운맛도 있다. 하지만 꿀은 부드럽고 달콤하여 치료를 훨씬 용이하게 한다. 베르길리우스나 루크레티우스도 나쁜 냄새를 가릴 용도로 꿀의 사용을 언급했다. 또한 꿀은 물질들을 서로 연결하는 접착제로도 쓰인다. 감미료로서의 역할을 설탕에게 넘겨준 이후로는 설탕이 꿀보다 더 잘 팔리지만, 16세기만 해도 사탕수수는 희귀한 물품으로 간주되었다. 그러나 해상 무역의 발전과 특히 노예를 공급하는 불공정한 삼각무역을 통해 사탕수수는 가격이 훨씬 저렴한 물품이 되었고, 19세기 말 사탕무를 사용하면서부터 설탕은 바야흐로 완전히 대중화되었다. 더욱이, 설탕은 오랫동안 요리 용도만큼이나 약효 성분이 있는 것으로 여겨졌다. 프랑스의 유명한 약사인 모이즈 샤라스는 1681년 출판된《생약과 제약의 왕실 약전》에서 꿀에 대해 이렇게 언급한다.

오늘날 꿀의 사용은 설탕보다는 적지만, 우리 약방에서는 대여

섯 종류의 꿀 약을 조제합니다. 대부분은 관장 치료를 위한 것이고, 이뇨 작용을 위한 두 종류의 초밀(옥시멜)과 또 적포도주라는 별명이 붙은 벌꿀 술도 있습니다.

장미 꿀, 로즈마리 꿀, 산쪽 꿀, 제비꽃 꿀, 명아주 꿀, 수련 꿀 등 목록을 다 셀 수 없을 정도다. 그렇다면 꿀은 항상 사용되었고, 심지어 설탕보다 더 선호되었다고 볼 수 있다. 18~19세기에도 여러 다른 약전에서 모이즈 샤라스가 언급한 밀랍을 기본으로 한 고약, 연고 등[148]의 조제법을 심심찮게 볼 수 있다.

꿀은 그 세척용 속성(이제는 '해독'이라고 함) 때문에, 또한 폐질환 예방 및 식전 음료로도 사용되었고 오늘날에도 사용되고 있다. 반면에 완하제나 하제로 사용되는 경우는 훨씬 적다. 오늘날에는 목 건강에 좋고, 차에 단맛을 주고, 기침을 진정시켜—특히 유칼립투스, 백리향, 전나무, 라벤더 또는 로즈마리 같은 꽃에서 나온 특정 꿀의 경우—준다. 스포츠 선수들의 경우 베인 상처나 화상, 튼 데에 사용되고, 욕창 치료에도 효과적이어서 요양원에서도 많이 사용한다.

독일의 과학자인 돌트, 두, 디아오가 꿀이, 특히 물에 희석되

148) Claude Viel et Jean-Christophe Doré, 《Histoire et emplois du miel, de l'hydromel et des produits de la ruche》, *Revue d'histoire de la pharmacie*, 91e année, nº 337, 2003, p. 7~20.

었을 때, 특정 박테리아를 없애는 데 실제로 효과가 있다는 것을 알아낸 건 1937년이었다. 이 효과는 꿀에 들어 있는 '인히빈 inhibine'[149] 때문이라는 것을 알았지만, 그 성격을 규명할 수는 없었다[150]. 꿀에는 고대부터 확인된 항균특성이 있었다. 이런 이유로 꿀은 상처나 궤양을 치료하는 데 자주 사용되었다. 항박테리아성의 이 물질 정체는 1962년 미국에서 규명되었다[151]. 벌의 림프에서는 포도당 산화효소가 분비되는데, 벌이 넥타르를 꿀로 바꿀 때 이 넥타르에 주사된다. 이런 단계에서 꿀은 물을 함유하게 되고, 효소는 포도당을 수소 과산화물과 글루콘산으로 변형시킨다. 이 효소의 일부는 꿀에 남아 있다. 꿀에도 물 성분이 있지만 너무 약해 순도 100퍼센트의 꿀에서는 효소가 활성화되지 않는다. 그러나 꿀이 약간의 물만 만나면, 효소가 바로 재활성화된다. 꿀을 상처나 피부에 펴서 바르는 것도 그래서이다.

이런 반응으로 살균 작용이 있는 수소 과산화물이 생긴다. 벌들이 어떤 종의 꽃들에서 꿀을 채집하느냐에 따라 꿀의 점도가

---

149) 생명 분화와 발달에 관여하는 여러 단백질 중의 하나로, 고환의 버팀 세포와 난소의 과립 세포에서 분비되는 당단백질이다. (—옮긴이)

150) H. Dold, D. H. Du et S. T. Dziao, 《Nachweis antibakterieller, Hitze- und Lichtempfi ndlicher Hemmungsstoffe (Inhibine) im Naturhonig (Blütenhonig)》, *Zeitschrift für Hygiene und Infectionskrankheiten*, vol. 120, 1937, p. 155~167.

151) Jonathan W. White, Mary H. Subers et Abner I. Schepartz, 《The Identifi cation of Inhib ine》, *American Bee Journal*, 1962, p. 430~431.

다르다. 어떤 꿀이 다른 꿀보다 훨씬 살균성이 있는 것은 그래서이다. 가령, 히스, 유칼립투스, 라벤더, 백리향, 마누카, 티트리tee tree 같은 꽃식물에서 따온 꿀은 다른 꿀들보다 살균성이 훨씬 좋다. 왜냐하면 수소 과산화물이 훨씬 많기 때문이다.

글루콘산은 꿀의 pH[152]를 낮춰준다. 이 산성은 pH 3.5~4.5에서 변동하며 병원病源이 되는 수많은 미생물의 증가를 예방해준다. 꿀에는 또 다른 항박테리아 물질인 효소와 비과산화물인 인히빈이 들어 있으며, 이것은 어떤 꽃에서 따왔느냐에 따라 달라진다[153]. 꿀은 또 박테리아가 병의 원인인 위궤양과 장염을 가라앉히는 데도 효과적이다.

이 항박테리아성 때문에 꿀은 방부 처리의 핵심 요소가 되었는데, 비단 고대 이집트에서뿐만이 아니었지만, 관행이 체계적이지는 않았다. 헤로도토스(기원전 484~425년)와 스트라본(기원전 60년~서기 20년)에 따르면, 수메르인들도 사라곤이 지배하던 기간(기원전 2천년)에 시신을 밀랍으로 덮고 꿀 속에 묻었다[154]. 이런 장례 절차는 천 년 후, 바빌론에서도 그대로 사용되고, 크세노폰 이전

---

152) 일명, 페하. 수소이온 지수이다.(—옮긴이)

153) Stefan Bogdanov et Pascale Blumer, 《Propriétés antibiotiques naturelles du miel》, *Revue Suisse d'Agriculture*, 2001, p. 219~222.

154) Hilda M. Ransome, 《The Sacred Bee in Ancient Times and Folklore》, Burrowbridge, Bridgwater, *Bee Books New and Old*, 1986.

4세기의 그리스에서도 그대로 사용된다. 그래서 플루타르코스는 스파르타의 2명의 왕이 꿀 속에 매장되었다고 전하고 있다. 기원전 381년, 할키디키에서 열병으로 사망한 아게시폴리스는 "꿀 속에 묻혀 스파르타로 옮겨졌고, 이어 왕묘에 묻혔다[155]." 기원전 358년, 리비아의 메넬라스 항구에서 88세에 사망한 아게실라스의 시신은 꿀이 모자라 밀랍으로 덮인 채 스파르타로 옮겨졌다[156]. 서력 2세기에 쓰인《다양한 역사》는 스파르타의 마지막 왕이자 아르소니데스의 친구인 클레오메네스의 이야기를 전하고 있다. 아르소니데스는 클레오메네스에게 만일 그가 권력을 잡으면 머리에게 자문을 구하기 전에는 아무것도 하지 않겠다고 약속했다(여기서 '머리'는 고대 그리스의 '인물다운 인물'을 가리킨다). 왕이 된 클레오메네스는 그의 말을 그대로 받아들였다. 친구 아르소니데스를 죽이고 참수한 후, 그의 머리를 꿀로 가득 채운 항아리에 보관했다.

> 그는 어떤 일을 할 때마다 항아리에 우선 몸을 기울이고 자신이 한 모든 일을 이야기했다. 그는 자신이 한 모든 일이 아르코니데스의 머리를 거쳐 이루어졌기 때문에 자신은 계약을 위반하지도

155) Xénophon, *Helléniques*, V, 3, 19.

156) Plutarque, *Agésilas*, 40,4.

않았고 위증을 하지도 않았다고 주장했다.[157)]

꿀 보존력의 가장 유명한 예는 아마도 알렉산드로스 대왕의 일화일 것이다. 그는 기원전 323년 바빌론에서 사망한 후 '하이블라의 넥타르'[158)]에 담가졌다. 이 전설은 꿀이 시체 방부 처리의 한 요소로 사용된 가장 유명한 사례가 되었고, 시간이 흐르면서 수많은 문헌에 언급되고 회자된다. 알렉산드로스 대왕은 임종이 다가오자 주석으로 된 관을 준비하라 명했을 것이다. 그리고 그의 시신이 부패하지 않도록 그 관에 꿀과 몰약, 장미 향유를 채우게 했을 것이다.

꿀로 시신을 보존하는 것은 고대나 멸망한 옛 왕국에서만 행해진 건 아니다. 가령, 17세기 영국의 사우스햄프턴의 영주들도 똑같이 꿀 속에 묻혔다. 그들의 영묘는 티치필드의 세인트 피터 교회의 지하 납골당에서 발견되었다. 이런 사실은 한동안 전설로만 전해지다가 21세기 초 개보수 공사 도중에 관을 이동하다가 확인되었다. 그 관들 중 하나에서 시럽 같은 액체가 흘러나온 것이다. 따라서 인부들에 의해 이 전설이 사실로 밝혀진 셈이다[159)].

157) Élien, *Histoire variée*, XII, 8.

158) Stace, *Sylves*, II, 2,118.

159) E. Crane, The World History of Beekeeping and Honey Hunting, op. cit., p. 510.

이런 방부제의 장점은 꿀이 밀랍처럼 항상 화장품에 사용되는 이유를 설명해준다. 이미 고대 이집트에서는 에베르의 파피루스에 꿀을 기초로 한 여러 화장품이 피부 외양을 개선하고 몸의 아름다움을 유지하며 얼굴의 주름을 없애준다고 적혀 있다. 이건 일종의 팩이나 크림 형태의 세정제로, 꿀, 설화석고, 소금, 천연탄산소다, 송진 등을 함유하고 있다. 역사상 수많은 유명 여인들이 매끄럽고 탄탄한 피부를 갖기 위해 꿀의 도움을 받았다. 네로의 아내 포페는 꿀과 암탕나귀 우유를 섞어 얼굴에 바르는 로션으로 썼다. 1493년에 쓰여진 필사본《카테리나 스포르차의 실용서》에서 카테리나 스포르차[160]는 "하얗고도 화색이 도는 아름다운 얼굴을 만들기 위한" 팩의 제조법을 소개하고 있다. 이건 크림과 로션 같은 백여 개의 화장품 목록 중 하나에 들어간다.

> 수프 스푼으로 한 스푼 정도 되는 양의 밀가루와 하얀 눈처럼 거품이 일도록 쳐댄 계란 흰자, 그리고 커피 스푼으로 한 스푼 정도 되는 양의 아카시아 꿀을 잘 섞는다. 이것을 얼굴 위에 붙이고 15~29분 정도 그대로 있은 다음, 미지근한 물에 씻어낸다.

160) 15~16세기 피렌체 밀라노 태생의 Caterina Sforza는 밀라노 공국 공작 갈레아초 마리아 스포르차의 사생아 딸로, 대단한 미모와 배짱을 가진 여걸이었다.(—옮긴이)

샤를 7세의 정부 아녜스 소렐, 나바르 공국의 마르그리트 공주, 17세기의 마담 드 세비녜, 18세기의 마담 뒤 베리 같은 유명 여인들이 꿀을 화장 용도로 애용한 것으로 알려져 있다. 영국에서 1744년 84세의 나이로 사망한 '말보로 공작부인 사라'는 특히나 아름다운 머릿결로 유명했는데, 그녀는 늘 꿀물로 머리를 감았다고 전해진다. 영국에서는 꿀을 기초로 한 모발 로션 제조법이 이미 있었다. 그중 하나는 안 여왕(1665~1714)을 수행하던 한 귀족부인이 만들었다고 하는데, 로즈마리 꽃과 백포도주, 그리고 꿀을 섞은 것을 증류한 다음 부드러운 아몬드 기름을 첨가한 것이다. 밀랍 또한 당시 모발 화장품의 하나로 들어갔다. 17세기 한 익명의 작가가 쓴《약품 및 요리 제조법》이라는 제목의 필사본에는 탈모증을 막기 위한 여러 종류의 포마드 제조법이 소개되어 있는데, 거기에는 밀랍, 즉 '하얀 밀랍토'가 농도를 높이기 위한 탄력제로 들어간다[161].

이런 다양한 제조법은 오늘날 인터넷에서도 찾아볼 수 있는 온갖 비법들과 유사하다. 꿀과 중탄산염(나트론으로도 불림)은 피부를 박리할 때 사용하고, 피부를 부드럽게 하기 위해선 꿀과 아몬드 기름을 섞은 것을 쓴다. 또 꿀에다 장미꽃을 우린 물, 요거

161) Claude de Laguérenne,《Abeille, miel et cire au xviie siècle dans des recettes manuscrites en thérapeutique et cosmétologie》, *Revue d'Histoire de la Pharmacie*, vol. 337, 2003, p. 37~48.

트 등을 섞어 바르면 주름을 없애는 데 도움이 된다. 피라미드 시절 이래 아무것도 변하지 않은 것이다! 꿀과 밀랍은 매장에서 판매되는 화장품 성분에도 들어간다. 향수품이나 약품 코너에서도 꿀이 주요 성분으로 들어가 있는 크림, 미용용 팩, 립스틱, 색조 화장품 등을 찾아볼 수 있다.

꿀을 약이나 화장품으로 사용하는 것은 실제로 물리적이고 화학적인 특성과 장점이 있기 때문이었다. 이건 굳이 설명하지 않아도 이미 확인된 바다. 특히 꿀의 살균성은 경험을 통해 아주 일찍부터 주목되었다. 과거의 일부 처방에는 다소 미신적인 부분이 있긴 하지만, 현대 의학과 과거의 전통 의학이 얼마나 서로 조우하는지 확인하는 것만으로도 흥미롭다. 꿀을 기초로 한 처치가 의학에서는 최초의 과학적 치료였던 셈이다. 이런 맥락에서, 꿀miel과 의학médecine은 어원적으로도 연관성이 충분해 보인다.

7.
꿀의 진미를 맛보다

꿀의 의학적 용도는 꽤 오랫동안 요리 용도와 혼동되어 왔다. 고대 및 중세 의학 논문은 잼 요리책이기도 하며, 이는 유용함과 즐거움을 결합하는 방법이다. 우리는 꿀이 벌통에서 나오자마자 항상 소비되는 것을 보아왔다. 밀랍과 함께 시렁을 씹어먹을 때 바삭거리는 그 느낌은 인류가 맛본 최초의 지극한 단맛이자 즐거운 맛이었다. 인간은 꿀이 나온 꽃들에 따라 서로 다른 미묘한 맛과 향에 유혹되었다. 스트라본은 터키 섬에서 나온 꿀에 사족을 못 썼고, 대플리니우스는 시칠리아와 콜루멜라의 꿀을 더 좋아했고 산지에 따라 꿀을 분류하면서 백리향과 꽃박하 꿀을 좋아했다. 꿀은 또한 '건강 다이어트'와 떼려야 뗄 수 없는 것이 되었고, 이는 꿀의 미식가를 끌어당기는 매력과 치료제로서의 장점이 서로 분리되기가 얼마나 힘든지를 환기시킨다.

오펜바흐-쉬르-르 마인의 작은 빵, 페페르누스

〈약 50조각〉

꿀 330그램
설탕 200그램
계란 2개
계피가루, 수프 스푼으로 1개
정향 못 1개
잘게 썬 육두구, 칼끝에 (얹어질 만큼) 조금
빻은 고수, 칼끝에 조금
빻은 소두구, 칼끝에 조금
생강가루, 칼끝에 조금
고춧가루, 칼끝에 조금
흰 후추가루, 커피 스푼으로 1개
레몬즙, 수프 스푼으로 2개
밀가루 660그램
베이킹파우더 10그램
각설탕 100그램

- 황산처리된 베이킹 시트를 두 줄로 깐다. 오븐 온도를 180°C에 맞춘다. 꿀을 미지근하게 덥혀 액화시킨다. 꿀을 큰 그릇에 붓는다. 설탕, 계란, 준비한 향신료 및 레몬즙을 그릇에 붓고 섞는다.
- 밀가루와 베이킹파우더를 주걱으로 저어가며 섞는다. 반죽이 너무 거칠고 두꺼우면 손으로 치대며 다시 반죽하여 완전히 균질하게 만든다.
- 작은 호두 알 크기 정도로 빚는다. 반죽판 위에 일정한 간격을 두고 놓는다.
- 준비된 페페르누스를 오븐에 넣고 황금빛이 돌면서도 여전히 투명할 때까지 15분 동안 굽는다. 오븐에서 꺼내자마자 격자망 받침대에 올려놓고 아직 뜨거울 때, 물 몇 방울을 섞어 녹인 설탕물을 바른다. 좀 식힌 다음 먹고, 남은 것은 오래 보관할 수 있는 통에 넣어둔다.

건강식

고대 문헌에 식사에 관한 내용이 많고 꿀이 자주 등장한 이유는 고대부터 건강을 유지하기 위해 일상적 섭취가 권장되었기 때문이다. 신성한 찬가의 가장 방대한 모음집인 인도의 경전 리그베다에서도 꿀을 권장하는데, 이는 약용뿐만 아니라 미각적 속성 때문이기도 하다. 고대 이집트에서는 꿀이 필수 성분이었던 식단의 또 다른 예를 제시한다. 세티 1세의 전령사들과 운반꾼들은 사원 건설에 쓸 돌덩어리를 나르는 임무를 부여받고 길을 떠날 때, "좋은 빵, 소고기, 포도주, 부드러운 기름(올리브유), 비계, 꿀, 무화과, 생선, 매일 먹을 채소"[162)]를 가지고 간다. 한편 아테나이오스 나우크라테스(기원전 170년에 태어남)는 우리에게 다음과 같은 것을 알려준다.

> 아리스토세네스에 따르면, 피타고라스 학파들은 빵을 꿀과 함께 먹었고, 점심으로 이 음식을 항상 먹은 자들은 병도 없었다고 덧붙인다. 리코스는 또 크리노스—사르데냐와 이웃해 있다—의 주민들은 아주 장수했는데, 왜냐하면 늘 꿀을 먹었기 때문이다.

---

162) James Henry Breasted, *Ancient Records of Egypt. Historical Documents from the Earliest Times to the Persian Conquest*, Chicago, University of Chicago Press, 1906~1907, vol. 3, p 90.

이곳에는 꿀이 흘러넘칠 만큼 풍부했다[163].

그 맛으로 평가받은 요리: 제과의 초기 시절

꿀이 그 자체로 최상을 보여준 건 요리, 특히 제과류에서였다. 마르티알리스는 "알뜰한 벌이 이렇게 열심히 일하는 것은 오로지 맛있는 과자를 위해서다[164]"라고 썼다. 설탕은 서구에서 중세 이전에는 알려지지 않았다. 고대 사회에서는 꿀을 첨가하는 것이 요리를 달게 만드는 유일한 방법이었다. 곡물 빵의 선조 격이라 할 꿀 과자는 제과의 가장 초기 단계였고, 거기에서부터 오늘날의 제과가 탄생한 것이다. 꿀 과자류는 이집트, 고대 그리스, 로마에서 만들어졌다. 이집트의 가장 큰 분묘로 알려진 사카라 무덤에는 제3왕조 때 파라오 제제르의 건축가로 알려진 임호텝이 세운 최초의 왕실 묘가 있는데, 여기서 왕실 식사의 흔적들이 발견되었다. 이 흔적 가운데는 꿀 타르트도 포함되어 있었다[165]. 레

---

163) Athénée, *Deipnosophistes*, II, 47a.

164) Martial, 14, 222, 2, dans Jacques André, *L'Alimentation et la cuisine à Rome*, Paris, Les Belles Lettres, 2009, p. 188

165) Gene Kritsky, *The Tears of Re. Beekeeping in Ancient Egypt*, New York, Oxford University Press, 2015.

크흐미레 대신의 무덤에서 나온 프레스코화에는 양봉 장면 옆에 삼각형 모양의 꿀 과자 샤트Shat를 만드는 장면이 그려져 있다. 이 과자는 대추야자와 꿀을 반죽해 작은 프라이팬에서 튀겨낸 과자이다. 또, 방동사니 가루와 꿀을 섞어 반죽해 화덕에 구운 것도 있다. 데이르-엘-메디나에서 기원전 14세기에 제조되어 오늘날까지도 그 요리법이 보존된 어린이를 위한 축제 과자도 있었다. 꿀로 만들어지고 머리·몸·팔 등으로 구성되어 있어, 오늘날 산타클로스 모습의 곡물빵을 기가 막히게 보여주는 듯하다.

그리스의 아테나이오스는 여러 차례 꿀로 만든 요리와 과자를 언급한다. 그의 저서에는 꿀로 익힌 고기와 가금류도 언급되지만, 밀가루로 반죽하고 꿀을 입혀 무화과·호두 등을 얹고, 또 치즈와 꿀을 뿌린 일종의 투르트(파이 같은 둥근 빵)인 바시니아이며, 프라이팬에 구운 일종의 크레프인 스타이티타스도 나온다. 이 스타이티타스에 꿀과 참깨, 치즈 등을 얹는다. 또 보리, 호밀, 또는 굵은 밀가루로 기본 반죽을 하고, 여기에 꿀·참깨·양귀비 알갱이 등을 더 넣고 반죽한 다음, 우유·치즈·후추·호두·아몬드 등을 넣어 풍미를 더해 튀기거나 굽거나[166] 해서 갈레트나, 동근 볼, 아니면 빵 등으로 대접하는 여러 종류의 플라쿤테스에 대한 언급도 있다. 어떤 것은 지금 우리가 먹는 누가 누아르와 닮았다.

166) Athénée, *Deipnosophistes*, XIV, 13.

아테나이오스에 따른 스타이티타스

유행에 절대 뒤지지 않는 얇은 크레프. 치즈와 꿀을 입힌 일종의 브릭.

호밀가루 250그램
물 30센티리터 가량
소금 한 꼬집
그리스산 염소 치즈 200그램
참깨 수프 4스푼
묽은 꿀 100그램
올리브유 조금

– 사발에 물을 붓고 밀가루를 반죽한다. 반죽을 덮고 실온에서 24시간 정도 숙성시킨다. 반죽은 적당히 묽게 한다.
– 달군 프라이팬에 기름을 두르고 반죽을 부어 익힌다. 잘게 부스러뜨린 치즈로 크레프를 덮는다. 이어 꿀을 바르고, 참깨를 뿌린다.
– 바로 맛본다.

하지만 믿기지 않을 정도로 다양한 요리법이 있어 그 목록을 보다 보면, 지중해 연안국 및 아랍, 터키, 그리스의 제과류들에 대한 요리법이 다 나온다.

로마의 플라센타는 치즈와 꿀, 월계수 이파리로 향미를 낸 과자인데, 루마니아에서 플라친타라는 이름으로 불리는 과자의 옛 조상으로 보인다. 아피키우스의 요리 모음집에도 꿀은 요리에 있어 필수적인 것으로 나오는데, 단 과자류의 기본 재료로 사용되었다. 또는 간이 들어간 요리에서 간을 약하게 하는 데도 꿀이 사용되었다. "만일 요리가 싱거우면 생선액을 넣고, 짜면 약간의 꿀을 넣는다[167]."

페르시아 요리로부터 전통을 물려받은 아랍 요리는 또 이집트와 수메르 요리로부터 많은 영감을 받았다. 차이점이라면 아랍인들은 꿀과 설탕을 함께 사용했다는 점이다. 설탕이 꿀을 완전히 몰아내지 못했다면, 그건 꿀에 더 많은 장점이 있어서였을 것이다. 치료적인 측면도 중요하지만, 꿀의 맛과 향기도 꿀을 선호하는 데 주요한 역할을 했다. 일반적으로 꿀은 보존성이 좋아 향미를 내야 하는 요리에도 좋았다. 가령 누가처럼 특정 과자에는 필수적으로 들어가야 했다. 꿀 향기가 나지 않으면 누가라고 할 수 없을 것이다.

아부 무하마드 알-무자프 아르 이븐 나스르 이븐 사야르 알-와라크(Abu Muhammad al-Muzaff ar ibn Nasr ibn Sayyâr al-Warrâq[168]: Warrâq은 '카피스트'라는 뜻이다)가 10세기에 총집대성한 8~10세기의 요리백과서에는 아몬드, 피스타치오, 참깨 등으로 만든 과자 할와의 최초 요리법이 나와 있다. 이런 재료 대신 마른 과일을 넣고 꿀을 바른 또 다른 형태의 과자 요리법도 나오는데, 이건 오늘날

167) Apicius, 4, 2, 25, dans J. André, *L'Alimentation et la cuisine à Rome, op. cit.*, p. 188.

168) 이름이 너무 길어, 아래에서 인용될 때는 카피스트라고만 밝힌다.(—옮긴이)

익명의 안달루시아인에 따른 꿀 무아카드(13세기)

이것은 알려진 누가의 최초 요리법 가운데 하나다.

꿀 1킬로그램
계란 30개(흰자만 사용)
씨를 발라낸 아몬드 500그램

- 꿀시렁 1킬로그램을 꿀이 완전히 녹을 때까지 중간 불에 놓는다. 이를 걸러내고 다시 불 위에 놓는다. 꿀이 시렁꿀이라면 계란 25개를, 시렁꿀이 아니라면 계란 30개를 흰자만 분리해 휘젓는다. 꿀 속에 흰자 푼 것을 붓는다. 이 혼합물이 하얘지고 빽빽해질 때까지 휘젓고 쳐댄다. 이어 아몬드 1파운드를 첨가한다.
- 기름칠한 틀 또는 종이 호일을 깐 판이나 주형 속에 반죽을 붓는다.
  만일 꿀이 시렁꿀이라면 여과기로 걸러내 밀랍을 제거한다. 그러면 꿀이 조금 덜 들어가게 되는데, 이로써 맛의 차이가 설명된다.

참고:
위 요리법에서 명시하고 있진 않지만, 흰 눈처럼 될 때까지 휘저은 계란 흰자 위에 끓인 꿀을 부으면, 오늘날의 이탈리아식 머랭그가 된다.

의 바크라바와 비슷하다. 이런 제과 요리법은 지중해 연안을 거쳐 그 너머로까지 확산되었다. 그도 그럴 것이 할바 또는 할와라는 단어가 인도에서도 사용되고 있기 때문이다. 오토만 제국이 확대되면서 요리 문화도 그대로 확대된 셈이다. 스페인에서는 토로네torrone, 이탈리아에서는 코페타copeta, 프로방스 지방에서는 피놀라와 누가, 터키에서는 바클라바baklava, 그리스에서는 만돌라토mandolato, 이란에서는 가즈gaz, 북유럽에서는 마스팽massepain을 즐기는 것은 모두 고대 이집트와 수메르인들 덕분이다. 이들의 요리법이 아랍인과 오스만인 들을 거쳐 대대로 전승되었기 때문이다.

꿀의 사용을 언급하는 초기의 책들 및 다른 아랍 문헌들 가운데 우리에게까지 전승된 것들이 있다. 1226년 바그다드에서 집대성된 두 번째 요리책, 그리고 13세기 초에 작성된 것으로 추정되는 '익명의 안달루시아인'이 쓴 필사본, 특히 이 후자의 문헌에는 당시 치료법으로 간주하던 27개의 단 과자 요리법과 57개의 처방이 있다. 그러나 실제로 보면 대부분 잼 요리이다. 또한, 이 문헌에는 음료, 시럽, 과일파이와 꿀약과 등의 요리법도 나와 있고, 여기에 설탕도 같이 소개되어 있다. 안달루시아의 학자이자 시인이며 미식가인 이븐 라진 튀지비[169]는 1238~1266년에 걸쳐 《식탁의 감미로움과 최고의 요리법》이라는 책을 썼는데, 여기서 제안된 450개의 요리법 중에서 꿀은 중요한 비중을 차지한다. 전체(7개 장)가 꿀에 할애되어 있다.

아랍 의술—이븐 시나, 라제스, 알부카시스—의 영향을 받아 일명 슈도-메쥐에Pseudo-Mésué[170]가 쓴 《안티도타리움 메주아

169) 바로 앞 요리법에서 언급한 '익명의 안달루시아인'이다.(—옮긴이)

에Antidotarium mesuae》[171]라는 책이 있는데, 11~12세기의 한 기독교인 의사가 라틴어로 쓴 것이다. 전 유럽에서 엄청난 성공을 거뒀고, 여기서도 꿀과 설탕의 사용을 장려하고 있다. 이 책도 일종의 약전 모음집이어서 바로 앞 장에서 소개될 수도 있었지만, 대중적 인기를 얻게 된 것은 잼 요리책으로서다. 이 책은 18세기까지 수차례 전사傳寫되었다. 특히, 17세기 찰스 버틀러는 벌들에 관한 그의 논문에서 이븐 시나, 슈도 메쥐에의 요리법을 그대로 인용하면서 치료법을 언급하고 있다. 가령, 모과·꿀·아몬드를 섞은 요리나 누가 과자와 비슷한, 꿀을 기초로 계란 흰자 거품과 아몬드로 만든 과자 마스팽도 다시 소개하고 있다. 마스팽은 설탕과 장미수를 넣어 차갑게 굳힌 과자로, 전형적인 아랍 잼 요리다. 찰스 버틀러는 중세 아랍 의학 논문에서 설명된 그대로 과일 잼과 장미, 제비꽃 시럽 등을 섞어 만드는 요리 과정을 소개하고 있다.

슈도 메쥐에의 요리법은 치료의 목적이 있다지만, 오늘날에 보면 좀 웃기는 점이 있다. 가령, 떨어지지 않는 기침에는 마스팽이나 누가를 먹고, 장에 탈이 났을 때는 치료를 위해 마르멜로 잼을 먹으라는 것 등이다. 아프면 어떤 보상이 있다는 건지! 이 책에

170) Pseudo-Mésué로도 표기하고, Mésué le Jeune으로도 표기하는데, Pseudo는 거짓, 사이비, 유사라는 뜻이다. Mésué는 그의 이름이 아니라, 그의 동료 이름에서 빌려온 것으로 알려져 있다.

171) 제목을 직역하면 해독제라는 뜻이지만, 유명 의사들이 발명해낸 치료법 모음집이라는 뜻이기도 하다.(―옮긴이)

서도 우리는 꿀과 설탕이 함께 사용된 것을 확인할 수 있다. 다만 다른 점은 마르멜로 파이처럼 어떤 요리법에서는 꿀을 설탕으로 대신하라고 제안한다는 것이다. 우리가 현재 알고 있는 마스팽, 누가, 절인 과일, 마멀레이드, 잼 요리법은 거의 대부분 이 책의 유산이다. 특히, 마르멜로 젤리(원래는 꿀로 만든다)인 포르투갈 마멀레이드의 경우에는 특히 그렇다. 단어에도 그 흔적이 분명 남아 있다. 왜냐하면 단어 marmelade(모과, 마멀레이드)와 mélasse(당밀)에는 꿀의 어원인 *meli-t가 들어 있기 때문이다. 더욱이, 포르투갈에서는 모과를 마르멜로marmelo라고 하는데, 라틴어로 꿀사과라는 뜻의 melimelum에서 유래되었다.

향신료빵[172], 꿀과자

이 조리법은 중세 때 출현한 것처럼 보이지만, 사실은 훨씬 더 오래되었다. 향미가 풍부한 빵인 "빵 데피스Pain d' épice"는 밀가루와 꿀로 반죽하고 향이 강한 재료를 넣어 향미를 더한 후 계란을 넣어 풍미를 더하는데, 대신 우유나 버터 같은 유제품은 넣지 않

172) 프랑스어로는 빵 데피스pain d'épice라고 하는데, épice는 향신료라는 뜻이다.(-옮긴이)

는다. 아테나이오스가 인용한 여러 꿀과자 요리법도 이 카테고리에 이미 들어간다. 이런 향미 풍부한 빵은 오늘날 널리 확산되었고, 아주 애호되고 있다!

서부 유럽에는 특히 이런 빵으로 유명한 많은 도시가 있다. 디종, 랭스, 아미앵, 디낭, 바젤, 뉘렌베르크, 자그레브 등이 그 예다. 그곳에서는 약혼식이나 여타 축제에서 단 것들로 장식한 빵 데피스를 주고받는 전통이 있다. 이런 건 모든 동유럽 국가에서 공통적이다. 빵 데피스는 동지와도 관련되는데, 성 니콜라스 축일과 주현절 주간에 이 빵을 제공하고 소비한다. 바젤에서는 이때 레케를리Leckerlis를 먹는다. 이 기간의 축제는 비옥함, 풍요, 재생, 새로운 세대, 어린시절, 가족, 다시 떠오르는 태양과 함께 다시 태어나는 삶 등과 연관 있다. 브줄에서는 11월 25일에 카테리나 성녀 축제가 열리는데, 이는 분명 다산多産과 관련된다. 카테리나 성녀는 신랑감을 찾는 처녀들의 후견자다. 그런데 풍습에 따르면, 축하 행사 동안 받는 사람의 이름이 적힌 빵과 돼지고기가 제공된다. 돼지도 사실 게르만과 노르딕 신화에서는 풍요와 번식을 상징하는 동물이다.

프랑스에서 빵 데피스라면, 독일에서는 렙쿠흔('생과자'), 영국에서는 진저브레드(생강과자), 핀란드에서는 피파르카쿠, 폴란드에서는 피에르니키, 체코에서는 페르니키, 러시아에서는 프리아

바젤의 레케를리

부드럽고 풍미를 자랑하는 빵 데피스는 전통적으로는 대림절 기간에 준비한다

〈50조각 정도〉

꿀 300그램
밀가루 285그램
아몬드, 호두 140그램
레몬을 강판에 밀어 만든 극소량의 레몬 껍질
가루로 만든 정향 4개
육두구 칼끝으로 소량
베이킹파우더 2커피스푼
가루로 만든 계피 15그램
버찌로 담근 브랜디 20그램
각설탕 100그램

- 냄비에 꿀을 넣고 끓인다. 끓기 시작하면 바로 불에서 내려놓는다.
- 마른 과일을 대강 빻는다. 항아리에 담고, 여기에 강판에 민 레몬 껍질, 주사위 모양으로 자른 설탕 절인 껍질들, 향신료, 베이킹파우더, 밀가루 등도 함께 넣고 잘 섞는다.
- 여기에 뜨거운 꿀과 설탕 혼합물을 붓고 약간의 버찌 브랜디를 넣는다.
- 주걱으로 살살 뒤섞은 후 손반죽한다. 반죽이 아주 두꺼워지고 탄탄하고 매끈해질 때까지 계속한다.
- 둥글고 납작한 형태로 모양을 만든다. 이어 비닐랩으로 싸거나 통에 넣는다. 실온에서 4~5일 동안 숙성시킨다.
- 오븐의 온도를 180°C에 맞춰 예열한다. 황산 처리된 두께 대략 1.5센티미터의 사각형 종이 위에 바로 빵 반죽을 펼쳐놓는다. 이어 굽는 판 위로 옮긴다.
- 20분간 중간쯤으로 굽는다.
- 설탕 입힌 것이 녹도록 약간의 물을 각설탕과 섞는다.
- 오븐에서 꺼내자마자 설탕물을 바른다. 레케를리 옆면이 약 3센티미터 되게 자른다. 격자 받침 위에 놓고 식힌다. 맛을 보기 전 사과 1/4쪽과 함께 상자 안에 레케를리를 잘 넣고 며칠 동안 둔다. 그래야 더 부드럽고 푹신한 레케를리를 맛볼 수 있다. 그리고 오랫동안 보관한다.

니크이다. 이 빵들은 때론 인간 형상처럼 의인화되기도 하는데, 진저브레드나 빵 데피스는 성 니콜라스를 표상한다. 게르만족의 영향을 받은 나라에서는 12월 6일 축제를 시작할 때 아이들에게 이 빵을 나눠준다.

축제 전통과 떼려야 뗄 수 없는 빵 데피스는 문화 유산의 일부가 되었다. 리시타르는 설탕을 입혀 붉은색으로 마블링을 하고 밝고 유쾌한 색으로 장식을 한 크로아티아 과자로 서로 사랑하는 사람끼리 주고받는데, 2010년 유네스코에 등재되었다. 프랑스 알자스 지방에서는 15세기 이후부터 '빵 데피스 장인들'의 조합이 생겼다. 전통적 요리법의 보존을 위해 노력하는 제빵사들과 제과사들의 모임이다. 원래, 빵 데피스 반죽은 일찌감치 미리 해놓아야 한다. 호밀 가루와 꿀을 섞은 반죽을 함에 넣고 여러 달, 때로는 한 해에서 그다음 해로 넘어갈 때까지 숙성되게 둬야 한다. 이어, 나무로 된 주형틀에 부어 형태를 만들고 굽고 설탕으로 장식한다. 알자스 민속 박물관에 가면 정말 섬세한 형태의 기가 막힌 온갖 빵틀을 볼 수 있다.

이런 향신료 빵은 서부 유럽에만 있는 건 아니다. 유라시아 전 대륙, 더 나아가 극동에서도 만날 수 있다. 중국에도 꿀과 향신료로 만든 '미콩'이라는 과자가 있는데, 이것도 나무 틀에 넣어 만든다. 이것은 징기스칸의 전사들이 배낭에 넣어 다닌 식량이기도 했다. 몽골족은 동양과 서양의 가교였을 수 있다. 고대 시대부터 향신료 교역료는 꿀 교역료와 겹치기도 했다. 아랍, 유대, 오토만 등의 상인들은 요리법과 여러 비법을 서로 교환했을 것이다.

오늘날 잼과 제과 대부분은 설탕으로 만들지만, 꿀도 여전히 자기 자리를 지키고 있고 절대 사라지지 않았다. 이런 이유로, 찰스 버틀러는 약간의 여성 혐오가 섞인 유머로 엘리자베스 여왕 시대의 꿀의 우월성을 과시한 바 있다[173].

> 만일 누군가 설탕으로 이 과자를 만들고 싶다면, 꿀과 똑같은 양의 설탕을 넣어야 할 것이다. 설탕도 일종의 꿀이므로 달콤함과 보관력은 갖게 되겠지만 건강을 위해서는 최상의 효과를 내는 정제된 순수한 꿀이 좋을 것이다. 이 투박한 지상의 물질은 천상의 넥타르와 비교될 수 없다. 어떤 여자들(이국적이고 비싼 것 말고는 그 어떤 매력도 없는)을 닮은 그림 같은 성에서는 불행인지 다행인지 이를 무시하지만 말이다. 과일을 보존하면 점도가 높아져 훨씬 많은 힘을 갖는다. 꿀로 졸인 저장 음식과 시럽은 훨씬 오래 보관되므로 분명 더 많은 효과를 발휘한다. 전도서 2장 3절을 인용하며 결론을 대신하겠다. "벌은 날아다니는 것 중에는 가장 작지만, 그 결실은 세상에서 가장 달콤하다고 하는 것을 능가한다."

---

173) Ch. Butler, *The Feminine Monarchy, op. cit.*, chapitre 10. Traduction de l'auteure.

8.
상상계를 먹이다

벌처럼 영혼을 닮은 게 없다.
벌이 이 꽃 저 꽃을 다니는 것처럼
영혼은 이 별 저 별을 다닌다.
벌이 꿀을 가져오는 것처럼 영혼은 빛을 가져온다.
– 빅토르 위고, 《93》[174], III, 3, 1874.

신성한 헌물

꿀은 감미로운 삶의 상징이다. 이 기분 좋고 달콤한 사료로 우리는 영양을 섭취하고 또 가끔은 취하기도 하며 보살핌을 받는

174) *Quatrevingt-treize*, 1793년 프랑스 혁명 중에 일어난 방데 학살 사건을 다룬 빅토르 위고의 소설이다.(—옮긴이)

다. 그러면서 우리가 사는 의미 또한 매력적으로 만든다. 저 '밀월'은 얼마나 영원불멸인가. 꿀의 수많은 장점과 특성, 거기서 나온 여러 산물, 수많은 문화와 풍습에 자리한 신성한 성격은 바야흐로 신들에게 봉헌하는 헌물 중 가장 높은 자리를 차지하게 했다. 수메르에서 나온, 기원전 1450년의 것으로 보이는 한 서판을 보면 사원에서 의식을 치를 때 꿀이 사용되었음을 알 수 있다. 고대 이집트에서도 이런 관행이 있었다. 꿀을 항아리에 가득 담아 신들에게 봉헌했는가 하면, 신성한 동물들에게도 이 꿀을 먹였다. 디오도로스 시켈로스는 이렇게 쓰고 있다.

> 도시 멤피스의 아피스는 헬리오폴리스의 음네비스(황소), 멘데스의 숫양, 모이리스 호수의 악어, 레온토폴리스의 사자와 같다. (…) 이 동물들은 성스러운 요새 안에서 특별한 자들의 보살핌을 받으며 자란다. 밀가루와 귀리, 우유를 섞어 꽃모양으로 빚은 것을 구워주는가 하면, 꿀과자와 굽거나 끓인 거위 고기를 항상 제공했다[175].

기원전 7세기, 이스라엘에서는 그해 맨 처음 수확한 산물은 사

175) Diodore de Sicile, traduction Ferd Hoefer, tome I, livre I, p. 98, dans Louis Charles Émile Lortet et Claude Gaillard, *La Faune momifiée de l'Ancienne Égypte, Archives du Muséum d'histoire naturelle de Lyon*, tome 8, 1903, p. 1~205.

원에 갖다 바쳤다. 과일·밀·포도주·기름, 꿀 등, 이 만물은 사제들의 것이었다. 그리스·로마에서도 아르테미스, 페르세포네, 데메테르, 디오니소스 등 농업과 풍요에 관련된 신들에게 역시나 꿀을 바쳤다. 베르길리우스가 우리에게 알려주는 바로는, 하데스를 지키는 맹수 케르베로스의 환심을 사려면 꿀과 양귀비로 만든 과자를 가지고 가야 했다. "여제관은, 벌써 뱀의 목처럼 곤두선 그 목을 보고는, 최면을 걸 목적으로 잘 조제된 꿀과 양귀비 씨앗 과자를 던졌다[176)]."

인도와 동방에서는, 힌두교든 불교든, 버터 및 젖과 함께 꿀은 가장 소중한 헌물이었다. 이 세 물질은 신성한 물질로 여겨졌다.

꿀과 젖: 기독교의 신비한 음식

기독교에서 꿀은 천상의 음식이다. 특히 세례 요한은 사막에서 살 때 야생꿀과 메뚜기만 먹었다. 그리고 그리스 정교의 신부이자 신학 철학자인 알렉산드리아의 클레멘스(140~220년경)는 젖과 꿀을 다음과 같이 비교한다. 꿀은 정신적 부활 후 흡입하는 음식이라면, 젖은 지상에서의 탄생 후 먹는 것이라고. 초기 기독교 교

176) Virgile, *Énéide*, VI, 420.

회에서, 신자들은 성찬 후 꿀과 젖을 먹었다. 이것은 "인간의 자연성과 예수 그리스도 안에 있는 정신성이 하나됨"을 상징했다. 세례식 후 새 신도들에게는 젖과 꿀을 주었다. 콥트회 및 그리스 정교회는 이런 전통을 20세기까지 지속해오고 있다. 육지 동물의 젖은 존재의 육신적 본질을 표상하고, 하늘에서 온 꿀은 정신적 본질을 표상한다고 믿었다. 따라서, 성서에서, 신이 모세에게 젖과 꿀이 흐르는 땅을 약속한 것은 그저 우연이 아닌 것이다.

정신적 영양물로서의 꿀은 성인전 이야기에 자주 나온다. 특히, 신비한 삶을 살았던 리드윈 드 쉬담, 리타 다 카시아, 콜레트 드 코르비, 데 카시카 등과 같은 중세 기독교 성녀들의 이야기에서 두드러진다. 성녀 리타 다 카시아나 콜레트 드 코르비는 죽은 후에도 시신이 부패하지 않았는데, 몸에서 꿀 냄새가 났다고 알려져 있다. 이 성녀들은 생전에 극심한 단식과 고행을 하면서 농양으로 고생을 했고, 살이 썩어들어가는 끔찍한 괴저로 고통받기도 했다.

리드윈 성녀는 네덜란드에서 1380~1433년 동안 살았다. 15살 때 빙판길에서 크게 넘어져, 다시는 일어나지 못했다. 38년을 병석에 누워 있느라 벌레가 살을 파먹어 들어가는 괴저에 시달렸다. 갈라진 피부에서는 꿀 같은 고름이 흘러나와 온몸을 뒤덮었다. 종교적 황홀경만이 이 고통을 잊게 해주었다. 이 기적적인 삼출滲出은 천상의 액체로, 그러니까 신이 내린 연고로 여겨졌다.

종교적 소명에 따라 이 성녀들은 육신을, 욕망을 거부했다. 이것은 싸워야 할 적이었다. 이와 마찬가지로, 여성의 비밀스러운 몸에서 나오는 물질—모유, 생리혈은 생명의 지상적 측면을, 즉 육체성을 상징했다—을 더러운 불순물로 여겼고, 오로지 신앙의 힘으로만 이를 피할 수 있다고 생각했다.

리드윈의 몸에서 꿀이 분비된다는 것은 살아 있는 동안 이미 몸이 썩어가는 것을 의미했다. 그러나 꿀은 부패하지 않으며 방부제의 특성을 갖고 있다. 그것은 신성 상태에서 보이는 부패의 표시이다. 꿀은, 꿀벌의 자산이자 그 유산으로, 우리가 앞에서 보았듯이, 바로 그래서 꿀은 순수, 처녀성, 정숙 등을 상징하는 알레고리였다. 이렇게 해서 젖의 분비와 등가성을 갖는데, 다만, 정신 영역에서이다. 따라서 꿀은 '처녀의 젖'이 된다. 어머니가 젖을 생산하듯 벌은 꿀을 생산한다. 신비교의 성녀는 "젖을 먹인다"는 의미에서 여성의 전통적 기능을 초월한다. 성녀는 성교의 단계 없이 바로 이 역할을 하게 되는 것이다. 성녀가 제공하는 음식은 은유적인 것, 지성적인 것, 정신적인 것이다. 꿀은, 순수한 음식인데, 왜냐하면 처녀인 일벌들에 의해 생산되기 때문이다. 신비한 영양물을 만드는 역할을 완벽히 구현하는 셈이다[177].

---

177) Gilles Tétart, *Le Sang des fleurs. Une anthropologie de l'abeille et du miel*, Paris, Odile Jacob, 2004, chapitre 6.

성가들에서도 꿀은 약혼녀의 처녀성과 연관되는데, 발효라는 개념이 명시적으로 제시되어 있다.

> 순수한 꿀이 그대 입술에서 흐른다. 오, 약혼녀여, 꿀과 젖이 그대 혀 밑으로. 그대 옷의 냄새는 레바논의 냄새와 같다. 닫힌 정원, 나의 자매, 닫힌 우물, 봉인된 샘물.

꿀은 감미로운 사랑의 상징이며, 젖은 번식의 상징으로, 임신은 여성으로서는 성교의 유일무이한 궁극성이다. 전통적으로, 벌을 동정녀 마리아와 연결시킨다는 것도 유의하자. 벌은 높이 올라가 벌집을 짓고 지상에 합류한다. 동정녀도 신에 의한 구현을, 잉태를 받아들이고 예수 그리스도를 지상에 준다. 이런 비교를 계속하다 보면, 이제 꿀은 예수 그리스도의 상징이 되는데, 13세기 또 다른 신비서를 쓴 여류 시인 앙베르르의 하드위치는 그분은 "우리 입 안의 꿀"이라고 말했다. 꿀벌들의, 또는 동정녀 마리아의 '처녀 모성성'은 도달해야 할 이상이다. 기독교 여성이 일생 따라야 할 도덕적이고 성적인 규범이다.

따라서 기독교에서는 우화적으로 벌과 동정녀 마리아를 결합했다. 그렇다면 기독교가 들어오기 전에는 어땠을까? 마야인, 로마인, 그리스인, 오세트인, 실레지아인, 모르도바인, 리보니아인 등, 민족마다 벌 신 또는 벌 여신이 있었다. 때론, 옛 고대 신들은 기독교화되면서 이제 양봉업과 연관된 성인이 되었다. 슬라브인의 신 조시모는 기독교 이전의 러시아 신으로, 양봉업의 고안자이기도 하다. 벌통을 보호하듯 항상 벌통 위에 그려진 형상으로 나타난다. 우크라이나에서 숭상되는 조시모나 사바티오스 드 솔로프키는 기독교화되면서 양봉업의 수호성인이 된다. 13세기 덴마크의 수도사이자 저자인 삭소 그라마티쿠스에 따르면, '스반토비트'라는 신은 발트 해 뤼겐 섬에 사는 슬라브족이 숭상하는 신이다. 그 숭배 의식에서는 꿀물을 헌주로 하고, 꿀과자를 헌물로 바친다. 스반토비트는 기독교화되면서 성인 비투스가 된다(성聖기Saint Guy[178]로도 불리는). 스반토비트 신의 이야기는 슬라브적 정체성에도 영향을 미쳤다. 더욱이 이 이야기는 체코의 화가 알폰

178) H. M. Ransome, *The Sacred Bee in Ancient Times and Folklore*, *op. cit*. Cette assimila tion est toutefois contestée par les travaux de Louis Léger, 《La Confusion entre le dieu Svantovit et saint Vit》, *Comptes rendus des séances de l'Académie des Inscriptions et Belles-Lettres*, 44e année, n° 2, 1900, p. 210~211.

스 무차(1860~1939)의 기념비적 연작 두 번째 그림의 주제이기도 한데, 슬라브족이 진정 열망하는 것을 슬라브적 서사시로 그려낸 작품이다.

선사시대 종교의식에서 어떤 신들이 있었고 그 이름과 기능이 무엇인지는 우리가 명확히 알 수 없지만, 흔히 동물 형상으로, 아니면 바위, 산, 나무, 또는 강물 같은 자연 요소 형태로 숭배되었다고는 말할 수 있을 것이다. 고고학자이자 인류학자이며 유럽 청동기 시대 전문가인 마리자 김부타스(1921~1994)는 유적지에서 나온 백여 개의 깨진 항아리와 조각상들의 파편을 분석했는데, 꿀벌의 형상이 제2열에 즉 뱀 바로 뒤에 있었다. 선사시대 때 신성시된 동물들의 여러 모티프 중에 말이다. 두 동물은 지하적 차원을 갖는다. 둘 다 땅의 빈 공간, 즉 동굴 속이나 속 파인 나무 속에 산다. 둘 다 땅 아래 갇혀 있거나, 한 해 중 일부분을 자기 소굴 속에 틀어박혀 있다. 이 고정적 순환주기는 곧 천체의 순환주기와 연관된다. 두 동물은 상징적으로 달과 연관된다. 한편 이 순환주기 개념은 삶과 죽음의 그것, 즉 죽음 이후의 삶의 그것을 상기시킨다. 우리는 따라서 내세의 존재를 전제하는 모든 종교의 결정적 지점을 건드리는 것이다.

게다가, 꽃밭에서 벌집까지 벌들의 비상은 상징적으로 '성인들의 성자'를 상징한다. 여기에 꿀의 저장고가, 삶의 원천이 있기 때문이다. 벌들의 비상은 영령들의 세계로 가는 샤먼의 여행 모델이다. 신들린 상태로 샤먼은 여행을 한다. 향정신성 식물을 기초로 만든 꿀물을 섭취함으로써 이런 최면 상태로 빠져든 것이다. 벌은 여러 세계 사이를 여행한다. "식물과 동물 사이를, 동물과 인간 사이를, 죽게 마련인 자들과 영원불멸인 자들 사이를, 삶과 죽음 사이를[179]." 게르만과 앵글로색슨 나라에서는 벌을 망자의 영혼을 인도하는 자로 믿는 관습이 있다. 벌에게는 영혼을 내세로 데려가고 다른 세계들 사이를 연결할 수 있는 능력이 있다는 것이다.

텔링 더 비즈: 꿀벌들과 앵글로색슨의 전통문화

"벌들에게 말하며telling the bees" 관행은 이런 유형의 신앙에 그 기원이 있다. 이 신앙에 따르면, 벌들은 우리 이승 세계와 영령들이 사는 저승 세계를 이어주기 때문이다. 만일 저세상으로 떠난 사람에게 어떤 말을 하고 싶다면 꿀벌에게 그 말을 하면 된다. 벌들이 메시지를 전달해줄 것이기 때문이다. 이런 풍습은 19세기 영국에서 특히 관찰되는데, 같은 시기 뉴잉글랜드에도 있었다.

179) Renaud Pasquier, *Le mythe de la bougonie : Aristée, Orphée, Virgile*, Labyrinthe, vol. 40, Comme les abeilles, 2013, p. 135~139.

벌통 소유자는 가족에게 일어난 중요한 모든 사건, 즉 출생, 결혼, 사망, 가족 구성원 중 그 누군가의 출타 또는 귀환[180]을 벌들에게 말해야 한다.

특히, 장례식 때, 벌들은 역시나 가족 일원으로서 함께 초상을 치른다. 우선 벌통을 찾아가 톡톡 두드린다, 때론 집 열쇠를 가지고 두드려 벌들의 관심을 끈다. 이어 그 집안 누군가의 사망을 전조하는 의미에서 구슬픈 가락의 노래를 부른다. 이어, 검은 천으로 벌통을 덮는다. 때론 고인이 입었던 옷을 벌통 아래 깔아주기도 한다. 하나됨을 축하하기 위해 결혼식에서 먹는 결혼과자의 일부를 벌들에게 제공하는 것과 똑같은 방식으로, 장례식에서 먹었던 식사의 일부를 벌들에게 가져다 줄 수도 있다.

시인 존 그린리프휘티어는 이런 특별한 의식을 1858년에 나온 시 "벌들에게 말하며"에서 노래하고 있다.

만일 이 전통대로 하지 않는다면, 큰 재앙이 초래될 수 있다. 벌들이 꿀을 더는 내놓지 않을 수도 있고, 벌통을 떠나버리거나 죽을 수도 있다. 19세기 양봉 관련 신문들에는 이런 풍습을 지키지 않아 벌들을 다 죽게 만든 다수의 증언이 실려 있다. 미국 생

---

180) Margaret Warner Morley, *The Honey-Makers*, Chicago, A. C. McClurg and Company, 1899, p. 339.

물학자인 마가릿 워너 몰리는 저서 《허니-메이커》에서 이런 사례들을 인용한다[181]. 노어포크에서는, 주인의 죽음에 애도를 표하지 않은 꿀벌들이 있었고, 이 벌들은 바로 병들었다. 그런데 새로운 주인이 검은 천조각을 벌통에 덮어주자, 벌들은 다시 건강을 되찾았다. 옥스퍼드 주의 한 가정은 17개의 벌통을 소유하고 있었는데, 벌들에게 그 집 주인의 죽음을 알리지 않았고, 그러자 벌들이 다 죽었다. 전해진 다른 이야기들에 따르면, 벌들은 그들 주인인 양봉업자가 매장될 때 모두 벌통 밖으로 나와 주인의 관 위에 함께 앉았다. 이런 이야기들은 벌이 산 자와 죽은 자 사이에서 어떤 연결고리 역할을 한다는 것을 상징적으로 보여주는 것이다.

죽음과 관련한 벌들의 이런 이야기들은 영국 미신들에도 많이 나온다. 죽은 자의 벌통을 구입하면 불행이 온다. 주인의 사망 후에는 벌통을 옮겨놓거나 180도로 돌려놓아야 벌들이 그들 차례가 되어 죽는 것을 막을 수 있다. 그리고 만일 아무런 설명 없이 한 벌통의 벌들이 다 죽는다면, 이는 곧 양봉가 가족 중 누군가가 죽는다는 전조이다. 또한 벌통을 훔쳐간 자에게 닥칠 재앙도 상상해볼 수 있다. 무엇보다 최악은, 만일 누군가가 벌들을 죽이는 중범죄를 저질렀을 때다!

양봉에 도전하려면, 첫 번째는 벌통은 구매해선 안 되고 선물

---

181) M. Warner Morley, *The Honey-Makers*, *op.cit.*, p. 340.

받아야 한다. 다시 말해, 벌통은 돈으로 살 수 없다는 것이다. 다만 벌통 구입이 화폐가 아닌 금으로 이루어지는 지역에서는 예외가 된다. 이런 통례가 의미하는 바는, 벌통은 돈으로 거래되기보다 선물로 받되, 새끼 돼지나 농가의 다른 농산물로 답례하라는 것이다. 독일에서는 처음 양봉을 시작할 때는 반드시 세 개의 벌통으로 해야 한다. 첫 번째는 물물교환된 것, 두 번째는 발견된 것, 세 번째는 선물로 받은 것이다.

벌통 및 벌들에 대한 이런 고차원적인 배려는 꿀의 상업적 가치를 초월하는 것이다. 물론, 전에는 이런 상업적 가치가 아주 중요했고, 지금도 중요할 수 있다. 하지만 벌은 농가의 다른 동물들과는 차원이 다른 특별한 위상을 차지한다. 벌은 이 상태에서 저 상태로 넘어가는 모든 순간마다, 그러니까 인생의 고비—탄생, 결혼, 죽음—마다 개입하는 것이다.

부고니아: 풍부한 상징주의

또 다른 아주 오래된 신앙이 있다. 이는 중세 시대까지, 심지어 목회자의 시대에도 '자발적 세대' 이론이 여전히 통용되었다는 점을 고려하면, 19세기까지 지속되었다. 벌들이 죽은 황소에서 태어났다는 것이다. 이 신앙은 라틴어로 부고니아Bugonia라 부르는 이른바 벌 희생제의 기원이다. 이 신앙을 입증하는 가장 오래된 것은, 기원전 3세기 크리스토스의 안티고네가 쓴 것으로 추정되는 기록이다. 안티고네는 말하기를, 이집트에서 뿔이 흙 위로 나오도록 황소 한 마리를 땅에 묻었다고 한다. 그 뿔을 톱으로 자르자 거기서 벌들이 새어 나왔다는 것이다. 소 몸의 발효 효과로 소가 벌로 변신했다는 이야기다. 대단한 상상이다! 다른 라틴 작가들도 이런 이미지를 다시 재현하는데, 기원전 1세기 베르길리우스는 〈농경시〉에서 이 희생제의 모든 세부 사항을 설명하면서 그 기원을 고대 이집트로 보고 있다. 오비디우스도 서력 1세기, 《변신 이야기》에서 이런 장면을 환기한다.

베르길리우스와 오비디우스가 전하는 전설에 따르면, 양봉가인 아리스타이오스는 어느 날 벌을 잃게 되자 이 기술에 도움을 청한다. 아리스타이오스는 농경의 신이자, 목축의 수호자이며, 낙농을 비롯한 기타 다른 재배의 신인데, 나무들 특히 포도나무와 올리브나무 재배의 수호자이기도 하다. 더욱이 요정들이 그에게 양봉의 기술도 가르쳐 주었다. 어느 날 그의 벌들이 다 죽자, 그는 어머니 키레네 요정의 조언에 귀를 기울였고, 마법사 프로테우스에게 물어보기도 했다. 그래서, 이것이 에우리디케의 죽음에 대한 오르페우스의 복수 때문이라는 것을 알게 되었다. 아리스타이오스에게 쫓기던 요정 드리아데스가 그만 공교롭게도 한 독사를 밟았고, 그 독이 에우리디케에게 치명상을 입힌 것이었다. 프로테우스의 말에 따르면, 여러 황소와 암소를 잡아 희생제를 치러주는 것만이 오르페우스의 혼을 가라앉히는 유일한 방법이라는 것이었다.

> 그래서 당장에 그는 어머니의 처방대로 했다. 성소에 가서 제단을 세우고, 완벽하게 탄탄한 빼어난 황소 4마리와 아직 목에 멍에를 채우지 않은 여러 마리의 암소를 성소로 데려갔다. 그리고 아홉 번째 새벽이 밝자, 오르페우스에게 속죄하는 뜻으로 이 제물을 바치고 숲으로 돌아갔다. 그런데 차마 형언할 수 없는 놀라운 일이 일어났다. 이 소들의 흐물흐물 녹은 살 사이로, 터진 배의 내장 속에서 벌들이 우글거렸고 어마어마한 구름떼처럼 날아오르더니 한 나무 꼭대기에 운집하는 것이 보였다. 벌떼들은 나뭇가지를 휘게 할 정도로 송이 다발처럼 매달려 있었다[182].

그리스, 라틴 기록에 제법 빈번하게 나오는—30여 개 이상을 찾을 수 있다. 우선, 바론의 책《데 레 루스티카》(II, 5)에 나오고, 콜루멜라도 약간 의심은 하지만 인용한다[183]—, 벌이 황소에서 나왔다는 이런 믿음은 놀랍게도 상당히 긴 수명을 보여, 오리게

---

182) Virgile, *Géorgiques*, IV, 548-558.

183) Columelle, *L'Économie rurale*, IX, 14, 6.

네스부터 성 아우구스티누스를 거쳐 셰익스피어에게까지 내려왔다. 그 사실성에 의문을 제기하진 않지만, 18세기 초 영국의 한 사전에서도 이를 찾아볼 수 있다[184]. 19세기에 와서야, 학자들은 벌의 탄생에서 단위생식[185] 및 수벌(퉹벌)의 역할을 밝혀냈다.

황소와 꿀의 기본 조합은 중석기 및 신석기 시대 유적지에서 발견되곤 한다. 기원전 8000~7000년 성소 유적지인 차탈 휘이크에선 벌집과 꽃밭을 날아다니는 벌을 그린 그림이 담벼락 아래에서 나왔는데, 그 상부에는 돋을새김으로 황소의 머리가 그려져 있었다. 기원전 4000년으로 거슬러 올라가는 쿠쿠테니-트리필리아 문화 유적지인 우크라이나 빌체 졸로테에서 황소머리 형상을 한 뼈 장신구가 나왔는데, 거기에도 꿀벌 모양이 새겨져 있다. 이 긴 목걸이 형태의 장신구는 크라쿠프 국립 박물관에 소장되어 있다. 한쪽 면에는 꿀벌이, 다른 한쪽 면에는 황소가 새겨진 그리스 주화들이 기원전 1000년경에도 유통되었다.

죽은 황소에서 벌들이 자연발생적으로 탄생했을 것이라는 이런 믿음은 상징주의 차원에서 흥미롭다. 이 믿음은 곧 삶과 죽음을 연결하고 결속시키는 차원에서 나온 것이기 때문이다. 서기 3세기 신플라톤주의 철학자인 포르피리오스는 황소와 꿀, 그리고 벌 사

---

184) E. Crane, *The World History of Beekeeping and Honey Hunting*, *op.cit.*, p. 581.

185) 암컷 생명이 수컷 생명 없이 새로운 개체를 만드는 생식 방법을 가리킨다. 일종의 처녀생식이다.(―옮긴이)

이의 상징적 관계를 이렇게 설명한다.

> 고대인들은 지하 여신의 신비 세계로 안내하는 역할을 맡은 케레스(세레스)[186] 여제관[187]에게 꿀벌이라는 이름을 부여하고, 코레 여제관을 꿀처럼 감미롭다고도 말한다. 고대인들은 한 세대를 주재하는 달(아르테미스)을 꿀(멜리사)이라고 부르고, 황소라는 다른 이름으로도 부른다. 황소자리가 달의 고양 지점이기 때문이다. 벌이 황소에서 태어나듯, 다음 세대로 가는 영혼을 "소에서 태어났다"라고 하고, 이 세대의 비밀들을 아는 신을 "소를 훔친 자"라고 부른다. 또한 꿀은 죽음의 상징이 되었다(이것이 지하 신들에게 꿀을 헌주로 바치는 이유이다)[188].

이 단락에는 기본적인 원형 요소들이 많이 들어 있어, 고대 신앙의 핵심을 잘 요약하고 있다. 케레스 숭배의식은 2천 년 동안 꾸준히 엘리우시스에서 행해졌다. 이 전통 의식에서는 여제관이 몸소 인간들에게 의식을 가르쳐 주고 의식을 행한다. 이 의식

---

186) 세레알(시리얼) 등의 어원이 되는 케레스(세레스)는 곡물의 여신이다.(—옮긴이)

187) 프랑스어로는 여제관prêtresse과 여신déesse이 구분된다. 보통 케레스 여신, 코레 여신이라고도 부르는데, 저자는 의식을 치르는 장면에서 여신과 여제관을 구분하여 쓰고 있거나, 때론 뒤섞어 쓰고 있다. 우선은 원어대로 번역했다.(—옮긴이)

188) Porphyre, *L'Antre des nymphes dans l'Odyssée*, 15.

의 정점은, 9일 동안 단식한 후 시세온을 흡입할 때다. 엘레우시스 신비의식에 들어가기 바로 직전 단계로, 시세온을 마신 자는 이제 신들의 세계와 소통하는 것으로 간주된다. 케레스를 축성하는 의식은 아테네 데메테르 축제 때도 거행되었다. 이 축제 기간 중 결혼한 여자는 '꿀벌', 즉 멜리사라는 이름을 갖게 되고 단식과 절제 의식을 치른다. 이어 데메테르 여신에게 그들 자신의 번식과 풍요를 빌고, 농경지 땅의 번식과 풍요도 기원한다.

포르피리오스가 전하는 바로는, 케레스의 딸인 코레-페르세포네는 "꿀처럼 감미롭다." 이 하계의 여신은 하데스의 아내로, 일 년 중 6개월은 이 지하 세계에 살고 봄이 오면 채소와 식물의 귀환과 함께 땅 위로 귀환한다. 별자리에서 황소자리는 바로 한 해 중 이 시기이다[189]. 바로 이때 벌통은 꿀들로 가득 차고, 벌들은 떼를 지어 다닌다. 결국, 페르세포네 신화는 땅속 세계와 땅 위 세계 사이를 오가는 이야기이다. 페르세포네보다 먼저, 그 어떤 누구도 지하에서 나와 땅 위로 돌아올 수 없다. 케레스는 딸이 일 년 중 여섯 달 동안 자신에게 와 있는 것을 받아들였다. 이로써 왕복성이 가능해졌다. 신화에서 나타나는 이런 왕복 및 이동 개념을 통해, 자연의 재탄생은 다름 아닌 지하세계, 즉 죽음의 세계에서 온다는

189) 황도 12궁의 제2궁인 황소자리는 4월 20일(곡우)-5월 20일(소만)에 해당된다.(―옮긴이)

것을 이해하게 되었다. 삶은 곧 죽음과 불가분의 관계인 것이다.

황소-벌 이원성에서, 벌은 밝은 면, 즉 봄과 여름 같은 면을 구현하는 반면, 황소는 어두운 면, 가을과 겨울, 그리고 죽음의 면을 구현한다. 크레타 섬의 미노타우로스도 이런 경우인데, 미궁 저 안쪽에 틀어박혀 매해 일곱 청년—판본에 따라 처녀일 때도 있다—의 조공을 먹어치운다. 미궁 안으로 들어가 야수를 덮치는 테세우스의 승리는 그래서 두 개의 죽음과 싸운 승리이다[190]. 크레타에서든 스페인에서든 투우 경기는 같은 상징체계를 가지고 진행된다. 경기에서 황소는 죽음을 상징하고, 투우사는, 일종의 눈부신 복장을 한 작은 벌처럼, 또 벌침 같은 칼을 갖추고 아주 체계화된 죽음의 무도를 추는 것처럼 항상 기민하게 움직여야 승리한다. 이 경기는 황소를 희생 제물로 바치고, 그 제물을 공유-소비하듯 소가 죽음에 이르러서야 비로소 완성된다. 고대 희생제의 모든 양태가 이 경기에 다 결집되어 있는 셈이다. 따라서, 이 모든 사례에서, 의식의 출구에 죽음이 상존한다. 그러나 결국 최종적으로 승리하는 것은 삶이다.

이렇듯 부고니아는 고대 종교 희생제의 정수 그 자체이다. 죽은 황소의 삶은 꿀벌의 삶으로 이어진다. 지상을 떠도는 영혼들

---

190) Pierre Somville, 《L'abeille et le taureau (ou la vie et la mort dans la Crète minoenne)》, *Revue de l'histoire des religions*, t. 194, n° 2, 1978, p. 129-146.

을 그다음 세대로 갈 때까지 동반하는 것이다. 삶은 죽음 속에 포함되어 있다. 바로 이것이 신석기와 청동기, 그리고 미노스 문명의 종교에 있는 불변적 상수이다[191].

꿀벌의 신격화: 그리스 조각상에 나타난 꿀벌-황소 커플

크레타가 기원인 대大여신, 재생의 여신은 실제로 꿀벌의 형상으로 표현되었다. 크노소스에서 기원전 1500년으로 추정되는 보석송진이 나왔다. 날개 달린 두 개가 양쪽에서 보필하고 있고, 황소의 뿔과 두 도끼, 그리고 미노스 문명에서 여성성을 상징하는 나비 또는 벌의 날개로 장식된 꿀벌 여신 그림이 그려져 있었다.

미케네 문명의 이 새김돌(기원전 1650~1100)에는 꿀벌 형상이 두 개 그려져 있고 이쪽저쪽에 우뚝 선 식물 하나가 있는데, 이 식물은 황소 뿔 형상의 용기 내부에서 자라나 바깥으로 뻗어나온 느낌이다. 둘은 어쨌거나 "축배를 드는 것"도 같고, 아니면 그들이 들고 있는 두 술잔 때문에 헌주를 하는 것도 같다. 이 술잔에는 무엇이 담겼을까? 꿀물이나 꿀맥주처럼 신들에게 바칠 음

191) Marija Gimbutas, *The Gods and Goddesses of Old Europe. 7000 to 3500 BC : Myths, Legends and Cult Images*, Berkeley, University of California Press, 1974, p. 182.

사진 7

사진 8

사진 9

묘일까? 어쨌든, 꿀벌은 여기서도 삶과 죽음의 이원적 차원에서 밝은 면을 차지하고 있고, 황소는 어두운 면에 머물러 있다. 이런 이원성 때문에 말리아의 황금 목걸이 장신구(사진 7)는 더욱더 아름다워 보인다. 이것은 크레타 미노스 시대(기원전 1800~1700)의 크리솔라코스 왕실 지하묘에서 1930년에 발견되었다. 둥근 꿀과자를 들고 서로 마주하고 있는 두 벌을 표상하고 있다. 촉수는 꿀방울에서 만나고 있고, 날개 위와 꼬리 아래에는 황금색 원반이 황금빛 꿀방울처럼 그려져 있다.

기원전 7세기 보이오티아 꽃병(사진 8)에는 곤충 머리와 팔을 한 여신이 그려져 있다. 주변에는 만卍자 형상과 함께 땅의 동물, 물의 동물, 그리고 공중의 동물 들도 그려져 있는데, 그 가운데 하나에는 잘려진 황소머리도 있다. 에게-아나톨리아 중심의 전前그리스 시대 신이었던 이 '동물들의 여주인'은 야생 세계의 보호자인 아르테미스와도 관련된다. 호메로스는 《일리아드》 21장, V. 470에서 이 여신을 규정하기 위해 '포트니아 테론Potnia thêrôn', 즉 '동물들의 여주인'이라는 표현을 사용했다. 꽃병 그림을 보면, 황소가 희생되었고, 새로운 생이 시작되었음을 알 수 있다. 이 여신은 정기적인 재생의 여신일 수도 있다.

로도스에서 발굴된, 같은 시기로 추정되는 황금판에는 꽃들에 둘러싸인 황소뿔 형상을 한 날개 달린 꿀벌 여신이 그려져 있다. 이 재현물은 변신을 가리키는 듯하다. 벌의 번데기 또는 복부 형태의 부착물이 그려져 있지만, 그 안에서 인간 형상도 추출된다(사진 9). 이것은 물의 요정 나이아데스의 세 자매 중 하나를 표현한 것인데, 이 요정들은 포키아에 있는 파르나소스 산 코리시아 동굴의 신성한 샘에 산다고 알려져 있다. 이 처녀 세 자매의 특성은 머리는 여자이고 몸은 날개 달린 곤충의 몸인데, 흔히는 예지력을 갖춘 '여신-꿀벌'처럼 함의된다.

《호메로스의 헤르메스 찬가》에서 세 자매 또는 '운명지어진 자들'은 여자들 또는 꿀벌들이다. 이 자매들을 장식하고 있는 '빛나는 가루'들은 그녀들의 머릿결을 환기하기도 하고 꽃가루를 환기하기도 한다.

> 탄생으로 이미 운명지어진 이 세 자매 또는 세 처녀는 자신들의 빠른 날개를 자랑스러워한다. 빛나는 꽃가루가 그녀들 머리 위에 흩뿌려져 있다. 그녀들의 저택은 파르나소스 산 협곡 발치에 있다. (…) 그들은 바로 거기서 비상하여 여기저기 날아다니며 밀랍을 찾아 먹는다. 그러면 모든 것이 현실화 된다. 금빛 꿀을 섭취한 그들은 전이 감정에 사로잡혔을 때 예언력이 비상해져 기꺼이 진실을 말해준다. 반대로, 이 신들의 음식을 먹지 못하면, 그들은 당신의 정신을 망쳐놓으려고 애를 쓴다[192].

포르피리오스의 글은 그리스의 또 다른 여신인 아르테미스도 언급하는데, 아르테미스의 정체성은 달의 순환 주기에 따라 변동한다는 것이다. 그래서인지 아르테미스를 때로는 벌, 때로는 소로도 불렀다. 아르테미스는 야생 자연의 여신이다(케레스가 농업의 여신이라면). 그래서 아르테미스를 넣으면 달, 황소, 그리고 꿀벌들이라는 일종의 3폭화가 만들어진다. 그래서 아르테미스는 차오르는 달 아래, 4마리 황소가 끄는 수레를 탄 모습으로 표현된다. 에페소스[193)]의 아르테미스 상(사진 10)을 보면 여러 개의 둥근 융기를 지닌 몸의 여신으로 표현되는데, 바로 그래서 '수많은 젖가슴'이라는 뜻의 폴리마스토스polymastos라는 별명이 붙은 것이다. 하지만, 사실 이것은 가슴이 아니라

사진 10

192) *Hymne homérique à Hermès I*, traduction Jean Humbert, dans Tout Homère, Hélène Monsacré (dir.), Paris, Albin Michel, 2019, p. 930.

193) 여신 아르테미스를 모신 신전은 기원전 7세기 이후 여러 차례 증건되면서, 기원전 4세기에 완전한 구성의 대신전으로 완성되어 "세계 7대 불가사의"의 하나로 꼽힐 정도가 되었다. 그러나 기독교 시대에 와서 그 모습이 거의 다 사라졌고, 유적만 남아 있다. 에페소스는 현재의 투르키예(터키) 이즈미르 남서쪽 끝단에 있다.(—옮긴이)

황소의 고환이다. 여신은 일종의 칼집[194]처럼 생긴 외투를 걸치고 있고, 외투 가장자리에 여러 동물이 돋을새김으로 장식되어 있는데, 특히 꿀벌, 황소, 사자가 눈에 띈다. 황소의 뿔은 차오르는 달을, 고환은 번식성을 환기한다.

에페소스에 있는 아르테미스 신전은 벌통처럼 조직되어 있다. '멜리사이Melissai', 즉 '꿀벌들'이라 불리는 60여 명의 여사제와 에세네스Essênes, 즉 '벌들의 왕'이라 불리는 거세당한 환관들로 구성된 벌들이 그야말로 '분봉하는 꿀벌떼'처럼 모여 있는 것이다. 벌통의 여자 일벌들처럼 이 여사제들은 여신이라 할 수 있는 '여왕'을 상징적으로 '식이食餌'한다." 델포스의 피티아 여사제도 멜리사라는 이름을 갖는 것은 흥미롭다—앞에서 말했지만, 터부 때문에 벌이라고 직접 명명하지 않고, 꿀을 식이하거나 공급하는 자로 환언해서 표현했다.

꿀벌들, 영혼, 재생, 갱생의 상징

포르피리오스의 글이 우리에게 알려주는 것은, 아직 태어나지

---

194) fourreau. 칼, 우산, 총 등을 넣어놓는 케이스를 뜻하지만, 음경의 포피라는 뜻도 있다.(—옮긴이)

않은 영혼들은 소에서 태어난 꿀벌과도 같다는 것이다. 그리고 죽은 자의 영혼을 삶으로 끌어당기면서 세상에 다시 오도록 주재하는 것은 바로 아르테미스라는 것이다.

꿀벌들은 시베리아, 중앙아시아, 콜럼버스 이전 아메리카 대륙의 샤머니즘 유형 종교들에서 영혼을 상징한다. 여기서 영혼은 "세대 발생을 위해 전진하는" 개념으로도 이해되는데, 이것은 포르피리오스가 〈홀레 부인〉[195)]이라는 중세 전설에서 묘사한 것과도 유사하다. 이 이야기는 19세기 민담에도 나오는데, 홀레Holle는 어떤 때는 홀다Holda 또는 페르슈타Perchta, 아니면 베르타Bertha로 나온다. 이 이름은 고대 게르만어 *brehtaz에서 유래한 건데, "눈부시게 빛나는"이라는 뜻이다. 그녀는 아직 태어나지 않은 영혼들이 다 모여 있는 세계의 여주인이다. 이 아직 태어나지 않은 영혼들을 '하임센Heimchen'이라고 부르는데, '귀뚜라미'라는 뜻이

---

195) 그림형제의 동화로까지 전승된 이 이야기는 게르만 요정 설화가 그 기원이다. 그림형제 동화에서는 이런 줄거리이다. 어느 과부에게 두 딸이 있었는데, 친딸은 못생겼고 게으르지만, 전처의 의붓딸은 예쁘고 부지런하다. 의붓딸이 실수로 방추를 우물에 떨어뜨리자, 이를 찾아오라 명령한다. 의붓딸은 우물 속으로 뛰어드는데, 떨어진 곳은 다름아닌 아름다운 들판이다. 이 딸은 들판을 걷다 이윽고 홀레 부인의 집에 도착하고, 이 아주머니가 시키는 대로 열심히 일을 한다. 나중에 이 의붓딸은 집이 그리워지고 그래서 집으로 돌아가겠다고 말하자, 홀레 부인은 열심히 일한 대가로 황금비를 내려준다. 황금으로 뒤덮여 돌아온 이 의붓딸을 보고 질투한 과부는 자신의 친딸도 같은 행운을 누리게 해주고 싶어, 일부러 방추를 우물에 빠뜨리게 한다. 이 딸도 결국 홀레 부인의 집에 들어가는데, 게으른 딸은 열심히 일하지 않았고, 홀레 부인은 친딸이 돌아갈 때 황금비 대신 누런 똥물을 씌워 돌려보낸다.(—옮긴이)

다. 혹은 '꿀벌'의 다른 호칭이다. 이 세계 한가운데 신비한 기적의 샘물이 있는데, 이 샘물은 꿀들로 가득한 꽃들이 피어 있는 초원 한가운데 있다. 이 샘물에서는 젖이 흐른다.

여기서도 젖과 꿀이 결합된다. 젖과 꿀은 모든 기원 설화에 원형처럼 나타나는 고대 사회의 주요한 두 음식이다. 젖이 아직 태어나지 않은 아기를 먹이는 거라면, 꿀은 아기를 달래는 것이다. 홀레 부인은 이 파라다이스에 체류하는 아이들의 영혼을 출산에 이르기까지, 즉 이 지상의 세계로까지 인도하는 일을 맡는다. 게르만 지역에서는 아기가 아직은 인간이라기보다 하나의 '영혼'으로 여겨졌다. 따라서 아직은 어떤 음식도 섭취해선 안 되었다. 이런 '영혼' 같은 아기에게 주는 첫 음식은 그저 꿀이었다. 만일 막 태어난 갓난아기 입술에 꿀을 바르면, 아이는 건강하게 살아갈 것이 분명했다.

갓난아기를 보호하기 위해 갓난아기 입술에 꿀을 바르는 풍습은 대단히 넓게 퍼져 있었다. 특히 인도에서 정화의식을 할 때 이런 풍습이 있다. 갓난아기의 아버지는 아기 입술에 꿀을 바른다. 나마카란 의식에서도 이 행위를 다시 하는데, 그때 아이에게 이름을 지어 준다.

꿀벌과 꿀은 (다시) 태어나는 생과도 관련된다. 게르만 신화의 영향을 받았는지, 성녀 리타 전설에서도 이런 보충적 의미가 부여되어 있다. 또한 밀라노의 암브로시우스나, 시인 핀다로스, 플라톤도 꿀벌들이 스스로 아이의 입술 위에 꿀을 놓는 장면을 환기한다. 특별한 미래를 갖도록 운명을 미리 점지한다는 상징성이 있는 것이다. 즉 이 꿀은 내세의 꿀이다. 여러 세계를 여행하며 생을 제공하는, 빛으로 가득한 여신이 내린 꿀이다. 이 여신은 바로 꿀을 만드는 멜리사 여신, 즉 꿀벌이다.

꿀은 대립적인 것을 결합시킴으로써, 삶과 죽음을 화해하고 절충시킨다. 부패한 것에서 태어난 벌들의 꿀, 황소를 희생시켜 정화한 살에서 태어난 벌들의 꿀, 하지만 이것은 생의 약속이자 상처를 치료하고 정화하는 불변의 음식이다.

이런 역설적 공존이 꿀의 특징이다. 삶과 죽음을 결합한 힘은 특히 마야 문화에서 두드러진다. 유카탄[196]의 마야인들에게 꿀은 지옥의 동물이었다. 마야어로 그 이름은 수난 캅Xunan cab인데, Xuna'an은 여자를 의미하고, Cab은 문맥에 따라 '벌', '둥지' 또는 '땅' 등 여러 의미가 있다. 장식문자로 Caban은 꿀과 은폐된 불가사의한 세계를 동시에 가리킨다. 이것은 익셸Ixchel 여신의 기호이기도 하다. 익셸은 '흰 늙은 여자'라는 뜻인데, 만물의 어머니이다. 〈마드리드의 밀랍판〉에서, 벌 아래 놓인 이 상징은 벌통, 즉 풍요의 여신이 숨어 있는 왕국을 가리킨다. 카비날Cabinal이라는 여신은 벌통의 보호자이자 동시에 풍요와 땅의 여신이다. 벌이

196) 옛 멕시코를 가리키는 말이다.(—옮긴이)

땅 내부에서 왔고, 그래서 죽은 후에는 다시 그곳으로 돌아가야 한다는 마야인들의 믿음은 여기서 나왔다. 마야의 양봉가들은 벌의 사체를 돌 밑에다 파묻는다. 죽은 벌들이 죽은 것들에서 출발해 다시 삶을 재건하도록 하기 위해서 말이다[197].

꿀의 비부패성이 재생의 개념을 더 강화하는 함의로 사용되기도 한다. 크레타 전설에 따르면, 미노스와 파지파에의 아들인 글라우코스는 꿀통 속에서 익사한 후 부활했다. 이와 비견되는 가장 놀라운 예라면, 예수의 죽음과 부활일 것이다. 여기서도 꿀벌들이 관련된다. 석 달의 겨울 동안, 벌들은 눈에 띄지 않는다. 바로 이것은 예수의 영혼이 부활 전 고성소를 여행하는 사흘을 상징한다.

꿀은 따라서 상징적으로, 재생하는 벌에 비유되어 생과 연결되고, 지하 세계를 통해 죽음과 연결된다. 우리 먼 옛 조상들에게 생은 죽음에서 오는 것이었다. 벌의 형상—촉수(안테나)는 황소의 뿔과 유사하고, 날개는 점점 커지는 초승달과 유사하다—은 영원한 회귀를 상징한다. 벌들의 정기적인 분봉은 결과적으로 새로운 세대를 탄생시키는 것으로, 이렇듯 생은 불변으로 재생되는 것이다.

---

197) Alejandro Rivera-Zamora et João Pedro Cappas e Sousa, 《Las Abejas y la Miel en los Códices Mayas (Códice Madrid o Tro-Cortertesiano)》, 2004, en ligne : https://pdfslide.net/documents/abejas- y-miel-en-los-mayas.html

꿀: 신의 정수

꿀은 신성과 긴밀하게 연결되어 있다. 앞에서 살펴봤듯이, 꿀이 신에게 바치는 헌물의 일부라면, 이게 우연은 아니다. 꿀은 기원과 본질 안에 이미 신성한 것이 포함된 특별한 음식이다. 아기 제우스에게 먹인 것은 꿀과 실제로 암염소 아말테아의 젖이었다. 아버지 크로노스가 이미 모든 다른 아들들과 딸들을 잡아먹었기에, 제우스의 어머니 레아는 아기 제우스를 크레타섬에 감춰 두었고, 아말테아가 대신 아기 제우스에게 젖을 먹인다. 전설이 이야기하는 바, 멜리아데스가 제우스를 크레타로 옮겨주었고 보살펴주었다. 멜리아데스(이 이름에도 분명 *meli-t가 들어 있다)는 물푸레나무 요정들로, 그리스에서는 멜리아melia라고 한다. 이 요정들은 보호자 역할을 한다. 파르메니스코스나 프스도-아폴로도로스에 따른 다른 판본에서는 멜리아데스 자리를 크레타 왕의 두 딸이 대신하는데, 신기하게도 이 크레타 왕의 이름은 멜리세우스[198]다.

물푸레나무 앞에서 잠시 멈춰보자. 왜 꿀이 나오게 될 이 나무 이름이 물푸레나무frênes[199]일까? 물푸레나무는 신이 내린 양식

198) A. Baudou, 《Les Abeilles et Mélissa, du symbole universel à l'hapax mythologique》, art. cité. 꿀을 먹은 아기 제우스에 관한 신화는 베르길리우스에도 나온다(Géorgiques, IV, 149 sq.), Callimaque (*Hymne à Jupiter*, 10) et Diodore de Sicile (*Bibliothèque historique*, V, 70);Lactance (Institutions divines, I, 22, 19~20(이 문헌을 보면, 크레타 왕의 이름은 멜리세우스이고, 크레타 제우스의 두 유모 이름은 아말테아와 멜리사이이다.

만나와 같았다. 이 나무 속에 단 수액이 들어 있기 때문이다. 그래서 고대인들은 이 수액을 꿀과 동일시했다. 사실상, 18세기 말 전까지만 해도 꿀이 꽃에서 나온다는 것을 정확히 이해하지 못했다. 그 이전에는 꿀이 이슬방울처럼 하늘에서 떨어지는 것이라고 생각했다. 벌들이 수확해서 벌집에 쌓아놓은 것이 바로 이 신성한 이슬방울이라고 말이다. 아리스토텔레스에 따르면, "꿀은 별들이 뜰 때, 무지개가 뜰 때, 그때의 공기 중에서 떨어진 물질이다. 주요하게는, 플레이아데스 성단이 생기기 전에는 꿀이 없다[200]." 대플리니우스는 이 비슷한 식으로 꿀의 천상 기원을 설명한다.

> 이 물질은 공기에서 왔다. 특히 별이 뜰 때, 더 주요하게는 플레이아데스 성단이 뜨기 전이라면 절대 나타나지 않는 시리우스가 완연히 빛을 발하며, 태양의 정점을 향해 갈 때. 첫 새벽이면, 나뭇잎들은 축축하게 꿀을 머금는다. 아침에 야외 들판에 나와본 자들이라면, 옷이 축축하고, 머리카락이 어떤 물기가 감도는 물질, 하늘의 땀, 별들의 타액, 또는 스스로 정화되는 공기의 체액에 딱 달라붙어 있는 것을 눈치챘을 것이다. 그러면 하늘이

199) 프랑스어로는 frêne이고 그 학명은 Fraxinus이다. 라틴어로 '분리하다'에서 유래했다.(—옮긴이)

200) *Histoire des animaux*, V, 22, 553 b 29-31, cité dans Simon Byl, 《Aristote et le monde de la Ruche》, *Revue belge de philologie et d'histoire*, t. 56, fasc. 1, 1978, p. 15~28.

이내 기분이 좋아져 우선 순수하고, 맑고, 투명한 꿀을 흘려보낸다! 하지만 그 높은 데서 떨어지느라, 오는 길에 더러워진다. 또 지상에서 내뿜는 발산물에 오염이 된다. 게다가 꽃가루가 나뭇잎들과 풀에 모여 벌들의 작은 주머니에 쌓이고—사실은 입으로 거의 다 게워낸다—, 꽃의 체액으로 더 변질되고, 벌통 시렁 안에 담겨 있어 수천 번은 변질되는데, 그래도 이 자연의 결과물인 커다란 기쁨을 여전히 마련해주고 있는 것이다[201].

만일 이 묘사를 그대로 믿어본다면, 물푸레나무에서 나온 만나는 천상에서 내려온 꿀일지 모른다. 더욱이, 이 나무와 연결된 신은 멜리아데스 요정—이 명사는 벌의 유충 상태의 최종 단계를 가리키기도 한다—으로, 꿀에서 어떤 감미로움을 빌려온다. 이 요정들은 실제로 이롭고 행운을 가져다줘서 아이들과 가축들의 보호를 기원할 때 자주 호출되었다. 이 요정의 기원은 아주 오래되었다. 신들의 계보 제1세대에 속한다. 가이아(땅)가 우라노스(하늘)와 하나로 맺어져 티탄족들을 낳았다. 가이아는 우라노스와의 짝짓기를 더는 참지 못했다. 우라노스는 가이아가 자식들에게 젖을 물리는 것을, 미래의 자녀들을 낳는 것을 못 하게 방해했다. 그래서 가이아는 예리한 낫도끼를 만들었고, 아들 크로노스

---

201) Pline l'Ancien, *Histoire naturelle*, XI, 12.

는—포르피리오스가 전하는 오르페우스 이야기 속에 나온 대로라면, 크로노스는 꿀에 취해 낫도끼를 들었다[202]—그 낫도끼로 우라노스를 거세시켜 땅을 하늘에서 분리시켰다. 그 성기는 바다 속으로 떨어졌고, 아프로디테가 거기서 생겨났다. 고환의 피가 땅 위에 뚝뚝 떨어져 에리니에스, 기간테스, 그리고 멜리아데스를 낳았다. 이런 탄생은 거세로 인한 것이기에 더욱 기이하다.

꿀을 수확하는 행위를 가리킬 때 "벌통을 거세하다"는 표현을 쓰는데, 그렇다면 꿀을 벌통의 정액처럼 생각한 걸까? 이 천상의 음식을 제공받으려면, 거세를 통해야 한다는 은유일까[203]? 벌들은 날면서 혼인식을 치르는데, 이런 과정을 생각하면 거세 개념도 연관지어볼 수 있다. 여왕벌은 수벌들에 의해 임신되는데, 수벌들은 교미가 끝나면 죽는다. 왜냐하면 여왕벌에 붙어있던 생식기를 잃기 때문이다. 여왕벌은 벌통으로 귀가하여, 디딤판 위에 착지하고, 이 성가신 물질을 떼내버린다. 그러면 일벌들이 얼른 와서 이것들을 정리한다. 꿀은 이렇게 삶과 죽음 사이에 위치한다. 그래서 생명을 전달하고 활력을 주는 영양물이 된다.

멜리아데스의 탄생은 동물의 생식(출산)과도 상관되지만, 식물의 발아와 더 상관된다. 식물의 씨 같은 발아 물질이 땅 위에 떨

---

202) Porphyre, *L'Antre des nymphes dans l'Odyssée*, 16.

203) G. Tétart, *Le Sang des fleurs*, *op.cit.*, p. 224 et suiv.

어지면 싹이 난다. 혹은, 작은 상록관목이 잘리면, 그 가지 뿌리가 땅과 닿으면서 일명 꺾꽂이 가지가 된다. 우라노스의 핏방울이 땅에 닿았을 때처럼, 여기서도 멜리아데스가 태어나게 된다. 꿀벌의 탄생을 둘러싼 신화들도 이와 똑같은 기원에서 빌려온 것 같다. 이집트 전설에서만 하더라도, 땅 위에 떨어진 레의 눈물에서 벌들이 태어났다고 했으니까. 이런 신화를 만들 때, 유성 생식 개념을 빌어오지 않을 수 없었을 것이다.

따라서 물푸레나무의 멜리아데스는 식물에서 나온 하나의 실체이지만 단순한 식물이 아니다. 물푸레나무는 고대 사회에서 전쟁과 관련되면서도 동시에 평화와 관련된 특별한 위상을 차지했다. 이 나무는 재질이 단단해 방패, 창, 투창을 만들 때 사용되었다. 아킬레우스의 창은 끝부분은 청동 재질이지만, 나머지는 물푸레나무, 그것도 호메로스가 명시하기로는 펠리온 산의 물푸레나무로 만들어졌다[204]. 게다가, 물푸레나무는 전통 약전에서도 큰 역할을 한다. 여기서 추출한 것으로 장수를 촉진하는 치료제를 만든다. 뱀, 독사, 전갈의 독을 해독하는 데도 평판이 좋다[205]. 이 만나 덕분에, 특히, 프랑스 시골에서는, 20세기까지도 '프레네트frênette'라는 일종의 꿀물을 만들었는데, 건강에 좋은 것으로 유

204) Homère, *Iliade*, XVI, 143~144.

205) Pline, *Histoire naturelle*, XVI, 64.

명하다. 마지막으로, 물푸레나무는 번개(그 라틴어 이름 fraxinus는 '번개'를 의미하기도 한다)를 불러일으켜 인간이 불을 활용하게 해주었고, 문명의 출현에 중대한 역할을 했다.

북부 유럽 신화에서, 위그드라실[206] 물푸레나무는 꿀과 연관된다. 이 나무는 이른바 세계의 나무, 악시스 문디axis mundi이다. 그 뿌리는 지하 세계 속에 잠겨 있고, 그 꼭대기는 하늘에 닿는다. 두 세계 사이에 아홉 개의 세계가 하나로 모여 있다. 그 잎들과 나뭇가지들에서 하얀 이슬방울이 흐르는데, 벌들이 이를 수확해 꿀로 변화시킨다. 두 세계 사이, 신들의 세계, 죽은 자와 산 자의 세계를 연결하는 거대한 나무의 잎들과 가지들에서 나온 꿀은 천상이 기원이다.

꿀의 원래 기원은 하늘이며, 다만 벌들이 나무와 꽃들을 날아다니며 수집한 것이라는 믿음은 17세기에도 여전히 널리 퍼져 있었다. 벌들에 관한 첫 과학적 논문의 저자인 찰스 버틀러는 1623년 이렇게 썼다.

> 가장 순수한 넥타르의 상당량은 높은 데서 온다. 전지전능한 신은 대기 중에서 이를 기적적으로 증류한다. (…) 이것이 땅에, 이

206) 북유럽 신화에서는 오딘 신이 심은 나무로 나온다. 뿌리가 세 개 있는데, 지하·지상·천상에 하나씩 그 뿌리가 박혀 있다.(—옮긴이)

슬방울 또는 이슬비로 내려온다[207].

꿀의 영양, 치유, 방부제… 그리고 취하게 하는 특성은 꿀에 신성한 지위를 부여할 수 있다. 멜리아데스의 탄생처럼 우라노스의 피에서 비롯된 꿀은 일부는 영양이 풍부한 음식 물질로, 또 일부는 약간의 신성을 은닉한 불멸성의 물질이 되었다. 올림포스 신들의 음식이었던 넥타르와 암브로시아도 당연히 꿀로 만들어졌다. 유럽 북부에서 헤이드룬 염소는 위그드라실 물푸레나무 이파리들을 뜯어먹는다. 그 염소의 젖에서는 꿀이 흘러내리고 마르지도 않아, 죽은 전사들을 발할라까지 데려가는 동안 영양을 공급했다. 따라서 물푸레나무에서 나온 꿀은 그리스인이나 스칸디나비아인에게는 신들의 영역에서 유래한 것이므로 신성한 것과 관련되었다.

기원으로서의 음식, 황금기에서 초기 양봉시대까지

물푸레나무, 꿀, 전사적 기능, 의학적 기능 그리고 불멸성을 주는 음식 등 여러 개념이 연합되면서, 물푸레나무는 정말 특별한

207) Ch. Butler, *The Feminine Monarchy*, *op.cit*. Traduction de l'auteure.

식물이 되었다. 그 신성한 자연성으로 초기 신들과 연결되는가 하면, 꿀이 영양을 공급할 인류의 정액도 품고 있다는 개념으로 확대되었다. 북유럽 신화에서는 위그드라실 같은 기념비적인 물푸레나무 표상이 나오지만, 최초의 인류 커플도 이 나무와 관련된다. 이 커플은 아스카와 엠블라, 또는 '물푸레나무'와 '느릅나무'이다. 그리스 신화 전통에서도 멜리아데스에서 인간이 태어났다는 설이 있다[208].

인류에게 꿀은 기원의 음식이다. 초기 황금기에 인간은 야생꿀을 먹으며 살았다. 여기서 황금기란, 인류가 사냥도 농업도 할 필요 없이 영양과 즙이 풍부한 과일을 따기 위해 손만 뻗으면 되었다는 지상의 파라다이스 시절이다. "(…) 벌거벗은 들판은 물결치는 이삭 아래 금빛으로 서서히 물들고, 야생 가시덤불에는 진홍빛 포도송이들이 매달려 있고, 단단한 떡갈나무에서는 꿀이슬이 방울방울 떨어졌다[209]."

철학자들 중, 특히 피타고라스 학파들은 이 잃어버린 황금기와 다시 연결되고 싶어했다. 피타고라스 학파들은 채식주의자들로, 과일과 꿀로만 영양분을 섭취했고, 피를 흘리는 희생제는 일절 거부했다.

---

208) Sébastien Dalmon, *Les Nymphes dans la Théogonie hésiodique*, Pallas, n° 85, 2011, p. 109~117.

209) Virgile, *Bucoliques*, IV, 28~30.

황금기 신화 시절, 즉 크로노스가 세계를 지배하던 시절에 꿀은 절대적인 식품이자 고기의 대체물이기도 했다. 고대 그리스에서는 꿀을 비동물성 식품으로 보았다. 꿀은 벌들에 의해 수집되지만 식물 물질이 그 안에 들어있기 때문이다[210].

동물성과 식물성 간의 이 모호함은 오늘날에도 여전히 감지된다. 그래서 꿀을 사육하는 양봉은 특별히 농업에 포함된다. 야생 벌통과 인간이 만든 벌통을 구분하기 위해 '양봉' 또는 '사육domestication'이라는 말을 쓸 뿐이다. 그런데 이게 정말 사육인가? 벌의 사육은 암소나 개, 양의 사육과는 다르다. 그래서 '사육' 대신 '재배culture'[211]라는 말을 쓰고, 식물을 재배하듯 벌을 재배한다, 또는 양봉을 한다고 말한다. 목축업에서 동물은 '길들여진다.' 다시 말해, 야생 상태의 동물과는 다르다. 인간은 그 번식을 통제했고 다른 종을 만들어냈다. 울타리 안에 있지만, 다른 동물이다. 일부 잡종 교배가 일어나긴 하지만, 양봉에서 이 동물은 야생 상태 그대로 있다. 인간은 개나 말, 소의 품종에게 하듯 벌을 완전히 지배하지는 않았다. 이른바 '재배'는 벌들에게 최적의 생존 조건을 보장해주었다. 인간 거주지 근처에 있고, "따가면서"(잘라가면서) 수확하는 방식은 식물 재배와 똑같다. 그래서 벌은 그 고유

---

210) G. Tétart, *Le Sang des fleurs*, *op.cit.*, chap. I.

211) '문화'라는 말로 더 통용되는 culture는 독일어 Kultura가 어원으로, 작물을 기르고 재배하는 데서 비롯되었다.(—옮긴이)

의 속성을 간직한다. 만일 벌이 원하면, 인간들에게서 멀리 떨어져 살 수도 있다. 하지만 젖소는 그렇게 할 수 없다. 더욱이 벌은 매해 완전히 다 빼앗기지 않는다. 오히려 벌들이 새 벌통을 만들기 위해 분봉을 하므로, 대손해를 보는 것은 양봉가들이다.

벌은 양봉가가 만들어준 문명 공간에서 살지만 약간의 야생의 삶을 사는 것이다. 이것이 바로 벌이 매혹의 대상이 되는 이유이기도 하다. 벌은 재배와 자연이라는 두 세계의 중간에 위치한다. '양봉'이라는 명명 속에 동물과 식물 사이의 모호함이 있지만, 도리어 이런 점이 동물과 식물 사이의 차이가 눈에 띄지 않았던 신화적 황금시대로 돌아가고 싶게 만드는 것이다.

넥타르와 암브로시아: 불멸성의 음식

신들이 마신 넥타르와 암브로시아의 주요 구성 성분이 꿀이라는 것은 그리 놀랍지 않다. 꿀은 인간을 위한 음식이지만 신들에게 더 적합한 음식이다. 이 음식으로 인간은 신과 가까워진다. 신들이 이 넥타르와 암브로시아 덕분에 불멸성을 얻었는지, 아니면 불멸성을 유지하게 되었는지는 모른다. 올림포스에 사는 자들은 어쨌든 음식 중에 가장 맛있는 이것들을 음미하며 기쁨을 느꼈다. 간혹 암브로시아의 소비는 인간을 불멸로 만들어주었다. 아리스타이오스의 경우가 그렇다. 신화학의 세계란 작다. 꿀벌들의 목자이자 부고니아의 이 고안자는 시간과 뮤즈의 영향을 받아 불멸의 존재가 되었다.

꿀이 들어간다는 것 말고는, 암브로시아와 넥타르의 요리법에 대해서는 알려진 바가 없다. 이것은 신들만이 알 것이다. 케레스 숭배의식 때 시세온을 마시는 것은 인간이고, 이 요리법을 아는 것은 인간이듯이. 즉, 다른 차원의 의식에 도달하게 해주는 음식이었다. 베다 전통에서도 불멸성의 음료가 있다. 소마soma는 리그 베다에서 꿀과 연관되는 음료이다. 〈아베스타〉에 묘사된 조로아스터교에서 신들에게 희생제를 치를 때, 하오마haoma를 준비한다. 이것은 신성한 음료인데, 신자들과 사제들이 함께 마신다. 그리스인들에게 넥타르와 암브로시아가 있다면, 인도에는 소마가, 이란에는 하오마가 있는 것이다. 고대 다른 종교 숭배의식에서도 이에 해당하는 음료가 있는데, 힌두교에서는 암리타amrita가 그것이다.

암브로시아와 암리타의 어원이 같다는 것도 흥미롭다. 피에르 샹트렌에 따르면, "체언 ambrosia는 형용사 ambrosios에서 파생했는데, '신적인, 불멸적인'이라는 뜻이다. ambrotos처럼, ambrosios도 brotos, 즉 '죽게 마련인mortel'의 부정형이다[212]." brotos는 인도유럽어 형용사 *mr-to에서 파생했는데, '죽은'이라는 뜻이다. 이 형용사는 또 인도유럽 공통조어가 어원인 *mer('죽은')가 음위 전환된 것이다. brotos에 정확히 상응하는 산스크리트 형용사가 있는데, 역시나 '죽은'이라는 뜻의 형용사 mṛtá이다. 여기에 그리스어로 부정 접두사인 a가 붙어 amṛtá가 되면 '불멸의'라는 뜻이다. 넥타르의 어원학은 훨씬 복잡한데, 어쨌든 죽음의 부정 개념이 소환된다. "(언어학자) 로마노 라케로니는 넥타르에 '불멸을 거슬러'라는 의미가 있다고 설명하였다. 따라서 넥타르는 암브로시아처럼 '죽음의 해독제'가 된다. 그러나 넥타르에서는 죽음이 우발적 사건(*nec)에 의한 것이다. 자연적으로 생긴 죽음과는 다르다.[213]" 암브로시아와 넥타르는 이렇게 서로 상보적이면서, 죽음의 두 얼굴을 공모하며 불멸성의 근원이 되었다.

꿀음료의 특별한 비법과 그 특별한 사용: 신과 소통하다

꿀음료를 제조하여 헌물하는 방식은 조로아스터교와 베다교가 매우 흡사하다. 향정신성 효과가 나는 특별한 식물 조직을 물에 한참 담가둔 다음, 이어 빻는다. 체에 거른 다음, 통 속에 물과

---

212) Adeline Grand-Clément, 《La saveur de l'immortalité : les mille et une vertus de l'ambroisie et du nectar dans la tradition homérique》, *Pallas, revue d'études antiques*, nº 106, 2018, p. 69~83.

213) 위의 책.

꿀, 보리가루, 응고시킨 젖을 넣어 잘 혼합한다(호메로스가 묘사하는 시세온과 비슷하다!) 발효를 시킨 후 거기서 얻은 혼합물을 먹으면 취기가 오르고 어떤 황홀경에 이른다. 이 음료를 마신 사제들과 다른 참가자들은 흐뭇한 기분을 느낀다. 이 의식이 진행되는 동안 신들과 소통하려면 이런 도취 상태가 반드시 필요하다.

고고학자 빅토르 사리아니디는 1972년 투르메니스탄에서 진행된 발굴 작업에서, 메르브(알렉산드로스 대왕에 의해 세워진 고대 도시) 근처, 고누르 데페에서 기원전 3세기 말~2세기 초, 즉 청동기 말기에 지어진 건물들을 발견했다. 인도유럽 어족이 지은 것들이었다. 아시아 중부에서부터 시작된 이동 중 이곳을 거쳐 간 초기 이란인 또는 인도인들이 분명했다. 실제 기원전 2세기 무렵, 중앙아시아에서 시작하여 힌두-쿠흐를 거쳐 갠지스 계곡 및 인더스 계곡에 이르는 인도유럽 어족의 중요한 이동이 있었다. 이 인구의 대이동 때 단어의 대이동도 함께 일어났다. *medhu라는 공통 어원에서 파생한 꿀이라는 단어도 이때 이동한 것이다. 경전 리그-베다는 그 이주의 전과 후에 축적된 단어들을 집대성한 것으로, 아마도 기원전 1000년경에 쓰였을 것이다. '꿀'과 '꿀물'을 동시에 뜻하는 mádhu라는 단어는 300번 정도 나온다[214].

이 발견을 근거로, 빅토르 사리아니디는 종교적 성격을 띤 소마

214) E. Crane, *The World History of Beekeeping and Honey Hunting*, *op. cit.*, p. 597.

하오마 의식을 재구성할 수 있었다. 이 의식에서 사제들은 꿀을 기초로 하고 환각 작용이 일어나는 물질이 첨가된 것을 음용했다. 도기 항아리에 있는 내용물을 분석한 결과 음료는 에페드린과 양귀비, 대마초 그리고 그 밖의 다른 몇몇 식물들의 혼합물이었다.

투르크메니스탄의 또 다른 발굴지인 토골로크 지대에서는 기원전 2000~1000년의 전환기 무렵으로 연대가 추정되는 건물이 발견되었는데, 거기서 상당한 양의 모르타르, 돌 절구공이, 점토 여과기, 양모 재질 여과기가 달린 깔때기, 솥, 의식용 항아리, 하오마를 마시는 데 사용되었을 수도 있을 뼈로 된 대롱 등이 나왔다. 당시에는 짚으로 된 긴 빨대로 맥주를 마셨다. 이런 유물 중 어떤 것은 아케메네스 왕조(기원전 556~330년)의 수도인 페르세폴리스에서 출토된 것들과 동일하다. 특히 한 봉인랍에는 하오마를 준비하는 장면이 그려져 있다. 페르세폴리스 지대보다 천 년 앞선 토골로크 지대이므로, 조로아스터와 힌두 문명이 서서히 들어섰을 것이다.

이런 발효 음료 연구 덕분에 현재 투르크메니스탄의 마르구-소그디아나 지역에서 실행된 종교의식이 고대 이란을 넘어 인도까지, 그곳을 정복한 인도-유럽어를 통해 전파되었다고 결론지을 수 있었다. 신들의 왕이자 하늘의 영주인 인도의 베다 신들과 불의 신인 아그니는 상당한 양의 소마를 마셨다.

꿀 음료를 준비하면서 주로 사용된 식물의 특성은 한동안 수수께끼였다. 의식을 시작하기 전, 이 식물을 물에 담가놨다가 으깼다. 그렇게 해서 얻어진 액체를 곡물 같은 다른 재료들과 섞는다. 이 곡물은 때론 보리인데, 분명 맥주 맛이 났을 것이다. 또 어떤 지대에서는 아시아 맥주를 만들 때 주로 사용되는 곡물인 조 및 수수의 꽃가루가 나왔다. 하지만 서기 9세기경 후대의 이란 문헌에 보면 하오마를 포도주처럼 묘사하고 있다. 이 당시, 알코올의 소비는 이미 이슬람교와 힌두교의 영향 아래 금지되었다. 그렇다면 이런 묘사는 훨씬 더 오래된 전통을 가리키고 있는데, 만일 포도주를 가리키는 인도이란어 명사가 꿀을 가리키는 단어에서 나온 madha라고 가정한다면, 이런 단어 변천이 어느 정도 이해가 된다. 산스크리트어로 mádhu는 소마를 가리키기도 했다. 그리스에서 발효 음료를 가리키는 단어 methu는 포도주, 맥주, 꿀물을 동시에 가리킨다. 동사 methuô는 '취하다'라는 뜻이다. 그렇다면 취기를 제공하는 음료로서 꿀물이 포도주보다 먼저 있었기에, 이것은 역사적으로도 정확히 들어맞는다! 하지만, 이 음료를 준비하는 데 있어 사용된 주요 식물의 특성에 대해서는 아직도 정확히 단정할 수 없다.

그런데 리그-베다 문헌에는 사소하지만 이상한 세부 사항이 하나 나오는데, 사제들이 "소마를 소변으로 배출했다"라고 하는 표현이 그것이다. 그렇다면 수수께끼가 어느 정도 풀릴 수 있다. 여기에 사용된 식물은 아마도 파리채라는 광대버섯일 수 있다.

이것을 소화한 사람들의 소변에서는 환각 작용을 일으키는 물질이 검출되기 때문이다. 이 광대버섯은 북부 유라시아 샤먼 의식에서 차용되었고, 지금도 여전히 사용되고 있다[215]. 이런 차용은 옛날에는 틀림없이 불가피했을 것이다. 왜냐하면 이때는 인도유럽 어족이 중앙아시아로부터 시작하여 이란·인도에 이르던 시기 이전이면서, 인도유럽 어족의 일부가 유럽 북부로 이동하던 시기 이후이기 때문이다. 즉 이 대이동의 두 흐름을 비켜나 있는 것이다. 게르만과 켈트 종교의식에서는 소마를 알지 못했다(그러니 꿀물의 취기 정도에 빠졌을 수밖에 없다!). 따라서 우리는 우랄-알타이 민족과 시베리아 민족이 언어적 관점('꿀'이라는 단어를 공유함)뿐만 아니라 종교의식 측면에서도 얼마나 서로 영향을 미쳤는지 가늠할 수 있다.

알코올 성분이 있는 발효 음료는 종교의식에서 항상 사용되었다. 살아 있는 자와 망자, 영혼 또는 신 사이의 의사소통을 위해 최면 상태가 필요했기 때문이다. 여기서는 꿀물, 소마, 하오마의 예만 들고 있지만, 마야 문명에도 동종의 것이 있다. 그들은 나무 껍질을 기초로, 멜리포나 같은 물과 꿀을 섞어 만든 발효 음료 발체balche를 마시며 신들과의 교접을 꾀했다. 더 나아가, 그것은 여

215) Robert Gordon Wasson, *Soma. Divine Mushroom of Immortality*, New York/La Haye, Harcourt, Brace and World/Mouton, 1968.

러 종교에서 천상의 음식이 되었다. 히브리인들에게 약속된 땅은 젖과 꿀이 흐르는 나라이다. 이슬람 회교도인들에게 저 내세의 약속은 변질되지 않는 맛의 젖과 정제된 꿀이 흐르는 강물을 끼고 있는 정원을 찾겠다는 약속이다. 켈트족 가운데 발할라로 떠나는 축복받은 게르만의 전사는 그곳에서 꿀술을 실컷 마시며 주연을 펼치게 될 것을 알고 있었다. 남아프리카에서도 산족들은 사후의 세계를 생각하는데, 거기서 그들은 꿀과 메뚜기를 실컷 먹게 될 것이다.

꿀 수확은 종교의식, 기도, 헌주, 터부 등의 틀 아래 도처에 있었다. 이 수확의 결과물은 소중한 것, 즉 먹이고, 보살피고, 보존하는 제품으로 다뤄졌다. 꿀의 가치는 단순히 단맛의 가치를 초월한다. 비록 기원은 이 단맛에서 시작되었지만—부고니아를 치르는 고대 신앙에서는 정화에서 유래되었지만—퇴화 및 쇠퇴를 극복하는 차원으로 승화된다. 단순히 꿀이 쇠퇴하지 않는다는 말이 아니라, 음식을 보존하고, 육신을 지킨다는 의미에서 말이다. 달갑지 않은 발효를 미리 조심하게 하는가 하면, 살아 있는 생명체의 건강과 그 에너지를 보존한다. 꿀물을 만들기 위해 발효를 하면서 영양이 풍부한 음료를 만들고, 아울러 잠재적 치료 효과와 더 나아가 어떤 불멸성까지 제공하고자 한 것이다. 꿀은 하늘에서 내려온 신화적 음식이며, 인간의 선을 위한 음식으로 생각되었다. 이것이 오늘날에 이르기까지 꿀이 지켜온 명성이다.

9.
아름다운 신화를 추억하며

“생물계에는 플랜 B가 없다.” 그렇기에 일체의 다른 교환 가치 없이 그 자체가 가치이다. (…) 수분受粉도 이런 틀 안에 들어간다. 그도 그럴 것이 벌들의 노동을 인위적으로 대체할 수 있는 것은 아무것도 없기 때문이다[216].

그렇다면 벌통의 몰락은 어떻게 드러날까? 꽃가루를 모으는 벌들이 벌통에서 나간 다음, 다시 돌아오지 않는 것으로? 벌들을 괴롭히는 기생충에 살해되어 벌통 안에서 죽어 있는 벌들의 모습으로? 벌들은 더이상 벌통 안으로 들어가지 않을 뿐만 아니라, 아마 그 방향 감각을 잃어버릴 것이다. 이런 현상은 아주 급속도로 퍼진다. 벌통의 몰락을 가늠하는 대차대조표는 아주 간단하

216) Voir Yann Moulier Boutang, *La pollinisation humaine à l'ère numérique*, Labyrinthe, vol. 40, Comme les abeilles, 2013, p. 125~128.

다. 벌통의 일반적인 사망률은 10퍼센트지만, 지금처럼 사라지는 벌통이 45퍼센트에서 95퍼센트 사이이면 몰락이다[217].

설탕의 지배와 타락한 꿀: 신화의 종말

우리는 오늘날 이성적인 세계에서 산다고 생각하지만, 꿀과 벌을 둘러싼 신화는 현대사회에도 여전히 남아 있다. 과학이 이제 한물갔다 해도, 고대의 상상적인 구조와 오늘날 벌과 꿀에 부여된 지위 사이에는 여전히 유사성이 있다. 벌은 이제 더이상 지상의 세계와 정령들 또는 신들의 세계와의 관계를 이어주는 동물은 아니다. 벌의 처녀성도 우리가 따라가야 할 도덕적 길을 보여주지 않으며, 벌통의 조직은 더이상 이상적 모델도 아니고, 꿀은 하늘에서 온 절대적 음식물도 아니다. 이제 이런 건 다 겉모습에 불과한가?

오늘 우리는 특히 설탕을 소비한다. 꿀의 대체물인 설탕은 값도 저렴해서 거의 완전히 꿀을 밀어냈다. 한편, 더 애석한 것은, 꿀이 더이상 예전의 꿀이 아니라는 것이다. 벌통의 수는 정체되어 있다. 벌통의 생산성은 21세기 초 이후 계속 감소하고 있다.

---

217) 위의 저자, 《Le syndrome d'eff ondrement des ruches》, p. 19~21.

하지만 우리는 꿀의 세계적 수출이 엄청나게 증가하고 있는 놀라운 현실을 본다. 꿀 수출이 세계적으로 엄청나게 증가했다! 예를 들어, 아시아에서는 벌통의 숫자가 2007~2014년에 13퍼센트 증가한 반면 꿀 수출은 196퍼센트나 증가했다[218]. 유럽과 미국에서는 공급보다 수요가 더 많은데, 그래서 사실상 중국에서 상당한 양의 꿀을 수입한다. 중국은 세계 최대의 꿀 수출국이다. 그런데 중국에서 벌통의 생산량은 변하지 않는다. 우리 선조들의 말이 맞았다. 꿀은 진정 스스로 증식하는 기적의 산물인 듯하다! 이 얼마나 횡재인가!

다시 현실로 돌아와 보자. 벌통 개수는 동일한데 거기서 생산되는 꿀의 양이 10배 이상이라면 이건 대단한 무훈임에도 사람들은 이걸 기적이라고 생각하지 않는다. 엄청난 사기가 아니고선 불가능하기 때문이다. 이런 사기는 꿀에 옥수수나 쌀로 만든 시럽을 첨가하거나 수지 같은 다른 물질을 첨가하지 않고는 불가능하다. 삼각 무역[219] 또한 존재한다. 저가품이나 밀매로 꿀을 수입하여 지방 특산품처럼 되파는 식이다. 2015년 유럽연합의 의뢰로 조사된 분석에 따르면, 유럽 시장에서 판매되는 꿀의 1/3이 불순

---

218) Norberto Garcia Girou, 《L'actualité du commerce international du miel》, *Union Nationale de l'Apiculture Française*, 2016.

219) 두 나라 사이의 무역 수지가 균형을 잃을 때, 제삼국을 개입시켜 불균형을 상쇄하는 무역.(—옮긴이)

물이 섞인 것이었다[220]. 또한 프랑스에서 판매되는 꿀은 이런 것이 43퍼센트나 된다[221]. 꿀 원산지, 꽃의 종류, 당도, 또는 시럽 함량 등에 대해 거짓말을 하는 것이다. 품질이 낮은 꿀은 식품 산업에서 대량 유통 채널로 판매되는 초가공 제품을 제조하는 데 사용된다. '꿀제품' 또는 '꿀제과' 같은 호칭 아래 가공식품의 원료로 들어가는 저품질 꿀도 많이 볼 수 있다.

그 결과는 끔찍하다. 도매 또는 중소매 단위로 팔리는 꿀과 관련해서는 그 어떤 품질 보장도 없다. '꿀'이라는 단어가 들어 있지만, 벌통에서 생산한 극소량의 꿀을 섞거나 아니면 전혀 들어가 있지도 않은 것에 색소나 향을 첨가해 만든 단순 설탕 시럽을 꿀이라고 믿고 살 수 있다. 아니면 꿀을 액화 상태로 만드느라 가열하는 과정에서 꿀의 좋은 성분이 다 빠져나갈 수도 있다. 또는 원산지가 다른 꿀들이 섞여 있으면서도 유명 원산지 특산품이라는 명칭을 달고 팔릴 수도 있다. 흔히는, 꿀의 원산지 표시가 간략한 표기, 가령 "EU산, 비EU산"[222] 등만 붙어 나갈 수 있다. 입법자들은 이런 아이러니한 문제를 인식하고 있을까? 법제는 불완전하기 때문에, 이런 모호함은 충분히 생길 수 있다. 꿀의 원산

220) Manon Flausch, 《Un tiers du miel vendu dans l'UE est frelaté》, *Euractiv*, 2017, en ligne.

221) Publication de la Direction Générale de la Concurrence, de la Consommation et de la Répression des Fraudes, 《La qualité des miels》, 2015 : https://www.economie.gouv.fr/dgccrf/qualite-des-miels.

지가 어느 나라인지, 아니면 어느 나라들인지를 제시해야 할 의무는 없기 때문이다. 제품 관리는 그 구성, 즉 꿀에 포함되어야만 하는 특정 물질(수분, 유리산, 탄수화물, 프롤린, 꽃가루 등)의 함유량에 대해서만 할 뿐이다. 위조자들에게는 제조법을 약간 틀어 이런저런 물질을 인위적으로 추가하면서 규칙을 어기는 것이 그리 어렵지 않다. 심지어 벌들이 한 번도 찾아가지 않은 꽃들의 꽃가루가 들어갈 수도 있다. 어떤 벌도 이런 꿀은 절대 만들지 않는다.

사실, 꿀을 얻고 싶다면, 절대적으로 확실한 방법은, 정말 진짜를 사는 것이다. 잘 아는 양봉가에게 가서 직접 사거나, 여러분에게 꿀을 파는 사람이 양봉가를 개인적으로 알고 있는, 그러니까 최대한 유통 과정이 적은 일종의 직판을 통해 사야 한다. 이런 과정은 가혹하다. 하지만 그럴 수밖에 없다. 초기 양봉 시절, 인간이 동반하여 생산한 벌통에서 바로 나온 꿀은 옛날에는 정말 숭배받았지만, 지금은 법에 의해서도 제대로 관리되지 못하고 있다.

222) hors는 바깥에라는 뜻으로 EU 이외 지역을 뜻한다. 원산지 표시를 해서 이익이 많을 것 같은 품질의 경우는 국가 표시가 되어 있다. EU산이라고 명시해놓은 것도 실은 서부 유럽이 아닌 동부 유럽산도 많으며, hors-EU 또는 Non-EU라고 표시되어 있는 것은 EU 이외 지역이 원산지라고 우회적으로 표현되어 있을 뿐 중국을 비롯한 아시아산이 많다. 유럽 국가에서 원산지 표기법은 법제화되어 있으면서도 그 적용이 헐렁해 신뢰도가 그리 높지 않은 편이다.(—옮긴이)

아피테라피[223]: 고대 신앙의 잔존

꿀의 순수성에 대한 고대적 이상은 불행하게도 우리 현대사회에 잘못 적용되고 있다. 하지만 우리의 의식에서는 인간에 의해 많은 변형이 가해지지 않은 꿀은 그래도 천연성을 갖고 있다고 여겨진다. 이는 꿀의 처녀성에 대한 고대적 개념과도 맞물리는데, 어쨌든 꿀은 하늘이 내려준 좋은 것이라고 생각한다. 하지만 오늘날에는 '하늘'을 대신한 것이 '자연'이고, 자연은 긍정적이고 우호적인 완전한 실체라고 여겨진다. 현재 대단히 유행하는 식이요법 또는 "부드러운 의학"[224]—식이요법과 의학의 고대식 결합은 완전히 사라지지 않았다—은 상당수가 천연성을 요구하고, '대자연'에 의해 정성스럽게 만들어진 '순전한 식단'을 옹호한다. 고대 신성의 세속 버전에 다름아니다. 그러면 우리는 꿀의 이점이 영양학적 구성에만 국한되지 않는다는 것을 깨닫게 된다.

아피테라피는 이른바 "부드러운 의학"의 한 예인데, 꿀 또는 벌통에서 나온 산물—꽃가루, 로열젤리, 프로폴리스, 밀랍, 벌침

223) 꿀, 꽃가루, 프로폴리스, 로열젤리, 벌침 등 꿀벌 제품을 사용하는 대체의학을 가리키는 말이다. 치료 효과나 임상 증거가 많이 없어 아직까지는 공인된 치료법으로 인정받고 있지 않다.(—옮긴이)

224) 여기서 원어는 médecine douce이다. 직역하면 '부드러운 의학'이다. 흔히 통용되는 단어는 아닌데, 주로 동양 의술이나 과거 전통적 치료법, 아니면 효과가 검증되지 않은 여러 민간 요법 등을 두루 지칭하는 용어이다.(—옮긴이)

(독침)—로 치료하는 일종의 대체요법이다. 이 교리, 그러니까 이런 치료법 개념은 히포크라테스의 것이라고 알려져 있는데, 사실 꿀로 몸을 보살피는 요법은 이 그리스 현자가 탄생하기 수천 년 전부터 이미 있었다. 이런 유행을 과학적 정보에 기반한 것처럼 포장한다면, 그것은 마법적이고 주술적인 사고와 거리를 두기 위해서다. 지금 여기서 이 치료법이 효과가 있는지 없는지를 판단하자는 건 아니다. 과학의 진보에도 불구하고, 선사 시대부터 변하지 않은 이런 의식 또는 개념에서 도대체 무엇이 관건인지 그것을 생각해보자는 것이다. 과학은 꿀이 건강에 이로운 속성이 있다는 것을 분명 전제했다. 항염증, 항바이러스, 항균, 항산화, 기타 등등. 이런 특성 때문에 병원에서도 사용되었고, 여전히 과학 연구의 대상이다[225].

과학적으로 입증된 꿀의 이로운 성격을 둘러싸고, 고대 사회에 유행했던 것과 이상하게도 유사한 담론들이 현재 유행하고 있다. 꿀에 대해 갖는 표상이 피타고라스 학파의 생각이나 황금기의 신화적 사고와 그리 멀지 않은 것이다. 이건 아주 의미심장하다. 자연식이요법 유행을 따라가는 사람들에게는 질병의 발생이 이전에 인간과 자연, 신들의 세계 사이의 단절로 인식되었던 것과 똑

---

225) Clémence Hoyet, *Le Miel : de la source à la thé rapeutique*, thèse, faculté de Pharmacie, Université de Nancy, 2005.

같이 인간과 자연 사이의 단절로 간주된다. 논박의 쟁점도 피타고라스 학파의 그것과 동일하다. 인간과 자연이 오로지 하나였던 이상적인 신화적 시대로의 회귀를 열망하는 것이다. 비자연적인, 즉 섬세하게 가공된 음식을 먹는 것은 조화의 파괴로 인식된다. 기름 배출이 지구를 오염시키는 것과 마찬가지로, 이는 신체를 오염시킨다. 그래서 오늘날에는 몸을 정화하고 해독하기 위해 '순수한' 음식을 소비해야 한다.

한편, 꿀은 이런 조화를 복구하는 데 필요한 소중한 동맹군일 것이다. 특히 알코올—여성 잡지들은 만취한 파티 다음 날에는 이런 자연 치료법이 제격이라고 거든다—과 혈액에 쌓인 독소를 제거하는 데 도움이 될 것이다. 그래야 나쁜 콜레스테롤을 줄일 수 있다.

'슈퍼푸드' '디톡스' '안티에이징' '재생효과' 같은 용어들이 꿀에 대해 말할 때 자주 나온다. 세포·조직·외피를 '재생'한다든지, 피부(때로는 진피까지)와 장내 세균군群 등 몸에 혹여 불순한 지대가 있다면 이것을 모두 청소·소독하는 역할을 하면서 '재생'시킨다고 한다. 아피테라피의 지지자들에 따르면, 꿀은 골다공증과 암을 예방하는 데도 도움이 된다. 바로 이런 재생 효과 때문이다.

같은 맥락에서 꿀의 항산화성은 인간 신체의 노화를 늦춘다고 알려져 있다. 노화와의 싸움은 특히 이 아피테라피의 단골 주제이다. 양봉업자들이 분명 평균 이상의 기대 수명을 만들어줄 수 있을 거라고 확신하는 것 같다[226]. 어떤 통계 자료도 없지만, 젊음의 묘약을 찾는 일은 인류 역사상 영원한 희망처럼 항상 있어 왔다. 올림포스 신들의 불멸성까진 바라지 않아도, 적어도 젊음을 보장해줄 수 있기를 기대한다. 현재의 이상은 가능한 한 젊음을 유지하고, 활동적이며, 탄력을 잃지 않는 것이다. 아피테라피의 특정 매뉴얼이나 단순히 인터넷에서 제공되는 치료법을 보면, 꿀이 죽음을 제외한 모든 걸 다 치료해줄 수 있다고 했던 17세기 에티오피아 의학 논문을 읽는 것 같다.

아피테라피 매뉴얼은 여전히 꿀과 벌통에서 나온 산물을 불임을 막는 것으로 소개하고 있다. 고대 사회에서도 이런 설명이 있었다. 꿀이 정력을 좋게 하고, 여성의 생리 작용을 원활하게 하며, 리비도도 증진시킨다고[227]. 여기서도 하나도 바뀐 게 없다. 꿀이 풍요와 다산, 특히 신화적 믿음 속에서 정자와 연관된다는 것이 원형적 사고처럼 그대로 언급되고 있으니 말이다.

아피테라피로 치료해보려고 하는 질병이나 통증과 관련해서도, 특정 꿀이 특별히 더 효과가 있다고 여겨졌다. 가령, 히드와 마누카(오스트레일리아, 뉴질랜드 등에서 주로 자라는 꽃식물) 꿀은 중

226) Chantal Clergeaud et Lionel Clergeaud, *Mystères et secrets du miel*, Paris, La Vie claire, 1986.

227) Nadine Baron-Chauffaille, *Propriétés diététiques et thérapeutiques du miel. Mythe et réalité*, thèse de l'Université de Nantes, département de Médecine-Pharmacie, 1988.

세의 연약처럼 만병통치약으로 생각되었다. 이런 꿀들은 실제로 방부 기능 및 상처 치료 기능에서 효과를 입증하였다. 그렇다고 암을 예방하기 위해 아침 토스트에 이 꿀을 발라먹으면 충분하다고 주장하는 건 좀 그렇다. 많은 사람이 초보적인 치료법에 대한 고대인의 믿음을 비웃지만, 우리는 정확히 같은 지점에 있으며, 오래된 원형은 쉽게 사라지지 않는다.

아피테라피 지지자들이 특히 꿀은 '천연'이므로 몸을 가꾸는 데도 적합할 거라는 것에 공감한다. 흡수력이 높다면, 동일성의 원칙이, 더 나아가 동체성의 원칙이 작동할 것이다. 이 원칙에 따르면, 우리가 먹어 소화하는 것이 곧 우리가 된다. 꿀이 하늘에서 내려온 것이라고는 이젠 생각하지 않더라도 자연에서 온 것이라고는 생각하므로 꿀은 썩지 않는 내식성을 갖는다. 아피테라피 지지자들의 눈에는 이것이야말로 모든 오염과 공해에서 벗어난 순수한 음식이다. 우리의 과잉을 치료함으로써 우리의 약점, 결점, 범법을 없애야 한다. 육체의 순수성이 지켜져야 정신의 순수성도 지켜진다. 우리의 원죄를 사하신다고 말하는 듯하니, 그때 그 시절과 한 발짝밖에 차이가 안 난다.

잡지 〈식물과 건강Plantes et santé〉에 따르면, 꿀은 "포괄적 정수의 미덕을 다 갖추고 있다. 그 미덕은 우리가 그것을 먹고 소비할 때 우리 안에 있게 된다[228]." 여기서 '미덕'이라는 단어는 그냥 쓴 게 아니다. 여기에는 이중의 함의가 있는데, 모든 부패와 타락으로부터 벗어나 자연의 원상태 또는 순수한 처녀의 상태로 있어야 한다는 도덕적 미덕과 연결된다. "네가 먹은 것이 곧 너다"라는 격언이 의미하는 것이다.

아피테라피에는 어떤 "착한 야만인" 신화가 들어있는 것 같다. 원시인은 이상적 자연 상태에 머물러 있다고 보는 것이다. 원시인은 건강한 음식만 먹고, 현대의 육체적·도덕적 '타락'은 알지 못한다. 이런 육체적 타락은 서구 문명의 결과이다. 그 첫 번째 대참사는 농업의 발명이었다. 농업이란 자연을 산업화한 것 아닌가. 이 농업 이후 일련의 불행이 시작되었고, 농식품 가공산업의 출현은 그에 수반되는 공해지구 온난화와 함께 직접적인 결과가 되었을 것이다.

따라서 이 원시인이자 '자연인'인 수렵-채집인만이 건강한 상태에 있을 것이다. 그러나 이건 실제와 부합하지 않는다. 고고학이 보여준 것처럼 구석기 인간들도 퇴행성 질환이나 심혈관 질환 및 종양 등의 병에 시달렸다. 하지만 여기서 과학적 실제는 중요하지 않다. 비합리적 사고가 있을 뿐이다. 저 황금기 고대 신화와 그 원천적 순수성은 이제 우리식으로 이렇게 다르게 명명된다. 자연으로의 회귀, 자연인의 삶을 살 것, 늘이기보다는 줄일 것.

---

228) Magazine en ligne : https : //www.plantes-et-sante.fr/articles/aliments-sains/2373-le-miel-qui-soigne, consulté le 09/09/2021.

자연은 여기서 본질적으로 이로운 것으로 간주된다. 그런데 독당근, 독성식물인 벨라돈나, 독사의 독 같은 자연 물질이 도처에 있었고, 구석기 시대 인간들은 적대적인 자연 속에 도사리고 있던 수많은 위험으로부터 자기 자신을 보호해야 했다는 것은 다 잊어버리고 하는 말이다.

자연과 문화에 부여된 가치를 뒤집어보려는 발상은 좋다. 그렇지만 그 밑바닥에 있는 우리 생각은 그다지 변하지 않았다. 꿀은 우리 조상들을 놀라게 한 것만큼이나 우리를 놀라게 한다. 그것은 시대와 문명을 초월해 모든 인간에게서 발견되는 상수이다.

꿀은 '기능성 식품'[229]으로서 오늘날 대문자 N으로 쓰는 자연Nature의 한 상징으로 여겨지고 있다. 꿀은 과거에 신들이 인간들에게 베푼 혜택의 신호였듯이, 오늘날에도 여전히 인간들에게 이로운 것을 준다. 그런 만큼, 우리는 이제 위험에 처해 있는 자연을 보호해야 한다. 천연의 음식인 꿀, 그것을 만드는 벌이 우리가 몰두해야 할 주제인 것이다. 마침내, 우리의 이 감미로운 곤충은 환경 보호의 표준이 되었다.

229) 원문의 단어는 "alicament"인데, 음식을 뜻하는 alimentation과 약을 뜻하는 médicament의 합성어로 보인다. 기능성 식품이라는 뜻을 갖는다.(—옮긴이)

환경의 위기: 꿀벌은 과연 멸종할까?

꿀벌이 사라지면 인류도 유예 기한 내에 사라지게 될 거라는 개념이 유포되고 있다. 그 기한이 4년이라는 말도 있다. 이 개념이 알버트 아인슈타인에게서 나왔다는 설이 있는데, 사실 그는 생전에 꿀벌에 대해선 그 어떤 걱정도 한 바 없으며, 그가 말했거나 썼다는 문장 중에 벌과 관련한 것은 전혀 없다. 벌들이 소멸한 직후 모든 식물도 사라질 거라는 가설은 그럴 법하지 않다. 예를 들어 호주나 뉴질랜드와 같이 최근에야 꿀벌이 도입된 곳이 있지만, 그곳에서는 수천 년 동안 식물이 자라고 있었고, 1839년 아피스 멜페라가 도입되기 훨씬 전부터 농업이 시작되었다.

꿀벌들만이 꽃식물의 수분 매개자가 아니라는 것을 생각해야 한다. 다른 곤충들, 예를 들면 뒝벌, 나비, 딱정벌레 같은 초시류들도 있고, 새나 박쥐 같은 척추동물뿐만 아니라 바람도 제 역할을 한다. 전체 수분 중에서 꿀벌이 16.6퍼센트를 담당하고, 바람이 약 8.3퍼센트, 나비가 8퍼센트, 파리 같은 날벌레가 5.9퍼센트, 척추동물류들이 0.51퍼센트, 그리고 딱정벌레를 비롯한 초시류들이 그 대부분인 88.3퍼센트를 한다(전체를 다 합하면 100퍼센트가 넘는데, 왜냐하면 식물들의 수분 출처가 여러 곳이기 때문이다[230]). 이 숫자 통계는 식물 체계와도 부합한다. 하지만 벌들이 멸종하면, 야생 식물군에 상당한 변화가 관측될 것은 분명하다. 우리의 숲과 개간 안 된 황무지에서는 장미과(마가목, 껍질이 두꺼운 자작나무나 야생 벚나무 등), 철쭉과(히드, 월귤나무 등), 또는 소관목류(금작화 등), 꿀풀과(백리향, 로즈마리 등), 또는 몇몇 초본식물(샐비어 등) 등 벌들에 의존하는 특정 종들이 감소하거나 사라질 것이다. 반면 다른 종들이 이들의 자리를 차지할 것이다. 이런 특별한 식물과 밀접한 관련이 있는 동물들—새, 작은 포유류—에도 변화가 올 것이다[231]. 하지만 안심하자. 생명체는 사라지지 않을 것이다.

반면, 재배 식물과 관련해서는 벌들이 주요한 수분자이다. 유럽에서 재배하는 식물 종의 84퍼센트가 꿀벌에 의존하고 있다[232]. 벌들의 활동이 다른 수분자들보다 훨씬 효과적이고 정확하다. 이과류[233], 핵과류[234], 딸기, 까치밥나무열매류나 호박류, 멜론 등, 개화가 좀 빠른 식물들은 더더욱 그렇다. 야생벌이 찾아들긴 하지만, 토마토나 개자리속, 트레플(토끼풀) 등은 덜 필수적이다. 포도나 유채, 올리브 등은 바람에 의해 주로 수분되므로 벌이 별 소용이 없다. 서양자두 및 감귤류는 수분활동 없이도 열매를 맺는

---

230) Peter Fluri *et al.*, 《La pollinisation des plantes à fleurs par les abeilles. Biologie, Écologie, Économie》, *Revue Suisse d'Apiculture*, 98-7/8, 2001, p.306~311.

231) Bernard Vaissière, 《Abeilles et pollinisation》, *Académie d'Agriculture de France*, séance du 16 février 2005.

232) I. H. Williams, 《The Dependence of Crop Production within the European Union on Pollination by Honey Bees》, *Agricultural Zoology Reviews*, vol. 6,1994 p. 229~257.

233) 사과, 배, 포도 따위 먹을 수 있는 여러 개의 씨가 들어 있는 과일.(—옮긴이)

234) 복숭아, 살구 따위의 먹을 수 없는 하나의 씨가 들어 있는 과일.(—옮긴이)

다. 하지만, 특별히 수분활동에 최적화된 벌들의 그 특수한 형태 덕분에 이 작업을 아주 효과적으로 하는 벌의 몫을 소홀히 해서는 안 된다. 반드시 필수적이지 않아도 생산성을 상당히 개선할 수도 있기 때문이다. 과수원의 수분을 위해 벌집을 임대하는 양봉의 새로운 분야도 등장했다. 만일 꿀벌들이 사라진다면 농업의 위기로 이어질 것이고, 여러 식량 공급에도 차질이 생길 것이다. 벌이 사라진 후, 거의 의심할 바 없이 혹독한 적응을 해보겠지만, 모든 식물이 다 멸종하고 인간도 이 지구 행성에서 4년 안에 사라질 거라는 것은 과장이다.

집 꿀벌들이 사라지는 원인은 여러 가지로 다양해서, 지금까지도 그 무엇 하나로 단정할 수 없다. 우선 살충제의 위해한 영향, 농업 관행의 강화, 농경지의 통합(보다 합리적이고 수익성 있는 농경지를 만들기 위해 작은 구획들을 하나로 통합해 큰 단위 농지로 개발하고 있다), 식물의 다양성을 감소시키는 획일화된 문화의 확대, 제초제 사용으로 인한 잡초의 소멸, 밭 주변에 핀 하얀 토끼풀의 감소 등이 모두 원인이다. 사실 이런 꽃들이 줄어들면, 4월부터 9월까지 벌들의 먹이가 줄어든다. 벌에 기생하는 진드기들의 공격, 꿀벌 번데기의 부패병(애벌레, 번데기 등에 붙은 박테리아의 영향). 그 밖의 몇몇 바이러스나 버섯, 아시아 말벌 등도 무섭다. 양봉업자들은 생산력은 더 좋고 공격력은 덜한 벌을 얻기 위해 임의로 벌을 선별해 교배함으로써 혼성화 또는 잡종화를 하는데, 이건 정말 위해하다. 그 결과, 벌들의 면역력이 약해져 기생충에도 취약한 벌들이 많아지는 것이다.

이런 문제들 중 몇 가지는 해결 중이다. 특히 네오니코티노이드 같은 파괴적인 살충제는 유럽에서 금지되고 있다(프랑스에서는 사탕무 재배에는 허용하고 있다. 꿀의 대용물을 생산하기 위해 꿀벌에 해를 가하고 있다니!). 아시아산 무늬말벌의 덫사냥도 더 많이 일어나고 있다. 벌이 기생충 공격에 대항하도록 저항력이 강한 벌을 키우기 위해 유전학 연구도 이뤄지고 있다. 세계에는 약 3만 종의 벌이 있는데, 프랑스에는 1천 종이 있다. 각 벌들은 자기 지역의 환경체계에 적응하고 있다. 양봉가들의 탁월한 지식도 잡종 벌보다 저항력이 좋은 현지 '토종' 벌들을 유지시키는 데 한몫한다. 물론 지금도 어느 지역에나, 어느 기후에나 적응하는, 그래서 더욱 많은 생산성을 보이는 꿀벌들을 선별하여 보편적 모델을 만들어내고 있다. 그런데 이건 정말 단견이다. 점점 더 많은 양봉가가 토종벌을 되찾고 보호해야 한다는 생각을 많이 하고 있다.

프랑스와 유럽에는 스스로 지역 하위종으로 분할되는 검은 벌이라는 벌이 있다. 이 벌은 시골 벌로, 겨울에도 잘 적응하고 수분 활동도 뛰어나게 잘한다. 생산된 꿀의 양에 따라 개체 수를 조절하는 능력이 있어서 겨울에 저항력이 강하고 이른바 식민지[235] 벌들도 기아로 죽지 않는다. 더욱이, 검소해서 생산성이 덜한 약점을 만회한다. 꿀 수확을 봄에 천천히 시작한다고 나무랄 순 있지만, 그래도 8월 말까지 꿀을 수확하는 전문가이다. 1850년이 이 검은 벌의 절정기였는데, 그 이후 우선은 그 벌에게 맞지 않는 벌통의 이동 틀 사용 때문에 쇠퇴했다. 이 벌들은 수 세기 동안 어떤 방해도 받지 않는 속이 파인 나무통이나 바구니 벌통에 최적화되어 있었다. 그런데 조작하며 자꾸 이동시키는 이 틀에 벌들은 스트레스를 받았고, 급기야 가장 공격적인 벌이라는 악명을 얻게 되었다. 이 틀 때문에 이 벌들은 분봉도 제대로 하지 않았다.

이 이동식 틀은 이탈리아, 카르니올란, 키프로스 산 외국 여왕벌을 처음으로 수입한 사람들이 처음 사용했다. 이 여왕벌 종들은 훨씬 조용하고 1930년대부터 들어온 유채밭 같은 새로운 문화에도 잘 적응하는 종들이었다. 이 여왕벌들은 훨씬 더운 나라에서 오기 때문에 일찍 겨울나기를 끝내고, 2월부터 제일 먼저 피는 꽃들을 찾아다닌다. 그래서 꿀의 수확량이 증가하게 되었다. 그때까지도 나름 일부 지역에 생존해 있던 검은 벌들이 있었는데, 이들에게 해를 끼치는 이종교배가 발생했다. 그 이후, 이 벌은 독일에선 완전히 사라졌다. 다른 품종 사이에는 유전자 혼합도 상당하다. 장기적으로 보면, 이런 이종교배 혼혈종은 위험을 안게 되는데, 생산력의 질도 낮고 수입벌의 온순함도 없고 검

---

235) colonie라는 단어를 실제로 쓰는데, 다른 지역으로 이동한 벌들 집단을 가리킨다. (—옮긴이)

은 벌의 저항력도 없기 때문에 점점 약해진다. 결국 곤충들은 더 약해지고, 생태계에 적응하지 못한 곤충들은 자연선택에서 살아남을 수 없다. 매해 양봉가들에게 상당한 손실을 끼치는 것도 그래서다. 이걸 이른바 "벌 식민지의 몰락 증후"라고 부른다.

오늘날 양봉가의 과제는 유전자 자원을 보존하고, 생물학적 다양성을 확보해 자연 속에서 꿀벌들이 생존할 수 있는 조건을 만들어 주는 것이다(다시 말해, 우발적인 외부 번식을 세심하게 조절하고 관리해야 한다). 검은 벌 보존소가 창설되어 유럽에 40여 개, 프랑스에 10여 개 있다. 이 지대에서는 외국산 벌 수입을 피해 토종벌을 키운다. 여기서는 일명 '이동목축transhumance', 즉 꿀의 생산을 다양화하기 위해 꿀벌들을 이동시키는 작업을 하지 않는다. 또한, 정확히 필요한 경우가 아니면, 과잉 먹이기(벌들에게 설탕 시럽을 주는 일)를 하지 않는다. 애석하게도, 이 검은 벌 보존소는 공식적 지위나 법적 인정을 받지 못하고 있다. 양봉 애호가들이 자체적으로 한 과학적 연구에 의존하고 있을 뿐이다. 그런데 벌들을 수입하고 특히 외국 여왕벌을 수입하는 일은 벌들의 지역 생태계를 보존하기 위해 애를 쓰는 양봉가의 노력을 모두 무효로 만드는 일이다. 벌의 멸종을 막기 위해 결성한 폴리니스Pollinis 협회에 따르면, 2014년 일드프랑스 지방 꿀벌의 80퍼센트가 수입산이다. 2007년에는 겨우 5퍼센트에 불과했던 것[236)]과 비교하면 문제가 정말 커졌다.

현행법은 상황을 타개하는 방향으로 나아가고 있지 않다. 이탈리아 같은 여왕벌 수출국은 이 사안에 별다른 관심이 없다. 2018년 유럽의회는 꿀벌들에 대한 살충제 위험성을 지적하거나, 오염된 꿀을 퇴치하고, 원산지 표시를 법제화하는 등의 안을 가결했다. 하지만 이 사안에 관한 유럽의회 차원의 입법을 따로 강화한 건 전혀 없다. 더욱이 토종벌의 보존을 지지하는 유럽의회 의원들의 요구에는 침묵으로 일관한다[237]. 그래도 희망은 남아 있다. 몇몇 판례가 나오고 있는 것이다. 슬로베니아에서는 그들의 토종벌인 카르니올란을 보호하기 위해 다른 종의 수입을 금지했다. 덴마크 레쇠 섬은 벌들의 수입 금지 권리를 인정하라는 유럽사법재판소 판결을 얻어냈다. 이런 보존은 섬에서는 훨씬 쉽다. 그루아의 왜상 섬에서는 검은 벌이 아직 남아 있고, 그들은 기생충이나 병에 잘 저항하며, 양은 적지만 최고의 품질을 자랑하는 꿀을 생산하고 있다. 이런 토종벌에는 이론의 여지가 없는 가치를 부여한다. 공인된 원산지 라벨 표시를 얻으려고 하는 것도 그래서다(가령, AOP[238] 인증을 받은 코르시카산 꿀).

236) https://www.pollinis.org/publications/hybridation-les- importations-de-reines-et-d-essaims-menacent-les-abeilles-locales/, consulté le 09/09/2021.

237) 유럽의회 공식 사이트에서 볼 것. https://oeil. secure.europarl.europa.eu/oeil/spdoc.do?i=30674&j=O&l=fr.

238) 원산지 표시 보호라는 뜻의 약자로 유럽연합(EU) 식품 품질 유지를 위한 원산지 보호 표시제도이다.(—옮긴이)

이런 관점에서, 뉴질랜드 사례는 괄목할 만하다. 벌들이 사라지는 것에 대한 두려움은 어제오늘 일이 아니다. 뉴질랜드가 꿀 수출국이어서만 아니라, 꿀벌의 수출국이기도 하기 때문이다. 뉴질랜드 양봉가들은 2000년대에 마누카 꿀에 대한 인기로 큰 호황을 맛보았다. 다른 꿀들에 비해 이 꿀에는 슈퍼항박테리아 기능이 더 많다는 것이 밝혀졌기 때문이다. 이런 발견으로 꿀 가격이 뛰어올랐다. 제약업계나 화장품 업계까지 이 꿀에 뛰어들었기 때문이다. 하지만 이 꿀은 직접 먹었을 때는 효과가 있지만 그 외에는 다른 꿀들과 특별히 다르지 않다. 하지만 마누카 꿀은 다른 꿀들보다 열 배는 비싸다. 그 결과, 뉴질랜드 양봉 산업은 이 특별한 꿀 덕택에 북부 섬에서 나는 전통적인 하얀 토끼풀 꿀만이 아니라 단일한 꽃에서 나온 꿀까지 모두 높은 평가를 받는다. 그러면서 어마어마한 양봉장이 나타나게 되었는데, 이 나라 양봉가들이 이에 다 동의하는 건 아니다.

옛 양봉가들이 보기에, 상업적 수익만 보고 뛰어든 이 새로운 양봉가들의 목표는 오로지 부자가 되는 것이다. 어쨌든 뉴질랜드에서 양봉업은 잘 되고 있고, 벌은 오히려 좋은 건강 상태를 유지하고 있다. 뉴질랜드 양봉업자들에게 최근에 나쁜 계절이 언제였냐고 물으면, 그들은 미소를 지으며 기억나지 않는다고 말한다[239]. 그러니 벌통과 꿀의 소멸이 불가피한 것만은 아니다. 문제를 용감히 끌어안기만 해도 희망을 가질 수 있다. 해법은 있는 법이니까.

그러나 낙관적으로 바라보는 큰 이유는 벌들의 경이로운 적응력을 믿기 때문일 것이다. 그들이 상이한 지질 시대에 발생한 거대한 멸종 위기에서도 살아남았다는 것을 기억하자. 꿀벌들은 아시아 말벌에 대항하는 효과적인 시스템을 스스로 만들어냈다. 벌집이 너무 차가워지거나 또 너무 과열되면 벌들은 스스로를 보호하기 위해 퍼레이드를 한다. 날갯짓을 해서 온도를 조절하기도 하고 공기를 만들어내기도 한다. 이 작은 동물은 항상 생명의 다양성 속에서 자신을 유지하기 위한 자원을 발견해냈다. 생태계에서 살아남을 수 있는 자기 공간과 시간, 그리고 기회를 스스로 만들어낸 것이다!

이제 우리는 기이한 반전을 목도하고 있다. 벌은, 그 벌집의 조직과 이른바 도덕적 자질, 꿀 제조라는 생산활동 때문에 모든 자연물 중 재배의 상징이었다. 그런데 오늘날에는, 현대 문명에 의해 초래된 자연의 위기로 이제 자연의 상징이 된 것이다. 벌은 환경의 파수꾼이다. 어떤 대가를 치르더라도 보존해야 할 생물 다양성의 파수꾼이 된 것이다. 벌은 사실상 식물계를 지배한다. 정말 감각 있고 분별력 있는 방식으로, 유일무이하고 절대적인 방식으로 그 식물의 영속성을 보장하기 때문이다. 아피스 멜리페라는 그

239) Thierry Fedon, 《Effervescence apicole en Nouvelle-Zélande》, INFO REINES, Bulletin de l'Association Nationale des Éleveurs de Reines et des Centres d'Élevage Apicole, 1er trimestre 2016.

토록 몸뚱이가 작은 동물임에도 맡은 역할은 항상 너무나 막중했다. 옛날에는 신들의 기적적이고 경이로운 세계와 불완전한 인간 세계의 중개자였다. 오늘날에는 독을 함유한 태도를 자행하고 있는 인간들이 도달해야 할 이상을 제시하고 구현하면서, 자연의 대사大使가 되어 있는 것이다. 따라서 꿀벌은 항상 도덕 원형의 모델이었고, 양봉가는 환경 미덕의 모델이 스스로 되었다.

꿀벌에 대한 우리의 관심은 환경의 중요성과 그 보존에 대한 더욱 커져만 가는 인식 및 양심과 어깨를 나란히 한다. 벌들이 꿀을 생산한다는 사실 그 자체는 결국 부수적인 것이 되었다. 벌들에게 관심을 갖는다는 것은, 이전처럼 인간 사회만이 아니라 지구라는 행성 자체를 감시한다는 것이다. 벌들에 관한 담론은 그 수분 기능에 주로 집중되었다. 물론 수천 년 이래로 이것이 아주 중요하다. 그도 그럴 것이, 우리가 이미 앞에서 보았다시피, 꽃식물들은 이 수분 활동을 하는 곤충들과 또 막시류, 나비류 등과 동시에 발전했다. 게다가, 우리가 오늘날 벌에게 쏟는 관심은 과거처럼 종교적 함의를 갖는 것은 (분명) 아니지만, 그래도 그 정서적인, 비이성적인 흔적은 남아 있다. 물론 늘 과학의 흔적이 얇게 묻어 있긴 하지만 말이다. 환경에게 이롭기 그지 없는 이 공경받아 마땅한 벌의 행위로 생산된 자연 산물인 꿀은 따라서 이런 인식의 상징이 되었다. 진정한 꿀을 소비하는 것은, 벌들을 보호하고 싶다는 것이고, 이것은 어떤 면에서 "지구에게 선을 행하는"

일이다. 오늘날, 꿈은 이제 우리의 상처만을 치료하는 게 아니라, 세계의 상처를 치료한다.

참고문헌

Athénée, *Deipnosophistes*, traduction d'Alexandre-Marie Desrousseaux, Paris, Les Belles Lettres, 1956.

Baron-Chauffaille, Nadine, *Propriétés diététiques et thérapeutiques du miel. Mythe et réalité*, thèse de l'Université de Nantes, département de Médecine-Pharmacie, 1988.

Baudou, Alban, 《Les Abeilles et Mélissa, du symbole universel à l'hapax mythologique》, *Cahiers des études anciennes*, LIV, 2017, p. 95~125.

Bogdanov, Stefan et Blumer, Pascale, 《Propriétés antibiotiques naturelles du miel》, *Revue Suisse d'Agriculture*, 2001, p. 219~222.

Boyer, Régis et Lot-Falck, Évelyne (dir.), *Les Religions de l'Europe du Nord*, Paris, Fayard/Denoël, 1973.

Breasted, James Henry, *Ancient Records of Egypt. Historical Documents from the Earliest Times to the Persian Conquest*, Chicago, University of Chicago Press, 1906~1907.

Brunner, Linus, *Die gemeinsamen Wurzeln des semitischen und indogermanischen Wortschatzes. Versuch einer Etymologie*, Berne/Munich, A. Francke Verlag, 1969.

Butler, Charles, *The Feminine Monarchy. Or the History of Bees*, Londres, John Haviland, 1623.

Clancy, Joseph P., *The Earliest Welsh Poetry*, Londres, Macmillan, 1970.

Clergeaud, Chantal et Clergeaud, Lionel, *Mystères et secrets du miel*, Paris, La Vie claire, 1986.

Columelle, *L'Économie rurale*, livre IX, traduction de Jean-Christian Dumont, Paris, Les Belles Lettres, 2001.

Crane, Eva, *The World History of Beekeeping and Honey Hunting*, Londres, Duckworth, 1999.

Crittenden, Alyssa N., «The Importance of Honey Consumption in Human Evolution», *Food and Foodways. Explorations in the History and Culture of Human Nourishment*, vol. 19, n° 4, 2011, p. 257~273.

Dalmon, Sébastien, «Les Nymphes dans la *Théogonie* hésiodique», *Pallas*, n° 85, 2011, p. 109~117.

Danforth, Bryan N. et Poinar Jr, George O., «Morphology, Classification, and Antiquity of Melittosphex Burmensis *(Apoidea : Melittosphecidae)* and Implications for Early Bee Evolution», *Journal of Paleontology*, vol. 85, n° 5, 2011, p. 882~891.

Davey, Christopher J., «The Early History of Lost-Wax Casting», dans Jianjun Mei et Thilo Rehren (dir.), *Metallurgy and Civilisation. Eurasia and Beyond*, Londres, Archetype, 2009, p. 147~154.

Dechambre, Amédée, *Dictionnaire encyclopédique des sciences médicales*, 3e série, tome 17, Paris, Masson/Asselin, 1887.

Delamarre, Xavier, *Une généalogie des mots. De l'indo-européen au français : une introduction à l'étymologie lointaine*, Arles, Errance, 2019.

Derchain, Philippe, «Le Papyrus Salt 825. Rituel pour la conservation de la vie en Égy pte», *Mémoires de l'Académie Royale de Belgique*, Bruxelles, Palais des Académies, 1965.

D'Errico, Francesco, Backwell, Lucinda, Villa, Paola, Degano, Ilaria, Lucejko, Jeannette J., Bamford, Marion K., Higham, Thomas F. G., Colombini, Maria Perla et Beaumont, Peter P., «Early Evidence of San Material Culture Represented by Organic Artifacts from Border Cave, South Africa», *Proceedings of the National Academy of Sciences*, vol. 109, n° 33, 2012, p. 13214~13219.

Direction Générale de la Concurrence, de la Consommation et de la Répression des Fraudes, «La qualité des miels», 2015, economie.gouv.fr/dgccrf/qualite-des-miels.

Dold., H., Du, D. H., Dziao, S. T., «Nachweis antibakterieller, Hitze-und Lichtempfi ndlicher Hemmungsstoffe (Inhibine) im Naturhonig (Blütenhonig)», *Zeitschrift für*

Hygiene und Infectionskrankheiten, vol. 120, 1937, p. 155~167.

Dumézil, Georges, *Loki*, Paris, Flammarion, 1986.

Élien, *Histoire variée*, traduction d'Alessandra Lukinovich et Anne-France Morand, Paris, Les Belles Lettres, 1991.

Engel, Michael S., 《A New Interpretation of the Oldest Fossil Bee *(Hymenoptera:Apidae)*》, *American Museum Novitates*, n° 3296, 2000, p. 1~11.

__ 《A New Species of the Baltic Amber Bee Genus Electrapis *(Hymenoptera:Apidae)*》, *Journal of Hymenoptera Research*, vol. 7, n° 1, 1998, p. 94~101.

Enright, Michael J., *Lady with a Mead Cup. Ritual, Prophecy, and Lordship in the European Warband from LaTene to the Viking Age*, Dublin, Four Courts Press, 1996.

Fedon, Thierry, 《Eff ervescence apicole en Nouvelle-Zélande》, *INFO REINES, Bulletin de l'Association Nationale des Éleveurs de Reines et des Centres d'Élevage Apicole*, 1er trimestre 2016, anercea.com/wp-content/uploads/2019/12/Article-Nnouvelle-Zélande-IR 113.pdf.

Flausch, Manon, 《Un tiers du miel vendu dans l'UE est frelaté》, *Euractiv*, 2017, euractiv.fr/section/concurrence/news/un-tiers-du-miel-vendu-dans-lue-est-frelate.

Fluri, Peter, Pickhardt, Anne, Cottier, Valérie et Charrière, Jean-Daniel, 《La pollinisation des plantes à fl eurs par les abeilles. Biologie, Écologie, Économie》, *Revue Suisse d'Apiculture*, 98-7/8, 2001, p. 306~311.

Garcia Girou, Norberto, 《L'actualité du commerce international du miel》, *Union Nationale de l'Apiculture Française*, 2016, unaf-apiculture.info/IMG/pdf/congresclermont_2810_2marcheinternationalmiel_ngarcia.pdf.

Gauthiot, Robert, 《Des noms de l'abeille et de la ruche en indo-européen et en fi nno-ougrien》, *Mémoires de la société de linguistique de Paris*, t. XVI, Paris, Imprimerie natio nale, 1910, p. 264~279.

Gilliéron, Jules, *Généalogie des mots qui désignent l'abeille*, Paris/Genève, Champion/Slat kine, 1975.

Gimbutas, Marija, *The Gods and Goddesses of Old Europe. 7000 to 3500 BC: Myths, Legends and Cult Images*, Berkeley, University of California Press, 1974.

Griaule, Marcel, 《D'un mode aberrant de conservation de l'hydromel au Godjam》, *Journal des Africanistes*, t. 4, fasc. 2, 1934, p. 279~284.

Grüss, J., 《Zwei Trinkhörner der Altgermanen》, *Præhistorische Zeitschrift*, vol. 22, 1931.

Guindeuil, Thomas, 《"Pour l'âne, le miel n'a pas de goût." Miel et société dans l'histoire du royaume d'Éthiopie》, *Journal des Africanistes*, vol. 80, n° 1-2, 2010, p. 283~306.

Haak, Wolfgang, Lazaridis, Iosif, Patterson, Nick *et al.*, 《Massive Migration from the Steppe was a Source for Indo-European Languages in Europe》, *Nature*, vol. 522, 2015, p. 207~211.

Han, Fan, Wallberg, Andreas et Webster, Matthew T., 《From where did the Western Honeybee *(Apis mellifera)* originate?》, *Ecology and Evolution*, vol. 2, n° 8, 2012, p. 1949 ~1957.

Homère, *Iliade*, traduction de Paul Mazon, Paris, Les Belles Lettres, 2012.

—, *Odyssée*, traduction de Victor Bérard, Paris, Les Belles Lettres, 2007.

Horning, Adolphe, 《Notes étymologiques vosgiennes》, *Romania*, t. 48, n° 190, 1922, p. 161~206.

Hoyet, Clémence, *Le Miel: de la source à la thérapeutique*, thèse, faculté de Pharmacie, Université de Nancy, 2005.

Ignasse, Joël, 《Découverte du plus vieux fossile d'abeille, âgé d'environ 100 millions d'années》, *Sciences et avenir*, 2020.

Jacquesson, François, 《Le miel et l'amanite. Linguistique et paléoethnographie》, *Médiév ales*, n°s 16~17, 1989, p. 171~178.

Komolafe, Kolawole, 《Medicinal Values of Honey in Nigeria. Values of African Honeys》, dans Marinus J. Sommeijer, Joop Beetsma *et al.* (dir.), *Perspectives for Honey Production in the Tropics*, Utrecht, Netherlands Expertise Centre for Tropical Apicultural Resources (NECTAR), 1997, p. 139~148.

Kramer, Samuel Noah et Levey, Martin, 《An Older Pharmacopoeia》, *Journal of American Medical Association*, vol. 155, n° 1, 1954.

Kritsky, Gene, *The Tears of Re. Beekeeping in Ancient Egypt*, New York, Oxford University Press, 2015.

Kuény, G., 《Scènes apicoles dans l'ancienne Égypte》, *Journal of Near Eastern Studies*, vol. 9, n° 2, 1950, p. 84~93.

Lambert, Pierre-Yves, 《Deux mots gaulois, *souxtu et comedovis*》, *Comptes rendus des séances de l'Académie des Inscriptions et Belles-Lettres*, 150e année, n° 3, 2006, p. 1507~1524.

Mazar, Amihai et Panitz-Cohen, Nava, 《It Is the Land of Honey: Beekeeping at Tel Rehov》, *Near Eastern Archaeology*, vol. 70, n° 4, 2007, p. 202~219.

McGovern, Patrick E., *Uncorking the Past. The Quest for Wine, Beer, and Other Alcoholic Beverages*, Berkeley, University of California Press, 2009.

Mellaart, James, 《Excavations at Çatal Hüyük, 1962: Second Preliminary Report》, *Anatolian Studies*, vol. 13, 1963, p. 43~103.

Merab, Étienne, *Médecins et médecine en Éthiopie*, Paris, Vigot Frères, 1912.

Michez, Denis, Nel, André, Menier, Jean-Jacques et Rasmont, Pierre, 《The Oldest Fossil of a Melittid Bee *(Hymenoptera:Apiformes)* from the Early Eocene of Oise (France)》, *Zoological Journal of the Linnean Society*, vol. 150, n° 4, 2007, p. 701~709.

Michez, Denis, Vanderplanck, Maryse et Engel, Michael S., 《Fossil Bees and their Plant Associates》, dans Sébastien Patiny (dir.), *Evolution of Plant-Pollinator Relationships*, Cambridge, Cambridge University Press, 2011, p. 103~164.

Pager, Harald, 《Cave Paintings Suggest Honey Hunting Activities in Ice Age Times》, *Bee World*, 1976, p. 9~14.

Pasquier, Renaud, 《Le mythe de la bougonie: Aristée, Orphée, Virgile》, *Labyrinthe*, vol. 40, *Comme les abeilles*, 2013, p. 135~139.

Pastoureau, Michel, *Les Animaux célèbres*, Paris, Bonneton, 2001.

Petrone, Gianna, 《Le vin à Rome: les noms et la force》, dans Dominique Fournier et Salva tore D'Onofrio (dir.), *Le Ferment divin*, Paris, Éditions de la Maison des sciences de l'homme, 1991, p. 181~188.

Pfouma, Oscar, *Histoire culturelle de l'Afrique noire*, Paris, Publisud, 1993.

—, 《À propos de l'Abeille égyptienne et des Textes des Sarcophages》, *Cahiers Caribéens d'Égyptologie*, n° 6, 2004, p. 109~116.

Philostrate, *La Galerie des tableaux*, traduction d'Auguste Bougot révisée par François Lissarrague, Paris, Les Belles Lettres, 1991.

Pline l'Ancien, *Histoire naturelle*, traduction d'Alfred Ernout, Paris, Les Belles Lettres, 2016.

Plouvier, Liliane, 《L'introduction du sucre en pharmacie》, *Revue d'Histoire de la Pharmacie*, 87e année, n° 322, 1999, p. 199~216.

Poinar Jr, George O., Brown, Alex E. et Rasnitsyn, Alexander P., 《Bizarre Wingless Parasitic Wasp from Mid-Cretaceous Burmese Amber *(Hymenoptera, Ceraphronoidea, Aptenoperissidae fam. nov.)*》, *Cretaceous Research*, 2017, p. 113~118.

Pokorny, Julius, *Indogermanisches Etymologisches Wörterbuch*, Berne/Munich, A. Francke Verlag, 1959~1969.

Porphyre, *L'Antre des nymphes dans* l'Odyssée, traduction de Joseph Trabucco, Genève, L'Arbre d'Or, 2008.

Ransome, Hilda M., *The Sacred Bee in Ancient Times and Folklore*, Burrowbridge, Bee Books New and Old, 1986.

Reich, David, *Who We Are and How We Got Here. Ancient DNA and the New Science of the Human Past*, New York, Pantheon Books, 2018.

Rivera-Zamora, Alejandro et Cappas e Sousa, João Pedro, 《Las Abejas y la Miel en los Códices Mayas (Códice Madrid o Tro-Cortertesiano)》, 2004, yalalte.org/pdf_lib/codices/abejas%20y%20miel%20en%20los%20mayas.pdf.

Ruttner, Friedrich, 《Alter und Herkunft der Bienenrassen Europas》, *Österr. Imker*, vol. 2, 1952, p. 8~12.

Sahagún, Bernardino de, *Histoire générale des choses de la Nouvelle-Espagne*, traduction de Rémi Siméon et Denis Jourdanet, Paris, Masson, 1880.

Savatier, François, 《Comment l'abeille a lancé le bronze》, *Bafouilles archéologiques*, 2016, scilogs.fr/bafouilles-archeo logiques/labeille-a-lance-bronze/.

—, 《L'abeille accompagne l'Homme-fourmi depuis…?》, *Bafouilles archéologiques*, 2015, scilogs.fr/bafouilles-archeo logiques/labeille accompagne-lhomme-fourmi/.

Schweitzer, Paul, 《La toxicité naturelle de certains miels》, Centre d'Études Techniques Apicoles Moselle-Lorraine, 2010, cetam.fr/site/2010/07/23/la-toxicite-naturelle-decertains-miels.

Sherratt, Andrew, 《Sacred and Profane Substances: the Ritual Use of Narcotics in Later Neolithic Europe》, dans Paul Garwood (dir.), *Sacred and Profane*, Oxford, Oxford University Committee for Archaeology, 1991, p. 50~64.

Somville, Pierre, 《L'abeille et le taureau (ou la vie et la mort dans la Crète minoenne)》, *Revue de l'histoire des religions*, t. 194, n° 2, 1978, p. 129~146.

Strabon, *Géographie*, traduction de François Lasserre, Paris, Les Belles Lettres, t. IX, livre XII, 1981.

Strahm, Christian et Hauptmann, Andreas, 《Th e Metallurgical Developmental Phases in the Old World》, dans Tobias Ludwig Kienlin et Ben W. Roberts (dir.), *Metals and Societies. Studies in honour of Barbara S. Ottaway*, Bonn, Rudolf Habelt, 2009, p. 116~128.

Strelcyn, Stefan, *Médecine et plantes d'Éthiopie. Les traités médicaux éthiopiens*, vol. 1, Varsovie, Państwowe Wydawnictwo Naukowe, 1968.

Tétart, Gilles, Le *Sang des fl eurs. Une anthropologie de l'abeille et du miel*, Paris, Odile Jacob, 2004.

Thembi, Russell et Lander, Faye, 《"The bees are our sheep":the role of honey and fat in the transition to livestock keeping during the last two thousand years in southernmost Africa》, *Azania. Archaeological Research in Africa*, 2015, p. 318~342.

Thesaurus Linguae Aegyptiae, Berlin-Brandenburgische Akademie der Wissenschaften, 2004, aaew.bbaw.de/tla/index.html.

Triomphe, Robert, 《Le Lion et le Miel》, *Revue d'histoire et de philosophie religieuses*, 62e année, n° 2, 1982, p. 113~140.

Troels-Smith, Jørgen, Jessen, Catherine A. et Mortensen, Morten Fischer, 《Modern Pollen Analysis and Prehistoric Beer:a Lecture by Jørgen Troels-Smith, March 1977》, *Review of Palaeobotany and Palynology*, vol. 259, 2018, p. 10~20.

Vaissière, Bernard, 《Abeilles et pollinisation》, *Académie d'Agricuture de France*, séance du 16 février 2005.

Verger, Stéphane, 《La grande tombe de Hochdorf, mise en scène funéraire d'un "cursus honorum" tribal hors pair》, *Siris*, 7, 2006, p. 5~44.

—, 《Partager la viande, distribuer l'hydromel. Consommation collective et pratique du pouvoir dans la tombe de Hochdorf》, dans Sophie Krausz (dir.), *L'Âge du fer en Europe. Mélanges off erts à Olivier Buchsenschutz*, Bordeaux, Ausonius, 2013, p. 495 ~504.

Viel, Claude et Doré, Jean-Christophe, 《Histoire et emplois du miel, de l'hydromel et des produits de la ruche》, *Revue d'histoire de la pharmacie*, 91e année, nº 337, 2003, p. 7~20.

Virgile, *Énéide*, traduction de Paul Veyne, Paris, Albin Michel/Les Belles Lettres, 2012.

—, *Géorgiques*, traduction d'Eugène de Saint-Denis, Paris, Les Belles Lettres, 1998.

—, *Bucoliques*, traduction d'Eugène de Saint-Denis, Paris, Les Belles Lettres, 2006.

Voltaire, *Dictionnaire philosophique*, Paris, Gallimard, coll. 《Folio classique》, 1994.

Von Frisch, Karl, *Vie et moeurs des abeilles*, traduction d'André Dalcq, Paris, Albin Michel, 2011.

Vycichl, Werner, *Dictionnaire étymologique de la langue copte*, Louvain, Peeters, 1983.

Warner Morley, Margaret, *The Honey-Makers*, Chicago, A. C. McClurg and Company, 1899.

Wasson, Robert Gordon, *Soma. Divine Mushroom of Immortality*, La Haye, Mouton, 1968.

White, Jonathan W., Subers, Mary H. et Schepartz, Abner I., 《The Identifi cation of Inhibine》, *American Bee Journal*, 1962, p. 430~431.

Williams, I. H., 《The Dependence of Crop Production within the European Union on Pollination by Honey Bees》, *Agricultural Zoology Reviews*, vol. 6, 1994, p. 229~257.

Xénophon, *Anabase*, livre IV, traduction de Paul Masquerey, Paris, Les Belles Lettres, 2009.

옮긴이의 말

생태계의 파수꾼 꿀벌에 대한 우려와 안도: 꿀벌은 인간보다 강하다. 그러니 꿀벌을 믿어보자

글을 쓰려고 하면, 분망奔忙한 생각들이 벌떼처럼 일어난다. 프랑스어 에쌩Essaim은 분봉分蜂하는 꿀벌 무리를 가리키는 말로, 분망한 생각을 비유할 때 자주 빌려 쓰곤 한다. 글은 내 마음 저 깊은 기원에서 흘러나와 상류를 타고 하류로 이어지며 하나의 강줄기처럼 도도하고 논리 정연하게 흘러가야 하는데, 저 부산한 벌떼들의 복수성은 감당하기 힘든 과도한 에너지다. 생각은 벌떼들이고, 글은 나일강일까?

일찍이 발터 벤야민은 마르셀 프루스트의 저 끝 모를 문장 구문을 "말의 나일강"이라 비유했다. 나일강이 만들어낸 비옥한 삼각주 평야처럼, 이 말의 나일강은 종국에 점차 넓은 진실의 영역으로 나아가며 주변 지역을 비옥하게 만들었다고 덧붙이긴 했지만 말이다. 광적인 유사성을 찾다 보니 생긴, 열거와 메타포의 향연이라 할 프루스트의 글에서는 벌떼들이 윙윙거리는 진동음이 정말 들리는 듯하다. 벌을 말하다 보니, 단번에 프루스트가 생각났지만, 특히나 결코 잊을 수 없는 뒝벌과 난초꽃 장면이 있다. 말미에 언급하겠지만, 프루스트는 식물계의 법칙하에 이뤄지는 자가수정과 곤충에 의한 수분활동을 상징적으로 비유하며 대조하기도 한다.

이 책의 프롤로그 문장. "꿀벌은 하下이집트 왕국의 상징이었고, 갈대는 상上이집트 왕국의 상징이었다. 나일 강가의 갈대들은 건기와 우기에 따라 메말랐다가 다시 푸르렀다." 꿀벌과 갈대라는 상징은 우선은 자연 서식지 환경에서 비롯되었겠지만, 여기서 유추할 수 있는 또 다른 깊은 뜻이 있다. 일견 꿀벌과 갈대는 각자 자기 속성대로 존재할 뿐 하등 상관이 없어 보이지만, 둘 사이에는 기묘한 공통적 속성이 있다. 그것은 복수성이다. 벌들은 수백, 수천 마리가 윙윙대며 그 복잡하고도 정교한 벌집 속에서 각자 자신의 역할을 맡아 한다. 물가에서 흔들리는 저 가녀린 갈대들의 여린 흔들림은, 때론 공포스러운 황홀경을 줄 정도로 기이한 분위기를 느끼게 한다. 우리 감정선의 진폭과 진동은 단수적이라기보다 복수적이다. 복부에 있는 빗이나 붓 같은 털로 꽃가루를 쓸어 담고, 꽃밥 속의 꽃가루까지 긁어모으기 위해 몸을 진동시키며 몸을 뒤흔들거나, 그 강력한 구강 구조로 꽃부리 속의 넥타르를 빨아들이는 벌의 모습은 꽃과 벌의 황홀하나 가혹한 사랑 장면처럼 연상되기도 한다. 이건 단순히 지어낸 상상 세계가 아니라 생의 원리가 작동되는 실제 세계다.

벌들의 진동음 소리는 음악과 수학의 기원과도 관련되고, 언어의 기원, 더 나아가 예술의 기원과도 관련된다. 그런데 이런 발상과 해설은 이 지상의 모든 만물을 두루 비유하여 그 사물의 본질과 속성을 밝히려는 인간 사유의 몸부림일 것이다. 뮤즈도 실은 제우스와 므네모시네의 아홉 딸들로, 프랑스의 철학자 장-뤽 낭시는《뮤즈》라는 책에서 예술의 기원과 관련하여 뮤즈의 복수성에 주목한다. 예술도 서로 다른 감각 체계들이 공共동요하는 복수성, 이른바 공감각성이 중요한데, 그 이유라면 뮤즈가 '형태forme'보다 '힘force'에 관여하기 때문이라는 것이다. 뮤즈muse, 정신mens, 운동mouvement이 모두 비슷한 어원을 가지고 있는데, 기저에 복수성이라는 함의가 작용하고 있다. 힘, 에너지가 발생하는 원리에는 이 복수성이 있는 것이다.

꽃피는 4, 5월이 되면 이 꽃 저 꽃 찾아다니며 꿀을 빨아와 벌통 안을 빈틈 하나 없이 채우는 일벌처럼, 이 책에는 때론 독자를 지치게 할 정도로 벌과 꿀에 관한 그 모든 이야기가 즐비하다. 꿀벌의 탄생과 기원, 인류와 함께해온 그 숱한 역사, 특히 훌륭한 영양분을 공급해준 비할 데 없는 역량 때문에 꿀벌은 모성, 더 나아가 성모 마리아의 신성까지 띠게 되었다. 신비적 권위를 지닌 여신과 사제, 또는 군주권으로 표상되는가 하면, 꿀의 진미와 치료 효과로 마법사와 치료사처럼 묘사되기도 한다. 또한 무덤에서 출토된 다양한 흔적들을 통해 삶과 죽음을 이어주는 종교적인 상징물로 숭상되는 등, 그 모든 역사학적·인류학적 편린들을 이 책은 방대하고도 세세하게 소개하고 있다.

저자는 신화와 역사, 인류학, 문학과 예술의 차원에서 벌과 꿀이 인간들에게 선사한 상상적 요소들을 소개하는 인문학 장에 이어, 벌의 형태와 구조, 벌의 유형과 기능, 벌집의 구조와 그 기하학적 형태 분석 등 생물학, 더 나아가 요리법과 치료법, 의학의 영역에 이르는 자연과학의 장에도 상당히 많은 비중을 할애하고 있다. 뿐만 아니라 요리에 이용되는 온갖 꿀물 음료의 기원과 그 발전 및 변화상들을 공들여 쓰고 있다.

저자는 특히 "꿀을 발음하다"라는 제목의 어원학 장을 열정적으로 기술하고 있는데, 누군가에게는 제법 흥미로운 장일 테고 또 누군가에게는 가장 읽기 어려운 고역의 장이 될 수도 있겠다. 그런데 이런 열정이 일면 이해가 가는 것은, 벌에서 꿀로, 그리고 꿀물로 이어지는 탐사에서 저자는 유사하면서도 상이한 두 줄기 어원을 알게 되었고, 여기서 글의 실마리가 단박에 풀렸을 거라고 짐작된다. 그 두 어원은 바로 멜리트melit와 메두medhu이다. 꿀을 뜻하는 프랑스어 miel은 라틴어 mel에서 유래했고, mel은 그리스어 meli에서 유래했고, meli는 인도유럽어인 melit에서 유래했다. 그런데 어느 순간, 어느 지역에서 medhu라는 단어가 등장한다. d' 또는 'dh'와 'l' 또는 't'의 음가는 우리 귀에도 확연히 다르다. 저자가 별표를 달아 구분하고 있지만, 이후 두 단어는 다시 여러 변형어로 파생된다. 요약하면, 멜리트는 주로 꿀을 뜻하고, 메두는 주로 꿀물을 뜻한다. 꿀과 현대에 우리가 마시는 꿀물 또는 꿀물과 유사한 단맛 나는 음료, 알싸한 취기가 도는 술부터 중독적인 환각 작용을 일으키는 음료에 이르기까지 인류가 마셔온 이른바 모든 '암브로시아'의 기원과 발생을 구조적으로 직조하려는 저자의 이 도저한 사고 산물은 마치 꿀벌들이 정교하게 만드는 밀랍과 봉방들 같다.

날개 없는 초기 곤충이 출현했던 3억5900만 년 전 석탄기, 날개 달린 곤충이 출현했던 2억9900만 년 전 페름기, 그리고 우리가 아는 꿀벌 형태인 "날개 달린 베일"을 걸치고 막시류가 드디어 화려하게 등장한 1억4500만 년 전 백악기에 이르기까지 꿀벌의 탄생과 그 이후 진화의 역사를 소개하는 도입부의 표를 차분히 보고 있노라면, 인간보다 먼저 출현했던 선조 꿀벌의 위대성과, 그 숱한 자연재해와 생태계의 이변 속에 멸종의 위기를 극복하고 살아남은 벌의 위대함에 깊은 감탄과 존경이 인다.

그런데, 이 책을 저자가 쓰게 된 가장 근본적인 이유는, 무엇보다 이렇게 소중한 벌이 기후 위기 및 생태계 파괴로 점점 사라지고 있다는 위기감 때문일 것이다. 그리고 우리는 바로 그런 이유 때문에도 이 책을 읽어볼 필요가 있을 것이다. 그런데 저자는 결론에서 이런 우려와는 좀 다른 긍정적 관점을 내놓는다. 벌의 멸종에 관한 위기설이 다소 과장되었다는 것이다.

물론 벌은 생물의 다양성을 표상하는 파수꾼이다. 벌이 사라지면 우리 생태계가 위협받고 우리 인간의 삶도 위협받으니, 꿀벌들은 어떻게든 다시 벌통을 채워줘야 한다. 우선 양봉업 농가에 경제적 타격을 주기 때문이다. 기후 위기 및 살충제와 제초제의 영향, 더 나아가 수익성 때문에 농경지 구획을 획일화하고 관행적인 농업 방식을 고수하면서 식물 자체에 전반적인 위기를 초래했을 수 있다. 꿀벌의 멸종을 걱정하는 근심 저 밑바닥에는 꿀벌이나 식물 자체에 대한 걱정보다 인간에 대한 걱정이 우선하는, 좀 이기적인 측면이 있는 게 사실이다.

꿀벌들이 수분 활동을 해줘서 꽃식물이 계속해서 생의 지속성을 보장받는 것은 사실이지만, 꿀벌들만 꽃식물의 수분 매개자가 아니다. 특히 딱정벌레 같은 초시류나 새나 박쥐 같은 척추동물도 다 수분 활동을 해준다. 전체 수분자 중에서 꿀벌이 16.6퍼센트, 바람이 8.3퍼센트, 나비가 8퍼센트, 파리 같은 날벌레가 5.9퍼센트, 척추동물류들이 0.51퍼센트, 그리고 딱정벌레를 비롯한 초시류들이 그 대부분인 88.3퍼센트라는 사실은 적잖이 놀랍다(저자도 덧붙였지만, 다 합해 100퍼센트가 넘는 것은 수분 출처가 여러 곳이기 때문이다). 물론 꿀벌들에 주로 수분 활동을 의지하는 장미과, 철쭉과, 금작화, 백리향, 로즈마리 같은 꿀풀과의 꽃들은 종들이 감소할 수 있고, 우리는 아쉽게도 이런 꽃들을 좀 덜 보게 될 수 있다. 그러나 저자는 원래 자연에는 이런 멸종 위기 속에서 수많은 종이 사라지고, 또 변이를 거쳐 새로운 종이 나타나는 과정을 겪으며 생의 절제와 균형을 찾아가는 본성이 있음을 강조한다. 앞에서 말했듯이, 꿀벌의 기나긴 진화의 역사를 관조해 보면, 꿀벌은 우리보다 강한 존재이고, 그러니 꿀벌을 믿어보고 싶은 마음이 생기는 것이다.

"시작이… 꽃일까? 벌일까?" 앞의 말줄임표처럼 이건 정확히는 알 수 없는 일이다. 그러나 확실한 것은 둘이 정말 운명적으로 상부상조한다는 것이다. 벌은 꽃으로부터 영양분을 흡수하고, 꽃은 벌들을 통해 식물이라는 생명의 지속성을 보장받았다. 그러니

이 둘은 우리 인간들을 포함한 지구상의 모든 생명체의 지속성을 보장한 셈이다.

마르셀 프루스트가《소돔과 고모라》에서 샤를뤼스와 쥐피앵이라는 두 남자를 뒝벌과 난초꽃에 비유하는 다소 외설적인 그러나 절체절명의 극적인 장면은 섬세한 독서력을 요하는 장이다. 벌과 꽃을 서로 다른 이성으로 상상하기보다 그저 자연에 가까워진 두 사람으로 혹은 동일한 인간이 인간-새, 인간-곤충으로 변신하는 과정으로 프루스트는 상상한다.

꽃이 자가수정이 가능하다는 사실을 우리는 흔히 간과하고 있다. 프루스트의 서술에 따르면, 이런 자가수정은 친척 간에 반복되는 결혼처럼 퇴화나 불임을 야기하지만, 곤충에 의해 이뤄지는 교접은 동일 종의 다음 세대에 가서 어마어마한 활력을 발휘한다는 것이다. 다시 말해 정작 당대에는 체험하지 못한 그 활력이 후대에 전승된다는 것이다. 생명의 지속성은 이런 차이와 다양성을 통해 더욱 확보되는 것 같지만, 그 지나친 활력과 풍부함은 도리어 자연의 불균형을 초래할 수 있다. 과잉과 결핍은 결국엔 동의어로 상호적 더하기 빼기 속에서만 적절한 균형을 찾을 수 있다. 이를 암시하는 프루스트의 명문장을 보자.

"마치 항독소가 우리를 병에서 보호하듯, 갑상선이 비만을 조절하듯, 패배가 자만심을 벌하고, 피로가 쾌락을 벌하듯, 또 수면이 그 차례로 피로를 쉬게 하듯, 자가수정이라는 예외적인 행위가 시의적절하게 나타나서 나사를 조이거나 제동을 걸거나 하여 과도하게 일탈한 꽃을 정상으로 돌려놓는다."

이성애와 동성애의 상하위 체계 및 그 위상을 간파하고, 결코 필설로 드러내놓고 말할 수 없는 것을 꿀벌과 식물 간의 관계를 통해 암시함으로써 이 글은 다시 한번 깊은 비밀의 베일을 쓴다. 우리의 거짓된 신화란, 풍요로움과 번식만이 선이고, 빈곤과 결핍, 멸종은 악이라는 이분법이다. 생의 지속성을 위한 번식과 풍요는 필요불가결하다. 이런 다수자의 법칙과 함께 소수자의 법칙도 일면 필요하고 존중되어야 할 것이다. 다소 과장된 위기론을 불신하며 저자가 내놓은 긍정적인 전망이 문제를 한 발 떨어져 전체적으로 보게 만들면서 지혜와 위로를 주는 것은 그래서다.

이 책의 번역을 의뢰받은 것은 지난 2022년 7월의 한여름이었다. 당시 나는 은평구청이 관리하는 향림도시농업체험원에서 작은 텃밭을 분양받아, 상추, 바질, 루콜라, 치커리, 비트, 가지, 고추 등을 키우고 있었다. 그때 나의 작은 텃밭에는 정말 어여쁜 꿀벌들이 찾아오곤 했다. 내 텃밭 바로 위에 양봉장이 있었다. 꿀벌의 생활사, 내검 및 방제 채밀, 밀원수 관리 같은 내용으로 직접

강의하는 양봉 학교에도 관심은 있었지만, 수강할 사정은 못 되었다. 대신 우연히 날아든 행운처럼 이 꿀벌 책을 만나게 되었다. 꿀벌에 대해 이토록 많은 것을 알 수 있게 해준 뮤진트리 출판사에 감사의 말을 꼭 전하고 싶다.

2024년 2월

류재화

꿀벌은 인간보다 강하다

첫판 1쇄 펴낸날 2024년 3월 15일

지은이 | 마리 클레르 프레데릭
옮긴이 | 류재화
펴낸이 | 박남주

종이 | 화인페이퍼
인쇄·제본 | 한영문화사

펴낸곳 | (주)뮤진트리
출판등록 | 2007년 11월 28일 제2015-000059호
주소 | 서울시 마포구 토정로 135 (상수동) M빌딩
전화 | (02)2676-7117 팩스 | (02)2676-5261
전자우편 | geist6@hanmail.net
홈페이지 | www.mujintree.com

ISBN 979-11-6111-126-1 03300

* 책값은 뒤표지에 있습니다.